KB194127

칼 야스퍼스
비극적 실존의 치유자

한국야스퍼스학회 엮음

칼 야스퍼스
비극적 실존의 치유자

한국야스퍼스학회　엮음

철학과현실사

책을 펴내며

　이 책은 칼 야스퍼스(K. Jaspers) 철학을 일반인들이나 철학 전공자들에게 소개하는 입문서로 기획되었다. 야스퍼스 자신이 이룩한 철학적 성과에도 불구하고 그의 철학에 대한 객관적 논의가 국내에서는 본격적으로 이루어지지 못하고 있는 실정이다. 물론 야스퍼스 철학에 관한 소개서나 번역서 등이 국내에도 여러 권 출판되어 나와 있다. 그러나 야스퍼스 철학에서 제기되는 다양한 문제들을 상이한 관점에서 모두 포괄하지 못하고 있는 실정이어서 야스퍼스 철학의 진면목이 가려지는 아쉬움이 있었다. 이러한 상황에서 한국야스퍼스학회에서는 야스퍼스 철학을 통해 제기되는 다양한 분야의 철학적 문제들을 일반인들이나 철학 전공자들에게 소개하고자 이 책을 출간하게 되었다.

　이러한 취지에서 기획된 이 책에서는 「실존적 사귐과 현실적 실존의 구현」, 「실존과 초월: 실존조명의 방법론」, 「야스퍼스의 니체 해석」, 「죄책을 짊어지는 실존」, 「야스퍼스의 비극이해」,

「세계철학의 두 유형: 플로티노스와 야스퍼스」, 「온전함을 향한 사유운동: 야스퍼스에 있어서 의학과 철학의 종합」, 「야스퍼스와 가다머의 의철학: 기술학이 아닌 해석학으로서의 의학」, 「야스퍼스와 종교 간 대화의 문제」 등 아홉 편의 논문을 통해 야스퍼스 철학에서 중요하게 다루어지는 주제들을 선정하여 소개하고 있다. 물론 이 책에 수록되어 있는 전체 논문들이 일관된 체계와 문맥 속에서 책 제목에 기여하는 비극적 실존과 그 치유에 대해 직접적으로 논의하고 있는 것은 아니다. 그럼에도 불구하고 각각의 논문들은 인간의 자유와 존엄성이 분명하게 드러나는 비극적 실존의 성격과 관련된 세부내용들을 전문가적 안목에서 심도 있게 논의하고 있다. 그러므로 이 책은 비극적 실존의 치유과정에 특별히 관심을 가지는 일반인들이나 철학 전공자들에게 야스퍼스의 통찰에 기반한 색다른 관점과 사유방식을 제공해 줄 것이다.

이 책에 수록되어 있는 논문들의 요지를 요약하여 정리해 보면 다음과 같다. 우선 「실존적 사귐과 현실적 실존의 구현」에서 필자 정영도는 실존적 사귐의 의의와 그 한계를 비판적으로 고찰하고 있다. 이 논문에서 새롭게 시도하고 있는 해석은 '실존적 사귐' 또한 은유, 상징, 잠언, 암호, 침묵 등과 마찬가지로 간접적 언어가 된다는 점이다. 이 점에 주목하는 이 논문에서는 실존적 사귐은 실존조명에서 뿐만 아니라 가능적 실존을 현실적 실존으로 현실화시키는 데 있어서도 불가피하게 요구되는, 또 다른 의미의 간접적 언어라는 점을 새롭게 부각시키고 있다. 이를 위해 야스퍼스 철학의 주요개념인 사귐(Kommunikation)[1]을 다각도로

---

1) 야스퍼스 철학에서 다루어지는 주요개념들에 대한 번역이 아직 통일되지 못한 실정이다. 여기 실린 논문들에서도 상이한 번역들이 나타나고 있다.

분석한 뒤, 실존적 개현(Offenbarkeit)과의 연관성을 통해 실존적 사귐을 심층적으로 해명하고 있다.

　두 번째 논문 「실존과 초월: 실존조명의 방법론」에서 필자 신옥희는 실존조명이라는 방법론이 실존철학의 인식론적 아포리아의 문제를 어떻게 해결하고 있는지에 대해 검토하고 있다. 특히 키에르케고르의 '초월주의적 입장'과 '비학문적 호소'의 간접적 전달방법을 근거로 삼아 야스퍼스의 실존조명의 특성 및 그 현대적 의의와 한계를 비판적으로 고찰함으로써 실존철학사에서 야스퍼스가 지니는 독보적인 위상을 새롭게 재조명하여 야스퍼스 철학에 대한 우리들의 관심을 환기시키고 있다. 이 논문에서는 야스퍼스의 실존조명이 하나의 철학방법으로서 결정적인 한계를 드러낸다는 점을 배제하지 않으면서 앞으로의 야스퍼스 과제에 대한 방향을 제시해 보임으로써 실존조명에 대한 해석의 지평을 확장시키는 데 기여하고 있다.

　세 번째 논문 「야스퍼스의 니체 해석」에서 필자 백승균은 니체의 기독교에 대한 이해와 오해를 밝히면서 의학적-심리학적 측면과 실존철학적 측면에서 니체 철학을 해석해 내고 있다. 야스퍼스의 해석을 토대로 하여 경험적이고 합리적인 니체 해석에 대한 재검토를 요구하고 있는 이 논문에서는 생동성과 관련하여 니체에 대한 새로운 가치평가와, 특히 그의 변증법적 사유과정에

이는 차후 한국야스퍼스학회에서 해결해야 할 시급한 과제로 남아 있다. 우선 독자들의 혼란을 피하고 이해를 돕기 위해 몇 가지를 지적해 보면, 'Kommunikation'은 정영도 교수처럼 '사귐'으로 번역되기도 하고 '상호소통', '의사소통', '교제' 등으로, 'Exitenzerhellung'은 '실존조명' 혹은 '실존해명'으로, 'Dasein'은 '현존' 혹은 '현존재'로, 'Umgreifende'는 '포괄자' 혹은 '포월자'로, 'Schuld'는 '죄' 혹은 '죄책' 등으로 번역된다.

주목할 필요성에 대해 강변하고 있다. 니체의 기독교에 대한 이해문제는 니체의 전체 철학을 해명할 때 비로소 가능하다는 점을 강조하는 이 논문에서는 다른 현대철학자들의 니체 해석에 대한 전형을 야스퍼스의 니체 해석과 비판적으로 비교·분석함으로써 야스퍼스의 니체 해석에 대한 정당성을 부여하고자 한다.

네 번째 논문 「죄책을 짊어지는 실존」에서 필자 박은미는 시대와 역사적 상황에서 진정한 철학의 역할을 강조하면서 죄책의 문제를 정치철학과 연관시킴으로써 죄책을 짊어지는 실존의 책임의식의 가능성과 그 확장에 대해 해명하고 있다. 이 논문의 핵심은 인간들 스스로가 죄책을 하나의 한계상황으로 수용하고 기꺼이 짊어짐으로써 그 죄책을 통해 스스로가 정화될 때 비로소 책임의식이 개인에서 사회구성원 모두에게로 확장될 수 있다는 데 있다. 이러한 논의를 구체화시키기 위해 이 논문에서는 죄책을 지는 실존이 무엇을 할 수 있으며, 왜 필요한지에 대해 논의하면서, 죄책을 짊어지려는 지속적인 결단을 통해 인간존재의 내적 변화뿐만 아니라 사회적 변화까지도 기대해 볼 수 있다는 것을 주장하고 있다.

다섯 번째 논문 「야스퍼스의 비극이해」에서 필자 홍경자는 실존의 근본특성과 그 탁월한 목적론이 역사적으로 잘 드러나 있는 비극성의 구조와 차원을 해명함으로써 현대비극론을 이해하는 데 중요한 실마리를 제공하고 있다. 무엇보다도 이 논문에서는 야스퍼스의 비극성이 인간의 비본래성으로부터 초월자에게로 이르는 가능성을 열어주는 난파(Scheitern)의 일반적 과정이 어떻게 실행될 수 있는지를 설명하는 가장 객관적이며 탁월한 방법이라는 점을 강조하고 있다. 또한 반젠(J. Bahnsen)이나 우나

무노(M. Unamuno)의 비극개념과는 달리 야스퍼스의 비극개념이 실존조명의 영원한 빛 안에 존재하는 가장 순수한 철학적 인식이 되는 근거와 이를 해석하는 공간으로 포괄자론이 제시되는 근거를 해명하고 있다.

여섯 번째 논문 「세계철학의 두 유형: 플로티노스와 야스퍼스」에서 필자 최양석은 플로티노스와 야스퍼스 사상에 나타난 세계철학의 문제를 고찰하고 있다. 동서양 철학의 만남의 장인 세계철학은 오늘날과 같은 세계화시대에 새롭게 주목받고 있는 주제라는 점에서 중요한 논의의 대상이 된다. 이와 연관해서 이 논문에서는 다가올 미래의 철학으로 규정되는 야스퍼스의 세계철학의 해명을 위해 플로티노스의 세계철학과의 비교를 수행함으로써 세계철학의 근본특징을 파악할 수 있음을 주장한다. 또한 야스퍼스와 플로티노스 모두 닫힌 체계를 세우지 않고 열린 사유를 한다는 점에서 두 철학자들 사이에 긴밀하게 작용하는 정신적 연관성을 추적하고 있다.

일곱 번째 논문 「온전함을 위한 사유운동: 야스퍼스에 있어서 의학과 철학의 종합」에서 필자 이진오는 프로이트의 정신분석학의 방법적 특징을 분석하고 그 한계를 비판한 후 개별학문의 독립성에 대한 자기반성과 실존들 간의 상호 소통을 강조하는 야스퍼스의 현상학적 실존철학을 철학과 의학의 창조적 종합의 시도로 해석하고 있다. 필자에 따르면 특히 야스퍼스가 정신병리학에서 철학으로 전환하게 된 것은 자연과학에서 요구되는 '설명'과 정신과학에서 요구되는 '이해'를 각각 고립된 것으로 절대화하려는 시도들을 극복하는 과정에서 이루어진 것이다. 이러한 방법론적 전환은 설명과 이해의 이분법을 넘어서서 구체적이고 현사실적 상황에 존재하는 인간실존을 해명함으로써 철학과 의학이 결합될 수 있는 토대를 마련하고 있다는 사실을 이 논문은 밝히고 있다. 나아가 이 논문은 정신병리학에 응용된 현상학적 실존철학이 단순한 방법적 차원이 아니라 임상적 실천이며, 실존적 이해와 형이상학적 이해처럼 온전한 인간이해를 도출해 낼 수 있다고 주장하고 있다.

여덟 번째 논문 「야스퍼스와 가다머의 의철학: 기술학이 아닌 해석학으로서의 의학」에서 필자 박남희는 "의학은 기술학이 아니라 해석학이어야 한다."는 자신의 주장을 정당화하기 위해 새로운 시도를 감행하고 있다. 이 논문에서는 환자가 치료의 대상이 아니라 치료의 주체가 되어야 하며, 의사 또한 의료행위를 하는 단순한 기술자가 아니라 자신의 환자가 처한 실존적 상황을 이해하며 이를 해석하는 해석학자가 되어야 함을 주장하고 있다. 이러한 주장을 뒷받침해 주는 야스퍼스와 가다머의 철학을 중심으로 비교·분석하는 이 논문에서는 철학과 의학과의 관계를 현상학적, 실존적 그리고 해석학적 입장에서 해명하며, 치료를 위해 요구되는 이해를 심리학적-정신병리학적 차원과 존재론적 차원에서 접근하면서 두 철학자들 간의 정신적 연관성과 차이점을 규명하고 있다.

아홉 번째 논문 「야스퍼스와 종교 간 대화의 문제」에서 필자 이원재는 다양한 신앙의 전통들로부터 유래되는 인간들 사이의 만남과 교제(Kommunikation)의 문제를 야스퍼스의 철학함의 근본의도와 관련하여 심층적으로 규명하고 있다. 오늘날의 종교 간 대화의 문제에 대해 야스퍼스 철학이 지니는 가치와 의의를 고찰함으로써 종교의 절대성 주장에 대한 문제와 다양한 종교들 사이에 형성되는 상호 이해 및 일치 가능성에 대한 문제를 구체적으로 해명하고 있다. 이에 기초하여 새로운 시각을 확보하는 이 논문에서는 야스퍼스의 철학적 통찰이 오늘날 종교들 간의 대화와 교제를 가능하게 하고 촉진시키는 데에 기여할 수 있음을 다양한 논의들을 통해 흥미롭게 시도하고 있다.

이상으로 전체 논문들의 대의를 파악하는 데 다소나마 도움이 되기를 바라는 마음에서 이 책에 수록될 논문들의 요지를 간단하게 요약해 보았다. 아홉 명의 필자들이 모여서 커다란 결실을 맺은 이 책이 일반인들이나 철학 전공자들에게 야스퍼스의 철학 전반을 이해하는 데 어느 정도 도움이 되기를 기대하며, 이를 계기로 하여 야스퍼스 철학에 대한 국내의 관심이 고조될 수 있기를 기대해 본다. 여기 모인 필자들은 각자 야스퍼스 철학을 해석하는 관점이 상이하지만, 이러한 관점의 차이가 오히려 야스퍼스 철학연구의 다양한 면모를 보여줌으로써 야스퍼스 철학연구에 새로운 지평을 여는 역할을 할 수 있을 것이다.

끝으로 바쁜 와중에도 좋은 글을 보내주신 야스퍼스 전공자 선생님들께 다시 한번 감사드리며, 출판시장의 어려운 현실에도 불구하고 철학의 발전을 위해 기꺼이 출판을 허락해 주신 철학과현실사에도 이 자리를 빌려 감사의 말씀을 전한다. 이번에 다루지 못한 야스퍼스의 광범위하고 다양한 철학적 문제들에 대해서는 야스퍼스 철학을 전문적으로 연구하는 한국야스퍼스학회에서 차후 지속적으로 책을 출간하여 보충해 나갈 것이다.

2008년 4월
홍 경 자

차 례

실존적 사귐과 현실적 실존의 구현

정영도

1. 들어가는 말

인간이 경험할 수 있고 감각할 수 있는 세계에 대하여 가지는 인식과 사유는 직접적인 언어에 의해 전달된다. 이 직접적인 언어는 인식과 사유의 내용을 전달하는 수단이고 매체이다. 구체적으로 말해서 이러한 직접적인 언어는 관찰과 실험을 통해서 확립하는 명석하고 판명한 과학적 인식과 사유의 내용을 전달하는 수단이고 매체이다. 이러한 근거에서 말한다면 이 직접적인 언어는 인식할 수 있고 경험할 수 있는 세계에 한해서만 통용될 뿐이다.

그러므로 초경험적, 초현실적 존재를 지시하고자 할 경우 직접적인 언어는 한계에 부딪힌다. 예를 들면 "신(神)이 존재한다."라는 언표에서 직접적인 언어는 그 내용을 전달할 수 없다. 왜냐하면 신(神)은 하나의 현상이나 형상처럼 인식되지도 않고, 경험되지도 않고, 사유되지도 않기 때문이다. 이러한 언표에 대비(對比)하여 "이 장미는 붉다."라는 언표를 고려한다면 직접적인 언어란 초경험적 존재 자체로서 신과 관련한 언표에는 통용될 수 없다는 것이 분명해진다.

따라서 직접적인 언어는 현상과 형상을 수반하는 현실적, 사실적 존재, 즉 인식 가능하고 경험 가능하고 사유 가능한 세계에는 적용될 수 있지만, 신, 존재 자체, 초월자라는 초경험적, 초현실적 존재의 세계에는 적용될 수 없다. 그러므로 직접적인 언어는 과학적 인식의 세계, 즉 오성의 구성적 세계를 전달하는 수단이고, 신이니, 존재 자체니, 초월자니 하는 초현실적 존재의 세계 이른바 철학적 존재 자체의 세계에는 적용 불가능하다는 잠정적인 결론을 여기서 도출할 수 있다.

언어에만 국한해서 이야기할 경우 철학적 존재 자체의 세계, 즉 철학적 진리를 전달하는 수단으로서의 언어는 보편타당한 과학적 인식을 전달하는 수단으로서의 직접적 언어와는 차원을 달리한다. 신, 존재 자체, 초월자를 전달하는 언어는 문자라는 기호와는 달리 오히려 비문자적(非文字的) 암호(暗號)에 속한다. 이러한 유형의 비문자적 언어는 은유(隱喩), 상징(象徵), 잠언(箴言), 암호, 침묵 등을 가리킨다. 따라서 언어는 이러한 근거에서 오성에 의하여 획득되는 보편타당하고 객관적인 진리, 즉 과학적인 진리의 전달매체로서의 직접적 언어와, 실존적 이성에 의하여 체험되고 획득되는 본래적 자기라는 현실적 실존의 전달로서 간접적 언어로 나누어진다.

간접적 언어에 속하는 은유, 상징, 잠언, 암호, 침묵은 가능적 실존이 현실적 실존으로 구현됨에 있어 사용되는 언어군(言語群)

16

을 형성한다. 이러한 간접적 언어는 직접적 언어의 한계와 그 피안을 지시한다. 야스퍼스의 다음과 같은 말은 바로 이것을 시사(示唆)한다.

"진정한 언어(간접적 언어 — 필자의 역주)는 포괄자(包括者)로부터 나오는 무한성의 성격을 보존한다. 포괄자는 언어를 담지(擔持)하고 있고 이 언어 가운데서 자기를 알린다."[1]

포괄자가 담지하고 있는 언어란 암호를 뜻한다. 이 암호해독에서 현존재의 자기초월인 바 본래적 자기로서의 실존이 획득된다. 따라서 포괄자 쪽에서의 자기알림은 바로 이처럼 암호라는 간접적 언어에 의해서 가능해진다. 찰스 월래프(Charles Wallraff)는 이러한 간접적 언어의 의의를 다음과 같이 말하고 있다.

"전달에 대한 야스퍼스의 설명은 그의 철학에 있어서 결정적이다. 이것은 과학적 언어의 한계를 나타내며 일상적 언어가 범하는 거짓을 드러내며 직접적인 방식으로는 정신적인 것을 표현할 수 없음을 논증하며 키에르케고르가 일컫는 바 간접적인 전달의 필요를 밝힘으로써 그의 실존해명(實存解明)을 뒷받침하고 있다."[2]

은유, 상징, 잠언, 암호, 침묵이 실존을 밝혀주고 실존이해로 인도하는 실존적 길잡이(Leitfaden)로서의 간접적 언어라면, 실존적 사귐도 실존에의 체험을 가능케 하고 실존해명으로 인도하고,

---

1) Karl Jaspers, *Von der Warheit*, S.404. 이하 VW로 약칭하여 표기함.
2) Charles F. Wallraff, *Karl Jaspers. An Introduction to His Philosophy*, p.114.

가능적 실존을 현실적 실존으로 현실화시키는 하나의 간접적인 언어이다.

내가 나를 향해서 나의 마음을 열어젖히면서 동시에 너를 향해서 나의 마음을 열어젖히는, 이른바 나의 실존적 열어젖힘(實存的 開顯)이 나를 향한 너의 마음의 열어젖힘을 함께 가능케 하는 그런 서로 간의 열어젖힘 속에서 실존적 사귐(existentielle Kommunikation)이 실현되는 데는 과학적 언어는 통용될 수도 없고 오히려 무의미할 뿐이다.

과학적 인식 및 오성적 인식을 직접적으로 전달하는 수단 또는 매체가 좌절할 수밖에 없는 실존적 사귐은 나와 너 간의 '사랑하는 투쟁(der liebende Kampf)'이라는, 이른바 사랑을 바탕으로 한 너에의 의문, 문제제기, 비판에 있어서의 서로 '다 걸기(all-in)'를 통해서 실존을 해명하고 동시에 현실적 실존의 획득을 가능케 한다.

2. 현존재의 존재양식과 사귐의 양태

야스퍼스에 있어서 현존재(現存在, Dasein)는 한계상황(限界狀況, Grenzsituation) 앞에서의 난파(難破, Scheitern), 타자와의 사귐, 자기초월, 실존해명, 본래적 자기의 획득 등이 실현되는 현재적 공간이다. 설명적으로 이야기하자면 현존재란 지금 여기에 존재하는 인간의 신체라는 공간이다. 신체가 없다면 대상에 대한 인식도 감각도 있을 수 없다. 그러므로 인간은 신체가 있기 때문에 자기의 신체 속에서 감각기관이 가져다주는 대상에의 지각자료들을 감각하고, 그 신체 속에서 사유하고, 그리고 그 신체 속에서 자기 자신을 초월하여 순간적으로 신 앞에 홀로 설 수 있다. 이 신체가 없다면 이 모든 것이 불가능하다. 이러한 점에서 현존재는 지금 여기서 이 모든 것을 실행하는 하나의 공간이다. 다시 말하면 현존재는 육체적 활동과 정신적 작용이 일어나는 현실적 인간존재라는 기초적 공간이다. 현존재는 칸트가 말하고 있는 바와 같이 지금과 여기라는 시간과 공간의 직관형식에 의하여 제약을 받는— 인식의 주관으로서 — 인간의 기초적 존재 또는 현재적 존재(顯在的 存在)이다. 따라서 야스퍼스는 현존재란 오직 인간존재에게만 적용되고 통용되는 개념이라고 말하고 있다.

이 현존재는 야스퍼스에 의하면 현재적, 객관적 존재양태와 가능적 실존의 존재양태로 현재(現在)한다. 객관적 존재양태로서 현재하는 현존재는 세 가지의 존재양태로 현존한다. 제1의 존재양태는 주아적(主我的) 현존이고, 제2의 존재양태는 의식일반(意識一般, Bewusstsein Überhaupt)이고, 제3의 존재양태는 정신(Geist)이다.

가능적 실존의 존재양태로서 현존재는 자기의 일상적 존재성을 초월하고자 할 때 현실적 실존을 실현할 수 있다는 점에서 가능적 실존의 존재양태로 현존한다. 이 경우의 현존재는 가능적 실존의 양태로 존재 가능할 수 있다.

현존재라는 공간 속에는 이러한 세 가지의 객관적 존재양태들이 현실화되어 있지만, 그러나 현실적 실존의 존재양태는 현실화되어 있지 않다. 이러한 객관적 존재양태들은 오히려 현존재라는 공간 속에서 나라는 일상적 존재가 자기초월을 감행하거나 또는 타자와의 실존적 사귐을 가질 경우에 현실화되는 그런 가능적 존재로서 현존할 뿐이다. 그러므로 가능적 존재로서 현존이 현실적 실존을 지향하여 비약하는 실존적 결단이 감행되지 않고는 현실적 실존은 현존재라는 공간 내에서는 항상 가능적 실존으로 은폐되어 있을 뿐이다.

그러므로 야스퍼스에게는 어떻게 하면 가능적 실존이 현실적 실존으로 비약·구현될 수 있을까 하는 것이 '철학함(Philoso-phieren)'의 근본과제이다. 야스퍼스는 이러한 근본과제를 해결하기 위해 자기의 고유한 철학함을 통해서 체험한 것을 많은 저작 속에 제시하고 있다. 요컨대 야스퍼스는 어떻게 하면 현실적 실존을 현실화시킬 수 있는가, 어떻게 하면 나는 본래적 자기로서 현실적 실존이 될 수 있는가라는 그 방법적 길을 자기의 저작 또는 논문에서 제시하고 있다.

현실적 실존이 될 수 있는 방법적인 길들(야스퍼스가 제시하고 있는 방법적인 길들)로는 한계상황 앞에서의 난파를 통한 실존에의 비약, 즉 초월자로부터의 실존의 증여(Schenken), 포괄자의 여러 양태의 돌파를 통한 포괄자의 포괄자로의 지향에서 본래적 자기인 바 현실적 실존의 체험, 그리고 나와 너 간의 사랑의 투쟁을 통한 실존적 사귐에서의 현실적 실존의 구현 등이 있다. 이러한 방법적 길들 가운데 실존적 사귐이야말로 현실적 실존을 획득함에 있어 가장 실제적이면서 효과적이다. 실존적 사귐을 통한 현실적 실존의 현실화는 현대사회에 있어서 계층 간의 갈등, 인종분쟁, 냉전시대의 국가 간의 대립 등을 불식시키고자 모색하는 현대의 정치철학의 기초가 되어야 한다는 야스퍼스의 (만년의) 평화철학의 근본이념이 되고 있다.

따라서 야스퍼스는 실존적 사귐이 가지는 진리를 현실화하기 위하여 그 실존적 사귐의 전제로서 현존재적 사귐이 가지는 비진리(非眞理)를 우선 조명하고 분석하고 있다. 이러한 철학적 작업을 수행함에 있어 야스퍼스는 현존재적 사귐을 현존재의 세 가지 객관적 현존양태에 상응하는 그런 양태로 구분하여 분석하고 있다. 이와 병행해서 야스퍼스는 실존적 사귐도 가능적 실존의 존재양태에 상응하여 분석하고 있다.

야스퍼스가 구분하고 있는 현존재적 사귐의 양태로는 세 가지 종류가 있다. 첫째, 원초적 공동성에서 가지는 사귐(Kommunikation in primitiver Gemeinschaftlichkeit), 둘째, 현실적 목적성과 합리성에서 가지는 사귐(Kommunikation in sachlicher Zweckhaftigkeitigkeit und Rationalität), 셋째, 일정한 이념을 구현하고자 하는 실질적인 정신에서 가지는 사귐(Kommunikation in ideenbestimmter Geistigkeit des Gehalts)이다.

이러한 세 가지 양태의 사귐은 현존재라는 공간 내의 객관적 존재양태, 즉 주아적 현존의 존재양태, 의식일반의 존재양태, 정신의 존재양태 등 각각의 존재양태에 상응하는 양태의 사귐에 속한다. 이 세 가지 양태의 사귐은 근본적으로 극복되어야 할 비본래적 자기(非本來的 自己, Uneigentliches Selbst)의 사귐이고 실존적 사귐을 위한 전제이기도 하다.

1) 원초적 공동성에서 가지는 사귐

주아적 현존의 존재양태에서 이루어지는 나와 너 간의 사귐이 바로 원초적 공동성에서 가지는 사귐이다. 여기서 원초적 공동성이란 자기 자신의 주아적 현존을 위해서 나와 너 간에 이해득실

(利害得失)의 타산(打算)에서 협의하여 구성한 이익공동체의 성향을 의미한다. 이러한 이익공동체 속에서 나와 너는 삶을 유지·보존·증대하고자 하는 주아적 관심(egozentrischer Interssiertheit)3)에만 집착한다.

야스퍼스는 감성, 부, 권력의 분야4)에 있어서의 목적들을 이러한 주아적 관심에서 이해하고 있다. 이러한 목적들과 관련하여 인간들 상호간의 관심의 일치가 지배할 경우 인간들은 목적과 관심의 공동체를 형성한다.5) 그러므로 야스퍼스는 다음과 같이 말하고 있다.

"현존재로서 합목적적으로 자기를 위하여 무제한한 관심을 기울이는 생명이 발언을 한다. 그런데 이 생명은 만사를 자신의 현존재를 촉진시키기 위한 제약하에 두고 오직 이러한 뜻에서만 공감 내지 반감을 느끼며 이러한 관심 속에서 사회와 인연을 맺는다."6)

이와 같은 양식의 사귐에서는 이해타산에서 집중하는 관심, 이익의 증대, 권력, 명예, 돈에 대한 욕구가 중요하다. 이런 사귐에서는 글자 그대로 원초적 본능에서 나는 너를, 너는 나를 사귐의 상대자로 생각한다. 다시 말해서 너는 나의 원초적 본능으로서 감성적 욕구의 충족을 실현시키는 데 필요한 수단이고, 나 역시 너에게는 이러한 형태의 수단에 불과하다. 그러므로 삶의 보존에의 충동, 성에의 충동, 권력에의 욕구가 충족될 경우 나와 너 간

---

3) Karl Jaspers, *Philosophie II*, S.53.
4) Karl Jaspers, *Vernunft und Existenz*, S.64.
5) Kurt Salamun, *Karl Jaspers*, S.74. 이하 KJ로 약칭하여 표기함.
6) Karl Jaspers, *Existenzphilosophie*, S.32.

의 사귐은 끝난다.[7] 야스퍼스는 이러한 수단들을 획득하기 위한 주아적 현존의 투쟁의 형식에 대해서 다음과 같이 말하고 있다.

"현존재의 투쟁에 있어서 … 모든 전달은 투쟁의 수단으로서 간주된다. 즉 침묵, 교활, 애매, 거짓, 기만 … 이 모든 것이 자기의 현존의 보존에 도움이 되는 한 중요하다."[8]

이러한 현존재적 사귐에서는 목적달성에 필요한 수단이 도덕적인지 아닌지가 중요한 것이 아니고, 그것이 얼마나 유익한 것인지 아닌지가 중요하다. 이러한 사귐에 있어서 나와 너 간의 관계는 목적과 수단의 관계에 불과하다. 목적과 수단의 관계에서 사귐의 상대자는 자기 자신의 생적 관심의 실현을 위해서 도구화된다.[9] 이런 관계에 있어서 사귐의 상대자는 임의로 대치(代置)될 수 있다. 왜냐하면 목적이 달성되면 수단으로서의 상대자는 용도 폐기처분되어야 할 것이기 때문이다. 다시 말해서 주아적 현존의 사귐에서는 자기의 이익을 도모함에 있어 사귐의 상대자가 이용가치를 상실할 경우 그 상대자는 백해무익(百害無益)한 존재로서 폐기처분되어야만 하기 때문이다.

이 주아적 현존의 사귐에서는 존재도 알 바 없고 실존도 알 바 없다. 여기서는 나는 본래적 나로서 존재하지 않는다.

---

7) KJ, S.74.
8) VW, S.548.
9) KJ, S.74.

2) 현실적 목적성과 합리성에서 가지는 사귐

현실적 목적성과 합리성10)에서 가지는 사귐은 의식일반의 존
재양태에 상응한다. 의식일반으로서 오성의 차원에서 어떤 주어
진 문제에 대하여 타자와의 일치에 도달한다는 것은 필연적인
귀결로서 수용된다.11) 왜냐하면 오성은 반드시 보편타당한 법칙
과 범주에 근거하기 때문이다.

이러한 양식의 사귐은 논리적 규칙과 객관적 타당성을 근거로
하여 토론하고 반론하는 합리적 과정을 통해서 이루어진다. 토론
과 반론에 있어서 사귐의 상대자는 주어진 문제 또는 현재의 사
태에 대한 판단과 관련하여 논증상의 이유들과 반대이유들을 제
시한다. 이러한 이유들과 반대이유들은 논리적인 원칙들인 바 모
순율과 동일률에 의거하여 검토되며, 따라서 공동으로 수용되거
나 거부된다.12) 이 경우에 중요시되는 것은 주어진 문제 또는 현
재의 사태에 대한 진술(陳述)의 참 또는 거짓에만 국한한다. 이
러한 사귐에 있어서 토론과 반론은 자기존재 및 주관적인 관점
의 투입 없이 순전히 객관적으로만 진행된다.13) 인간적인 정서도
역지사지(易地思之)하는 따뜻한 배려도 관후(寬厚)한 포용도 없
이 냉철한 논리와 명철한 인식만을 수용하는 지성만이 인정되는
가운데 토론이 진행된다.

토론에 있어서 사귐의 상대자는 동일한 규칙들, 사유의 범주

---

10) Karl Jaspers, *Philosophie II*, S.347.
11) KJ, S.75.
12) KJ, S.75.
13) Karl Jaspers, *Philosophie II*, S.100.

들, 방법적인 표준들(진리의 기준들)에 따라서 판단하는 임의의 다른 상대자로 대치될 수 있다. 야스퍼스는 이러한 입장을 다음과 같이 천명하고 있다.

"공동체는 비인격적이며, 그 가운데서 모든 자아는 원칙적으로 대리될 수 있고 교환될 수 있다."14)

인간은 의식일반으로서는 단지 대리 가능한 형식적인 자아에 불과하지만, 그러나 주아적 현존의 사귐에 있어서, 이른바 목적과 수단의 관계에서 나타나는 그런 자아는 아니다. 그렇다고 하더라도 의식일반으로서 실현하는 사귐에서는 자기의 대리 불가능한 인격적인 내용을 사귐의 관계 속으로 가지고 오는 그런 최종적인 투입은 없다.15) 그러므로 야스퍼스는 단순히 합리적인 사귐에서는 결국 불충분 또는 비본래적인 것에서 오는 정당성의 황량함만이 자라날 뿐16)이라고 말하고 있다.

이러한 사귐은 대학교수들, 연구소의 연구원들, 나사(NASA)와 같은 과학적 연구기관의 과학자들을 비롯한 지식인들 상호간의 지성적 사귐에서 찾아진다. 하나의 비근한 예를 들면 대학교수들의 경우 어떤 공동연구주제를 놓고 여러 명의 교수들이 연구팀을 구성하여 연구주제에 대하여 상호 의견을 교환하고 토론하면서 하나의 연구결과를 도출한다. 이때 이 공동연구에 참여한 교수들은 거의 매일 만나 주어진 문제점을 분석하고 토의한다.

---

14) 같은 책, S.52.
15) KJ, S.75.
16) Karl Jaspers, *Existenzphilosophie*, S.33.

여기서는 어떤 사심(私心)이나 주아적 이기주의는 배제하고 오직 냉철한 지성으로 상호 협동하고 연구주제를 분석하여 하나의 해결점을 도출해 낸다.

이처럼 냉철한 지성으로 공동적인 협의를 진행시켜 나가지만, 그러나 여기에서도 따뜻한 인간적인 정은 결여되어 있다. 냉철한 지성과 합리적인 논의가 연구교수들 간의 사귐을 지배하지만, 그러나 이 경우에 그 공동연구에 참여한 연구자들 각자의 가슴에는 차가운 냉기(冷氣)만 감돌 뿐, 뜨거운 사랑의 열정이라곤 느껴지지 않기 때문에 결국 채울 수 없는 고독이 엄습해 오기 마련이다. 이러한 현실성과 합리성에서 가지는 사귐은 공동연구가 끝나면 곧바로 소멸한다.

3) 일정한 이념을 구현하고자 하는 실질적인 정신에서 가지는 사귐

야스퍼스는 의식일반에 의한 사귐보다 한 차원 더 높은 사귐으로서 "일정한 이념을 구현하고자 하는 실질적인 정신에서 가지는 사귐"을 제시하고 있다. 이러한 사귐은 정신의 존재양태에 상응하는 것으로서 지금까지 논의해 온 두 가지의 사귐의 양태와는 구별되는 실질적인 사귐이다. 이 사귐이란 이데올로기적인 공동체의 이념을 현실화시키고자 뜻을 함께하는 동지(同志)로서 나와 너 간의 사귐을 말한다. 공동체의 이념을 현실화시키고자 하는 공동의 뜻을 가지고 나와 네가 혈맹적인 사귐을 가지는 그런 양태의 사귐에서는 내면적인 정신성에서 동지애(同志愛)를 나눈다. 예컨대 이념적 공동체, 즉 국가, 사회, 대학, 연구소 등에 있어서 그 표방하는 이념의 구현을 위해서 정신의 차원에서 동지적(同志的) 사귐을 가지는 그런 실질적 사귐이 그것을 잘 반영해 준다.

그런데 이러한 사귐의 양태에서도 사실은 실질적(gehaltvoll)인 상호 이해라는 인간적인 의미의 사귐으로서는 불충분하다. 왜냐하면 이러한 사귐의 양태에 있어서 사귐을 가지는 관계 속에서 인간은 본래적인 자기존재(das eigentliche Selbstsein)를 실현하지 못하기 때문이다. 이러한 사귐의 전형적인 양태는 공동의 정치적 이데올로기와 목적을 구현하고 달성하고자 이념적으로 뭉친 정치적 동지 및 정당원들 간의 혈맹적 사귐에서 찾아질 수 있다. 정치적 동지들은 자기들이 구현시키고자 염원하는 정치적 이념을 위해서 공동전선을 구축한다. 이러한 과정에서 그들은 혈연적 유대보다 훨씬 강렬한 이념적, 사상적 일체감을 가진다. 자기들이 염원하는 이념과 목적을 달성하기 위해서 그들은 더불어 투쟁하고 더불어 죽을 수 있는 결의를 나누어 가진다. 그러나 이러한 정치적 결의와 동지적 일체감도 그 이념과 목적을 달성하면 다시금 각각 주아적 현존상태로 돌아간다.

야스퍼스는 이와 같은 관점을 다음과 같이 밝히고 있다.

"이념과 실존에 의한 이념의 실현에 있어서의 사귐은 오성, 목적, 원초적 공동체 그 이상으로 인간을 타자와의 지극한 친근에로 가지고 오지만, 그러나 '나의 자기'와 '타자의 자기'와의 절대적 친근은 불가능하게 된다. 이 절대적 친근에서는 대치(代置) 가능성이란 전혀 불가능하고 그리고 이 절대적 친근은 이념의 입장에 의하여 사적인 친근으로 경시될 수 있다."[17]

위에서 논의한 세 가지 사귐의 증명 가능한 양식들은 쿠르트 잘라문(Kurt Salamun)의 말과 같이 실존적 사귐의 양식을 위한 객관적 매개물에 불과하다. 이러한 세 가지의 양식의 사귐은 모든 경험적, 합리적 증명을 거부하는 실존적 사귐에 있어서는 불가결한 전제, 즉 실존적 단계로 나아가는 단계이다.[18]

3. 나의 자기와 너의 자기 간의 실존적 사귐

야스퍼스는 나와 너 간의 사귐을 통한 본래적 자기로서의 실존의 획득은 오직 실존적 사귐에서만 가능하다고 주장한다. 실존적 사귐을 실현하기 위해서는 근본적으로 현존재적 사귐에 대한 불만에서 자기를 자주적으로 성찰할 수 있는 그런 정조(情調)를 느껴야 한다. 이러한 정조는 어떤 점에서 본다면 고독을 야기한다. 고독과 성찰은 순환적이다. 고독하니까 자기 자신을 성찰하게 되고 자기성찰을 감행하니까 고독하게 된다. 하여간 실존적 사귐을 가지기 위해서 나는 고독해야 하고 고독하니까 너와의 사귐을 시도한다. 그러므로 야스퍼스는 다음과 같이 말한다.

"사귐은 그때마다 두 사람 사이에 성립한다. 두 사람은 서로 결합되어 있지만, 그러나 그들은 어디까지나 두 사람으로 머물러 있지 않으면 안 된다. 두 사람은 서로 고독으로부터 나와서 만나고, 게다가 그들이 사귐 가운데 있다는 바로 그 이유 때문에만 고독

17) Karl Jaspers, *Philosophie II*, S.53f.
18) Jean Paul, *Der Weg des Menschen oder Kommunikation und Liebe bei Jaspers*, in: Dietrich Harth(Hrsg), *Karl Jaspers, Denken Inzwischen Wissenschaft, Politik und Philosophie*, Stuttgart, 1989, S.48.

을 안다. 나는 사귐에 들어감이 없이는 자기 자신이 될 수 없고 그리고 고독하지 않고는 사귐에로 들어갈 수 없다. … 만일 내가 나 자신의 근원으로부터 자기 자신으로 존재하고, 따라서 가장 깊은 사귐에로 들어가고자 한다면 나는 고독을 바라지 않으면 안 된다."19)

1) 사귐의 전제로서 고독에의 자각

나와 너 간의 진정한 인간적인 사귐, 즉 실존적인 사귐을 가지기 위해서는 우선 현존재적 사귐에 대한 불만과 비판에서 나타나는 고독을 자기 스스로 심화시키지 않으면 안 된다. 고독을 심화한다는 것은 현존재적 사귐에서 경험하는 삶의 세속성 및 인간존재의 데카당을 비판적으로 성찰하고 현존재로서 나 자신의 자기초월 또는 타자에의 실존적 사귐을 감행하고자 하는 결의를 다지는 것을 뜻한다. 따라서 고독은 실존적 사귐의 근본적인 계기이고 전제이다.

이러한 고독은 현대의 관리지배체제의 사회에서는 전적으로 배제되고 있다. 마르쿠제의 『일차원적 인간(*Der eindimentionale Mensch*)』에는 고독이 유린되고 있는 현상이 잘 기술되어 있다. 쿠르트 잘라문이 소개하고 있는 바에 의하면 마르쿠제는 『일차원적 인간』에서 행정과 관료화의 압박, 대중매체와 대량생산이라는 조종하는 강제와 같은 구상화(具象化)의 경향이 이미 "사적 영역의 내적 공간"에 침입해 있고 "홀로 자기에게 되던져진 개인이 사유하고 물음을 묻고 그리고 그 무엇을 찾아낼 수 있는 그

---

19) Karl Jaspers, *Philosophie II*, S.61.

러한 고독의 가능성을 배제"하고 있는 것을 한탄하고 있다.[20]

　"개인이 자기의 사회에 저항하고 또 그 사회의 세력을 극복하여 획득하는 고독, 즉 고독의 조건은 기술적으로 불가능하게 되어 버렸다."[21]

고독을 외면하고 고독으로부터 탈출하기 위하여 시도하고 있는 행위들은 인간의 자기성찰 또는 타자를 향한 실존적 사귐에의 의지의 측면에서 볼 때 오히려 인간 자신의 데카당화(化)를 촉진한다.

야스퍼스는 고독을 실존적 사귐의 준비로 고양시키지 못하고, 오히려 진부한 일상적 삶의 내용으로 속화시키는 것을 고독에의 그릇된 이해로 규정하고 있다. 쿠르트 잘라문은 야스퍼스의 이러한 입장을 다음과 같이 설명하고 있다.

　"인간 상호간의 접촉을 평범한 일상세계 속에서 생기하도록 하기 위해서 우리가 고상하다고 생각하는 미화된 영웅주의와 엘리트적 반항심에 있어서의 이기주의적 자기도취, 확고한 조직, 교회, 이와 같은 종류의 공동체에 무조건으로 자기헌신하면서 권위들에 무조건 복종함으로써 개성의 포기를 통한 고독의 지양, 우리가 다른 사람을 복종시킴으로써 권력본능을 구현하는 것이고, 따라서 그것을 통해서 고독을 보상하는 것, 처음부터 자기기만과 다른 사람의 착각에 근거를 둔 (자기 자신을 외관상 그럴싸하게 꾸민) 거짓된 관계를 가짐으로써 고독에서 도피하는 것, 고독으로부터의 탈출, 요컨대 다른 사람 앞에서 자기의 감정적 노출증과 시위적 연출증에

---

20) KJ, S.78.

21) H. Marcuse, *Der eindimensionale Mensch*, S.91.

의해서 자기의 고유한 가치감정을 고양시키기 위하여 다른 사람을 도구화함으로써 그리고 동정을 얻기 위해 자기 자신의 고뇌의 경험이나 자기중심적인 강요를 품위 없이 드러냄으로써 고독으로부터 탈출하는 것 등등."22)

야스퍼스는 이러한 그릇된 태도가 종결될 경우 고독이 비로소 자기로 됨(das Selbstwerden)과 실존적 사귐의 필연적인 조건으로서 수용된다고 말한다. 고독이 이처럼 수용될 경우 자기에 대한 명철한 자기성찰과 냉철한 자기비판이 실현되고 동시에 타자를 향하여 자기의 내면을 열어젖히는 자주적 용기가 감행된다. 따라서 자기가 자기 자신에게 진실하고 성실하게 자기 자신의 내면을 열어젖히고 사귐의 상대자로서 타자 역시 마찬가지로 그렇게 함으로써 실존적 사귐이 실현된다.

2) 상호 열어젖힘에의 의지와 실존적 사귐

야스퍼스는 자기의 내면의 열어젖힘(die Offenheit) 또는 열어젖혀짐(Offenbarwerden)을 실존적 사귐에 대한 넓은 의미의 규정이라고 일컫고 있다. 이러한 근거에서 본다면 야스퍼스에 있어서 본래적 자기로서의 현실적인 실존이 된다는 것은 자기가 자기에 대하여 열어젖힘과 동시에 자기가 타자에게 자기의 내면을 열어젖혀 보이는 것과 결부되어 있다. 그러므로 야스퍼스는 다음과 같이 말하고 있다.

---

22) KJ, S.79.

"사귐에 있어서 나는 타자에게 나 자신을 열어젖힌다. 그러나 이러한 열어젖힘은 동시에 자아를 자기로서 비로소 현실화시키는 것이다."23)

내가 나를 나 자신과 타자에게 열어젖힌다는 것은 생득적인 것의 해명이 아니다. 그렇게 생각한다면 그것은 실존의 가능성을 포기하는 것이다. 실존의 가능성은 열어젖혀짐의 가능성에 있어서 자기를 명백하게 함으로써 자기를 창조한다. 물론 이전부터 존재하고 있는 바의 것은 대상적 사유에 있어서 명백해질 수 있다. 그러나 열어젖힘은, 즉 열어젖힘으로써 동시에 존재를 야기한다는 것은 무(無)로부터의 출현과 같은 것이며 따라서 단순한 현존재의 의미에 있어서 그러한 것은 아니다.24)

야스퍼스에 있어서 중요한 것은 '열어젖힘에의 의지(die Wille zur Offenbarkeit)'이다. 열어젖힘에의 의지는 자기를 실현할 수 있는 사귐 속에서만 철저하게 감행된다. 왜냐하면 이 의지는 그렇게 함으로써 자기의 실존을 비로소 자기에게 오는 것으로서 알기 때문이다.25) 이와 반대로 현존재의 안전을 보호하기 위해 가면을 덮어쓰고자 하는 닫음에의(폐쇄성에의) 의지(die Wille zur Verschlossenheit)는 외관상 사귐 속으로 들어가는 듯하지만 위험을 무릅쓰면서까지 현존재를 포기하려고는 하지 않는다.26) 왜냐하면 닫음에의 의지가 의지 자신의 영원한 존재를 혼동하여 현존재를 구제하고자 하기 때문이다. 이러한 닫음에의 의지에게

---

23) Karl Jaspers, *Philosophie II*, S.64.
24) 같은 책, 같은 곳.
25) 같은 책, 같은 곳.
26) 같은 책, 같은 곳.

열어젖혀짐은 파멸이다. 반면에 자기존재에게 열어젖혀짐은 가능적 실존을 위해 단순히 경험적으로 현실적인 것을 파악하고 그것을 극복하는 것이다. 왜냐하면 열어젖혀짐에 있어서 나는 가능적 실존으로서의 나를 획득하기 위하여 기존의 경험적 현존재로서의 나를 상실하기 때문이다.

반면에 닫음에의 의지의 경우에는 나는 경험적 고정적 존재로서 나를 보지(保持)하지만, 그러나 나는 가능적 실존으로서의 나를 상실하지 않으면 안 된다. 그러므로 야스퍼스는 다음과 같이 말한다.

"열어젖힘과 실존적 현실은 양자가 상호성(相互性, Gegenseitig-keit)에 있어서 무(無)로부터 출현하는 것같이 생각되며 상호 지지의 관계 속에 있다.

이처럼 열어젖혀짐으로써 현실적이 됨의 과정은 고립된 실존에서 수행되지 않고, 오히려 타자와 더불어서만 수행된다. 나는 개별자로서 나에게만 훤하게 밝혀지지도 않고 현실적이지도 않다."[27]

실존적인 사귐에 있어서 열어젖혀짐의 과정은 투쟁인 동시에 사랑인 그런 독특한 투쟁이다. 사랑으로서의 사귐은 어떤 대상에도 상관하지 않고 지향하는 맹목적인 사랑이 아니고 명철하게 보고 행하는 투쟁하는 사랑이다. 이러한 사랑은 가능적 실존으로부터 타자의 가능적 실존을 문제시하고 곤란으로 끌어들이고 요구하고 파악한다.

실존적인 사귐은 자기 자신의 실존을 위한 투쟁과 타자의 실

27) 같은 책, S.65.

존을 위한 투쟁이 하나가 되는 그런 실존으로 비약하려는 단독자의 투쟁이다. 이 실존적 비약에의 투쟁이 어떤 것인가를 야스퍼스는 현존재의 투쟁과 비교하여 다음과 같이 설명하고 있다.

"현존재의 투쟁에 있어서는 모든 무기의 이용이 필요하며 간계(奸計)와 기만이 불가피하며 타자를 적으로 삼지만, 이와 반대로 실존을 위한 투쟁에 있어서는 그것과는 전연 다른 문제들, 즉 철저한 공명성, 모든 권력과 우월감을 배제하는 것, 타자의 자기존재와 자기 자신의 자기존재를 동등하게 취급하는 것을 문제 삼는다. 이 투쟁에 있어서 양자는 망설임 없이 자기를 열어젖혀 보이며 서로가 서로에게 문제를 제기한다. 만일 실존이 가능하다면 실존은 투쟁하는 자기헌신을 통하여 자기획득으로서 나타난다."[28]

야스퍼스가 말하는 사귐의 투쟁에 있어서는 나와 너 간의 비할 바 없는 연대성(連帶性)이 있다. 이 연대성은 위험에 견디어 내기 때문에 비로소 그 철저한 문제제기를 가능하게 하고, 그것을 공통의 것으로 하고, 그 결과에 대해 일치한다. 이 연대성은 투쟁을 항상 그때마다 사귐을 가지는 양자의 실존적 사귐에 한정한다. 그럼으로써 사귐을 가지는 나와 너는 세간의 눈에는 실존을 위해 함께 가장 결정적으로 투쟁하고, 그리고 그 투쟁에 있어서 이해(利害)를 분담하는 가장 가까운 벗일 수 있다.

열어젖힘을 위한 투쟁에 있어서는 우월성이나 승리를 원해서는 안 된다고 하는 규칙이 수립될 수 있다. 만일 이러한 투쟁에 있어 우월성과 승리가 개입한다면 그것들은 방해와 죄가 되며, 따라서 그것들은 가차 없이 제거될 것이다. 이 투쟁에 있어서는

---
28) 같은 책, 같은 곳.

일체의 속셈이 숨김없이 폭로되며 어떤 타산적(打算的)인 저지 (沮止)도 실행될 수 없다. 요컨대 투쟁하는 사귐을 가지는 나와 너 간에 서로 투명하게 꿰뚫어 보도록 하는 상호간의 투명성이 그때마다의 사귐의 실제적인 내용에 있어서 필요할 뿐만 아니라 상호간의 문제제기와 투쟁의 수단에 있어서도 절대 필요하다. 이 투쟁의 사귐에 있어 나와 너라는 사귐의 투사는 너와 함께 나 자신 속으로 꿰뚫고 들어간다. 그것은 두 사람의 실존들 상호간의 투쟁이 아니고 자기 자신과 타자에 대한 공동의 투쟁이다. 그것은 단지 진리를 위한 투쟁이다. 이 투쟁은 완전히 동등한 수준에 있어서만 행해질 수 있다.

실존적으로 투쟁하는 사귐에 있어서 사회적 지위, 교육정도, 특정분야에 있어서 능력 등과 관련한 동등성과 같이 경험적으로 증명 가능한 동등성이 수준의 동등성(Niveaugleichheit)으로 생각될 수는 없다.[29] 이러한 종류의 동등은 언제나 경험적으로 확인 가능한 사실과의 비교에 의존하고 있다. 그런데 야스퍼스에 의하면 이러한 동등성은 경험적 자아의 관점만을 적중하는 것이지만, 이 동등성은 실존의 실현의 실질적인 전제로서는 의미를 가진다.

야스퍼스가 실존적인 영역에 있어서의 수준의 동등성으로 보고 있는 현상을 볼노프(Bollnow)는 스승과 제자 간의 만남과 관계하는 한 실례로서 일찍이 "모든 연령과 지위의 차이를 넘어선 그들의 인간적인 관계의 완전한 동등권리"[30]라고 부르고 있다. 칼 뢰비트(Karl Löwith)는 단순한 '더불어 있음(Mitsein)'과 '서로 관계하고 있음(Miteinandersein)' 간의 차이를 강조하면서 후

---

29) KJ, S.82; 정영도, 『야스퍼스철학』, 59쪽.
30) O. F. Bollnow, *Existenzphilosophie und pädagogik*, S.130.

자에 대해서 말할 때 그것이 '동등한 균일적 상호성(ebenbürtig einheitliches Einander)'[31]이라고 규정하고 있는데, 바로 그것이 야스퍼스의 수준의 동등성을 의미한다. 야스퍼스는 이러한 입장을 다음과 같이 말하고 있다.

  "내가 본질적으로 나를 다른 사람과 비교하지 않고 오히려 타자와 동등하게 타자와 더불어 존재한다는 것, 즉 내가 모든 타자와 사귐을 추구하고 있는 한— 비교 가능한 일에 있어서 타자가 나의 상위(上位)에 서 있거나 또는 나의 하위(下位)에 서 있거나 간에— 모든 타자와 동등한 수준에서 만난다는 것은 오히려 실존의식의 표현이다. 왜냐하면 나의 내면에 있어서와 마찬가지로 모든 사람들의 내면에 있어서도 나는 근원과 자아존재를 전제로 하고 있기 때문이다."[32]

  본질적으로 내가 나의 내면에 있어서와 마찬가지로 타자의 내면에 있어서도 근원과 자아존재를 전제로 한다는 바로 이 이유 때문에 타자와 동등한 수준에서 만난다는 진술이 이 인용문에 나타나 있다.
  실존적 사귐을 가지는 자들은 동등한 위치에 즉, 동등한 실존의 지평에 속하지 않으면 안 된다.[33] 이러한 사귐의 전형적인 실례를 야스퍼스는— 니체가 누이에게 보낸 두 통의 편지에 관해서 논평하면서— 다음과 같이 소개하고 있다.

---

31) K. Löwith, *Das Individum in der Rolle des Mitmenschen*, S.56.
32) Karl Jaspers, *Philosophie II*, S.85.
33) Charles F. Wallraff, *Karl Jaspers. An Introduction to His Philosophy*, p.114.

"니체는 자기와 동등한 부류의 사람들 그리고 자기와 동등한 위치에 있는 사람을 결코 만난 일이 없다. 그러므로 그는 마침내 다음과 같이 말하지 않을 수 없다.

'사람들이 나를 사랑할 수 있다고 생각하기에는 나는 너무나 긍지를 가지고 있다. 이것은 내가 누구인가를 누군가가 안다는 것을 전제로 한다. 나는 어떤 사람을 사랑하게 되리라고는 생각하지 않는다. 이것은 내가 나와 동등한 위치에 있는 사람을 발견한다는 것을 전제로 한다.'(1985년 3월) '완전한 우정은 오직 동등한 자 사이에서만 존재할 수 있다.'(1986년 7월 8일)"[34]

실존적인 사귐에 있어서 사귐의 상대자는 경험적으로 비교할 수 있는 관심사에 있어서 서로 다르다고 하는 점에서 ─ 서로 동등한 수준에서 ─ 서로 존중한다.[35]

근본적으로 말해서 실존의 구현은 야스퍼스에 의하면 다음과 같은 철학함과 결부되지 않으면 안 된다.[36]

(1) 명상적, 창조적 고독과 외부로부터 조작되지 않는 자주적 자의식에의 용기

(2) 자기의 견해와 확신에 있어서 은폐된 재보장 없이 다른 인간에 의해 문제제기가 되도록 하는 준비로서 열어젖힘에의 의지

(3) 다른 인간에 대한 사심 없는 협력에의 의지

(4) 자기실현의 가능성에 있어서 다른 인간을 ─ 비교할 수 있는 외적인 관심사(사회적 지위 등)에 있어서 자기의 상이성에도 불구하고 ─ 원칙적으로 동등한 것으로 인정하려는 준비

---

34) Karl Jaspers, Einführung in das Versändis seines Philosophierens, S.86.
35) 정영도, 『야스퍼스 철학』, 61쪽.
36) KJ, S.83.

4. 맺는 말

야스퍼스의 철학함(Philosophieren)은 궁극적으로 현존재라는 공간 속에서 나와 너 간의 사귐의 한계가 지시하는 실존적 사귐을 통한 현실적 실존의 획득에 있다. 그런데 현실적 실존의 구현을 가능하도록 하기 위해서는 우선 나와 너 간의 현존재적 사귐이 전제되어야 한다. 왜냐하면 현존재적 사귐에서 나와 너는 불가피하게 인간적 비감(悲感), 실망, 불만, 불충족을 경험하고, 그리하여 진정 나와 너는 상호간의 실존적 사귐을 지향하지 않을 수 없기 때문이다. 따라서 이 경우에 나는 현존재적 사귐을 돌파하여 ― 현실적 실존의 획득을 가능케 하는 ― 실존적 사귐으로 나아가는 단계적 실천을 감행한다. 이 단계적 돌파는 실존적 사귐을 실현함에 있어 필연적이다.

야스퍼스에 있어서 실존적 사귐은 자기존재의 열어젖힘과 타자에 있어서 자기존재의 열어젖힘의 동시적 실현에서, 그리고 이러한 자기존재의 열어젖힘을 통한 문제제기, 비판적 경고, 각성 촉구 및 사랑의 투쟁에서 현실화된다. 바로 여기에서 현실적 실존의 획득 또는 실현이 가능해진다고 야스퍼스는 역설한다.

어떤 점에서 본다면 한계상황 앞에서 난파한 자기존재가 극단적인 절망을 고뇌하는 데서 오히려 초월자로부터 본래적 자기로서 실존을 증여(Schenken)받음으로써 순간 속의 실존을 구현하는데, 이 경우의 실존은 현실성과 구체성을 결여한다. 현존재의 공간 내에서 이러한 실존의 구현은 서양의 전통적인 관념론이 가지고 있는 추상적 국면을 벗어나지 못하고 있다. 현실성 및 구체성의 진리를 가지지 못한 추상적 자기로서의 실존 역시 서양적 한계를 벗어나지 못하고 있다.

한계상황 앞에서 난파함으로써 실존이 되는 것이 관념론이 가지는 한계를 고스란히 함유하고 있는 데 비해서, 실존적 사귐을 통한 현실적 실존의 구현은 더 현실적이고 구체적이다. 그러나 실존적 사귐에 있어서도 한계는 남는다.

실존적 사귐에 있어서 내가 사귐의 상대자를 향해서 나의 내면을 남김없이 열어젖혀서 상대자로 하여금 나의 내면에 있는 거짓, 모순, 문제점 등 온갖 세속성 및 일상성을 비판하고 지적하고 경고하고 음미하도록 함으로써 진실로 나와 사귐의 파트너가 그 사랑의 사귐 속에서의 본래적 자기로서 현실적 실존을 구현할 수 있게 된다. 이렇게 야스퍼스는 주장하고 있는데, 여기에도 비현실적, 비실제적인 환상이 있다. 가령 실존적 사귐에서 나는 너를 향해서 거짓 없이 그리고 남김없이 훤히 밝혀 열어젖히지만, 그러나 너는 거짓되게 그리고 이기적으로 열어젖힐 경우에 궁극적으로 갈등이 일어날 것이다. 그렇게 된다면 그 결과는 어떻게 될 것인가? 야스퍼스의 실존적 사귐에 있어서 열어젖힘의 사상은 하나의 환상에 불과하다는 비판이 나올 수 있다. 물론 야스퍼스는 이러한 위험에 대비한 안전장치로서 사귐에의 비이기적인 관여라는 사상을 논의하고 있지만, 어쨌든 그 모든 안전장치조차 하나의 추상적인 성격을 버리지 못하고 있다. 이것은 야스퍼스의 사귐의 철학의 한계이면서 문제점인 것이다.

실존과 초월 *

실존조명의 방법론

신 옥 희

1. 들어가는 말

현대의 실존철학사상은 19세기 덴마크의 실존사상가 키에르케
고르(Søren Kierkegaard)의 독특한 인간이해 방법을 계승하여 발
전시킨 것이다. 오늘날 실존주의 또는 실존철학이라고 불리는 사
상들은 아무리 그들의 사상내용과 방법이 다양하더라도 어느 것
이나 키에르케고르에게서 유래하는 '실존(實存)' 개념을 중심으로
하여 철학하고 있다는 점에서 서로 일치한다.

키에르케고르에 와서 '실존'이라는 개념은 외로운 단독자로서
그의 신 앞에 홀로 서서 자기 자신의 영원한 운명을 결단하지 않
으면 안 되는 독자적인 결단의 주체로서의 구체적인 개인을 가
리키는 것으로 특수한 의미를 지니게 되었다. 키에르케고르에 의

---

* 이 논문은 한국철학연구회에서 발표된 논문으로서, 『철학연구』 제19집
(1984)에 게재되었던 것을 약간 수정한 것이다.

하면 인간은 누구나 '실존'으로서의 고유한 운명을 지니고 있다. 그리고 인간은 실존으로서의 자신의 삶을 모험할 때 비로소 인간으로서의 그의 삶을 완성할 수 있는 것이다. 그러나 실존으로서의 인간의 참모습은 그의 신 앞에 홀로 서서 자신의 운명을 스스로 결단하지 않으면 안 되는 절박한 상황의 고독과 불안 속에서 무거운 책임의식에 시달리며 살아가는 개인 각자의 내면적 자기이해를 통하여서만 밝혀지는 것이다.

인간의 존재양상이 전적으로 개인 각자의 결단에 의하여 좌우된다고 하는 키에르케고르의 '실존의 입장'은 서양철학의 전체 역사에 있어서 전통적으로 받아들여져 온 인간이해의 기본적인 도식들을 모두 파괴하는 것이었다. 개개 인간을 스스로의 결단을 통하여 자기의 존재를 형성시켜 나가는 자기형성의 주체로서 파악하는 실존의 입장에서 볼 때, 서양철학의 전통적인 인간해석의 양대 관점을 형성하는 자연주의와 이상주의는 똑같이 결정적인 결함과 오류를 내포하고 있는 것이다.

자연주의는 인간존재를 자연법칙에 의해 지배되는 물질적인 자연의 일부에 지나지 않는 존재로 파악함으로써 선택과 결단의 의식 즉 자유의 의식을 가지고 살아가는 인간존재의 또 하나의 고유한 존재영역을 간과한다. 이상주의는 자연을 초월하는 정신적 존재로서의 인간존재의 특성을 강조하며 자연에 대한 인간존재의 절대적 우월권을 확립하고자 한다. 이러한 점에서 이상주의는 자연주의보다는 실존주의에 훨씬 더 가까이 접근한다. 그러나 이상주의적 인간관은 인간존재를 어디까지나 보편적인 이념의 필연성에 예속시키며 개개 인간을 보편적인 이념의 구체적인 자기실현의 장소로서 취급할 뿐이다. 그러므로 이상주의적 인간관

42

에 있어서도 개개 인간의 고유한 존재 가능성은 배제된다. 키에르케고르가 헤겔의 관념론적 사변철학에 대하여 제기한 강력한 반론도 바로 이와 같은 문제의식에서 연유하는 것이다.

개개 인간의 운명이 그의 자유로운 결단에 의하여 좌우되는 것이라고 하는 실존의 시각에서 인간존재를 이해하고자 하는 키에르케고르의 후예들은 인간존재에 관한 어떠한 본질규정에도 반대한다. 인간존재의 본질은 미리 주어져 있는 것이 아니라 개인 각자가 그의 독자적 결단을 통하여 그 자신의 존재의 고유한 본질을 형성하는 것이다. "실존은 본질에 앞선다."는 사르트르의 말이나 "인간은 자유 그 자체이다."라고 한 야스퍼스의 말 등은 모두가 개체 인간의 철저한 자유와 독립을 강조하는 실존철학의 근본입장을 제시하는 것이다.

그러나 일체의 본질규정을 초월하는 존재를 인간은 인식할 수 없다. 본질규정은 존재인식의 보편적인 형식 그 자체이기 때문이다. 인간의 사고는 그의 사고대상의 현실을 본질로 전환시키는 작업이라고 할 수 있다. 이와 같은 관점에서 볼 때 "실존은 본질에 앞선다."는 실존철학의 근본명제에 나타나는 실존은 인간의 인식을 초월하는 존재이며 일체의 개념화를 초월하는 존재이다. 다시 말하면 실존은 우리의 사고와 언어를 초월하는 존재이며 그에 대하여서는 생각할 수도 없고 말할 수도 없는 그러한 존재이다. 이것이 실존철학 일반에 공통된 인식론적 아포리아인 것이다.

현대 실존철학자들의 철학적인 업적은 이와 같이 사유 불가능한 '실존'에 관하여 생각하고 말할 수 있는 여러 가지 특이한 가능성들을 탐구하여 제시하였다는 점에 있다고 하겠다. 하이데거의 『존재와 시간(*Sein und Zeit*)』을 위시하여 야스퍼스의 『철학(*Philosophie*)』 3권, 사르트르의 『존재와 무(*L'Être et le Néant*)』, 메를로-퐁티의 『지각의 현상학』 등은 모두가 이러한 실존철학적 탐구과정의 실로 보배로운 결과들인 것이다.

이 글에서는 칼 야스퍼스의 경우에 한정하여 그의 실존철학의 핵심적인 방법론, 즉 그의 소위 '실존조명(Existenzerhelling)'의 방법론이 실존철학의 인식론적 아포리아 해결의 과제를 어떻게 전개하고 있는지에 관하여 검토해 보려고 한다. 야스퍼스의 사상은 새로운 인간개념으로서의 소위 '실존'을 중심개념으로 한다는 점에서 다른 실존사상들과 일치된다. 또한 야스퍼스의 실존사상은 키에르케고르와 니체의 강력한 영향 밑에서 형성된 사상이라는 점에서 다른 실존사상들과 동일한 역사적 계보를 지닌다.

그러나 야스퍼스는 키에르케고르의 실존해석이 내포하는 '초월주의적' 입장과 그의 간접전달의 방법론이 지니고 있는 '비학문적, 호소적' 특성을 순수하게 그대로 보존하면서 키에르케고르 사상의 현대적 타당성을 확립하고자 노력하였다는 점에서 현대 실존철학의 역사에서 다른 실존사상가들과 구별되는 독보적인 위치를 차지하게 되었다.

이 글의 2절에서는 먼저 키에르케고르의 초월주의적 실존이해의 입장에서 실존의 초월성을 철저하게 부각시키고자 한 야스퍼스의 실존개념을 살펴본 다음, 3절에서는 키에르케고르의 비학문적, 호소적 '간접전달' 방법의 현대판 모형이라고 할 수 있는 야스퍼스의 '실존조명'의 특성 및 그 현대적 의의와 한계를 밝혀보겠다.

2. 실존의 초월성

1) 실존의 존재론적 초월성

실존(Existenz)은 스스로 자기의 철학을 실존철학(Existenz-philosophie)[1]이라고 칭하였던 야스퍼스의 철학사상의 중심개념이다. 야스퍼스는 하나하나의 대리 불가능하고 비교 불가능한 유일회적인 개체 인간들을 깨우쳐 그들로 하여금 그들의 더 근원적인 본래적 자기, 즉 그들의 실존을 자각하게 하는 일을 그의 철학의 근본과제로 삼았다. 그러므로 야스퍼스의 철학은 인간의 근원적인 자기로서의 실존의 추구에 집중되어 있다.

야스퍼스에 의하면, 내가 경험하는 나의 현실존재는 나의 참 자기 곧 나의 실존이 아니다. 다시 말하면, 실존이란 말은 나의 현실존재(Sosein)를 가리키는 말이 아니고 나의 가능존재 또는 존재 가능성(Seinkönnen)을 가리키는 것이다. 야스퍼스에게 있어서 실존은 주어진 어떤 객관적인 실재로서 존재하는 것이 아니라 항상 가능성으로서 존재하는 것이다. 그러므로 야스퍼스는 실존이란 말을 가능적 실존(mögliche Existenz)이라는 말로 바꾸어 쓰기도 한다.[2]

나의 가능존재, 또는 나의 존재 가능성으로서의 나의 실존(또는 나의 가능적 실존)은 야스퍼스에 의하면, 내가 나의 존재방식을 선택하고 결단하는 자유의 가능성, 자주적인 결단의 주체로서

---

1) Karl Jaspers, *Die geistige Situation der Zeit*, 1931 참조.
2) Karl Jaspers, *Der philosophische Glaube angesichts der Offenbarung*, Piper & Co. Verlag, München, 1963, S.118.

의 나의 존재 가능성을 의미하는 것이다. 간단히 말한다면, 야스퍼스에게 있어서 '가능적 실존'이라는 말은 자유로운 자기결정의 주체가 될 수 있는 인간의 가능성을 가리키는 것이다. 야스퍼스의 실존철학은 개인 각자로 하여금 자기결정의 자유로운 주체가 될 수 있는 그 자신의 본래적 가능성을 깨달을 수 있도록 하는 데 있다.

그러나 여기서 야스퍼스가 밝히고자 하는 인간의 본래적 가능성으로서의 가능적 실존, 즉 자유로운 주체로서 존재할 수 있는 인간의 가능성은 아리스토텔레스의 potentia나 entelechy 등이 의미하는 바와 같은 자연적인 성장의 가능성이 아니며 인간 속에 내재하는 숨겨진 본질 같은 것도 아니다. 야스퍼스가 말하는 인간의 가능적 실존은 개인 각자의 의지에 따라 획득될 수도 있고 상실될 수도 있는 가능성인 것이다. "나는 단지 성실한 결단 속에서만 나 자신이다."[3] "나의 본래적인 자기는 사실로서 존재하는 것이 아니다. 나는 나의 결단을 통하여 내가 되는 것이다."[4] 등과 같은 야스퍼스의 표현들이 나타내는 바와 같이 실존으로서의 나의 존재 가능성은 전적으로 나의 자유로운 결단에 근거하는 것이며 그밖에 다른 어떤 것에 근거하는 것이 아니다. 그러므로 실존으로서의 나의 존재에 있어서, 나는 나 이외의 어떤 존재에도 의존하지 않는 자주적 주체이다. 나 자신이 나의 존재의 근원인 것이다. 즉 야스퍼스가 말하는 실존이란 전적으로 자기 자신에게 근거하는 자주적 존재로서의 나의 존재 가능성을 의미한다. 그러므로 야스퍼스의 철학에서 '실존'이라는 말과 '자유'라는

---

3) 같은 책, S.118.
4) 같은 책, S.119.

말은 서로 교환 가능한 개념들이다. 야스퍼스는 실존을 근원적인 자기 또는 본래적 자기 등으로 부르는데, 그것은 실존적인 자기는 타자와의 인과적인 관련 속에 존재하는 우리의 경험적인 현실존재의 여러 양태들과는 달리 스스로 자기 자신의 존재의 근원일 수 있는 자기로서 참다운 의미의 주체이기 때문이다.

야스퍼스는 온전히 자기 자신의 독자적 결단에 의하여 자기를 결정할 수 있는 독립된 자주적 주체로서의 인간의 '가능적 실존'을 다른 존재들과의 인과적인 관련 속에 매어 있는 세계 내적 존재로서의 나의 현실존재로부터 철저하게 구별한다.

객관적으로 확인 가능한 사실로서의 나의 세계 내적 현실존재는 그의 모든 양태에 있어서 그의 존재를 형성하는 내적 또는 외적 요인들에 의하여 좌우되고 결정되는 의타적, 비자주적 존재이다. 이에 반하여 실존 또는 가능적 실존으로서의 나는 나의 존재방식을 순전히 나의 의지에 근거하여 선택하고 결정할 수 있으며 또한 그렇게 할 수 있지 않으면 안 되는 존재이다. 즉 실존으로서의 나의 존재의 'to be' or 'not to be'는 나의 세계 내적 현실존재의 여러 조건에 의존하는 것이 아니고, 전적으로 실존적 자유에 대한 나 자신의 무조건적 확신과 결의에 의하여 결정되는 것이다. 이와 같이 실존으로서의 나의 존재는 나의 세계 내적 현실존재의 근원과는 다른 근원에서 발생하는 것이다. 실존으로서의 나의 존재는 야스퍼스에 의하면 세계 안에 주어진 나의 현실존재와는 전혀 근원을 달리하는 '초현상적' 존재영역에 속한다. 이와 같은 근거에서 야스퍼스는 그가 말하는 실존 또는 가능적 실존은 세계 내적 현실존재로부터의 독립성과 자립성을 특징으로 하는 '초현상적' 또는 '초월적' 가능성으로 이해되지 않으면 안 된다고 주장한다.

　이상에서 고찰한 바와 같이 야스퍼스에게 있어서 실존은 세계 안에 내재하는 객관적인 현실에 기초한 것이 아니라 나 자신의 자유로운 선택과 결단에 근거하는 것이므로, 나 자신이 나의 실존적 존재 가능성의 근원이 되는 것이다. 그러므로 실존은 자기 자신이 자기의 존재의 근원인 자율적 자아, 자기의존적 자기창조적 가능성을 의미한다.5) 이러한 의미에서 실존은 세계 안에 있는 어떤 존재와도 전혀 다른 존재이다. 야스퍼스는 실존으로서의 나 자신과 세계 내적 존재현실 사이의 질적 단절을 당연한 사실로서 받아들이고 있다. 따라서 야스퍼스는 순전히 자기 자신의 결단에 의하여 자기를 창조하는 자주적 자기창조의 주체로서의 실존과 인과적으로 상호 작용하는 비인격적 세력들의 산물인 나의 현실존재를 결코 혼동하여서는 안 된다고 주장한다. 물론 야스퍼스에게 있어서도 실존적 결단은 세계 내의 주어진 현실 안에서 비로소 구체화될 수 있는 것이다. 그러나 인간의 세계 내적 현실은 그러한 실존적 결단이 나타나는 장소일 뿐, 나의 실존적 자유의 근원은 아닌 것이다. "나의 현존재(Dasein)가 나의 실존(Existenz)인 것이 아니라 나는 현존재에 있어서 가능적 실존이다."6)라고 말하는 야스퍼스의 주장은 실존과 현존재 사이의 바로 그와 같은 상호 관계를 표현하는 것이다. 야스퍼스는 다음과 같은 발언을 통하여 세계 내 현존재로서의 나의 존재와 실존으로서의 나의 존재 사이의 본질적인 차이를 지적하고 있다.

---

　5) Karl Jaspers, *Philosophie II*, 4. Auflage, Springer Verlag, Berlin, 1973 (1932), S.25.
　6) 같은 책, S.2.

"현존재는 존재로서 살고 또한 죽는다. 그런데 실존이 존재하는 방식은 비약인가, 몰락인가이다. 현존재는 경험적으로 현존한다. 그러나 실존은 자유로서만 현존한다. 현존재는 단지 시간적이다. 실존은 시간 안에 있으면서 동시에 시간을 초월한다."[7]

사메이(Sebastian Samay)가 지적하고 있는 바와 같이 야스퍼스에게 있어서 "인간의 경험적 현실은 그의 실존적 자아가 그로부터 성장해 나오는 토양과 같은 것이 아니다."[8] 그에게 있어서 실존은 경험적 현실 속에 침입해 들어와서 필연적으로 주어진 현실 속에 생명과 의미를 불어넣는 전혀 새로운 불가사의한 사건으로서 일어나는 것이다. 이와 같이 실존은 인간의 현존재와는 전혀 다른 존재의 계보에 속하는 것이며, 개인의 현존재는 단지 실존의 구체적 구현체로서 세계 내에 현상하는 실존의 매개체일 뿐이다. 이와 같은 야스퍼스의 초월적 실존의 입장에서 볼 때 "현존재의 본질은 실존에 있다."고 한 하이데거의 표현이나 "실존은 본질에 앞선다."고 하는 사르트르의 실존해석 등은 만족할 만한 것이 못 된다. '본질(Essence)'이라는 말을 실존과의 관련에서 사용하는 경우에는 야스퍼스가 확립하고자 한 현존재와 실존 사이의 존재론적 차이가 명확하게 부각되지 못하는 결과 실존적 자유의 초현상적 근원성이 은폐될 위험이 있기 때문이다.

그러나 야스퍼스의 실존철학이 하이데거 및 사르트르의 실존 사상과 근본적으로 달라지는 것은 인간의 초월적 존재 가능성으

---

7) 같은 책, S.2; Karl Jaspers, *Der philosophische Glaube angesichts der Offenbarung*, S.119.

8) Sebastian Samay, *Reason Revisited: The Philosophy of Karl Jaspers*, University of Notre Dame Press, 1971, p.165.

로 해석된 실존적 자아존재의 불가결의 본질적 구성요소로서 초월자의 존재를 포함시키는 야스퍼스의 기독교적 내지 유신론적 근본입장에 기인한다.

하이데거는 그의 저서 『존재와 시간』(1927)에서 인간에게 가능한 세계초월적 또는 자기초월적 의식현상의 구조적 본질을 해석하는 현상학적 현존재 분석을 제시하였다. 그런데 여기서 하이데거가 제시하고 있는 세계초월적, 자기초월적 세계-내-존재의 본질적 구조 속에는 신 또는 초월자와의 관계의 의식은 포함되어 있지 않다. 사르트르의 저서 『존재와 무』는 사물존재를 지시하는 즉자존재와 인간적 의식존재를 지시하는 대자존재 이외에, 어떤 다른 존재도 그 외 현상적 존재론 속에 포함시키지 않는 전제로부터 출발하였다. 간단히 말한다면 하이데거와 사르트르에 있어서 인간적 자유의 본질은 신 또는 초월자와 본질적인 관련을 가지는 것이 아니라 순전히 인간 자신의 내재적 존재구조에 기인하는 것으로 기술되고 있다. 하이데거와 사르트르의 경우와는 달리 야스퍼스의 실존철학에서는 인간의 실존적 자유는 초월자와의 관련을 떠나서는 절대로 성립될 수 없는 것으로 밝혀지고 있다.

앞에서도 논한 바와 같이 야스퍼스 철학에서 실존 또는 가능적 실존은 개체 인간에게 가능할 수 있는 자주적 자기결정의 자유를 의미한다. 그러나 야스퍼스가 말하는 이와 같은 실존적 자유는 그를 체험하는 개인에게 그 자유가 초월자에게서 선물되는 것으로 의식된다는 것이다. 이와 같은 실존적 자유체험의 구조적 특성을 야스퍼스는 다음과 같이 설명한다.

50

"나의 결단을 통한 나의 존재 가능성은 나에게 선물되는 것이다. 그리고 그 선물은 무(無)로부터 오는 것이 아니라 초월자에게서 오는 것이다."9)

"나는 단지 나의 결단에 의하여서 나인 것이 아니다. 나 자신에 의한 나의 존재조차도 나에게 주어진 것이다."10)

하이데거와 사르트르에게 있어서 인간의 실존적 자유는 개인이 유한한 인간존재의 실존적 한계에서 직면하게 되는 무의 체험에 근거한다. 즉 하이데거와 사르트르의 경우 실존적 자유는 무에 근거한다.11) 이것은 그들에게 있어서는 실존의 자유가 그 자신보다도 더 깊은 근원을 가지고 있지 않다는 것을 의미한다고 볼 수 있다. 그러나 이와는 반대로 야스퍼스의 경우에는 자유의 체험은 그 자체가 자유의 근원으로서의 초월자의 체험이기도 하다. 그러므로 야스퍼스의 실존철학에서 실존과 초월자는 서로 뗄 수 없이 긴밀하게 관련되어 있는 두 개의 중심개념으로 등장한다. 폴 리쾨르(Paul Recoeur)도 지적하고 있는 바와 같이 야스퍼스의 철학은 실존과 초월자라는 두 개의 중심을 가진 철학이며 "실존이 내포하는 초월자와의 관계는 그의 모든 저술의 근본전제인 것이다."12) 이 점에서 야스퍼스의 실존사상은 키에르케고르의 실존

---

9) Karl Jaspers, *Der philosophische Glaube angesichts der Offenbarung*, S.119

10) Karl Jaspers, *Der philosophische Glaube*, Zürich Artemis Verlag, 1948, S.20; Karl Jaspers, *Vernunft und Existenz*, Johs. Storm Verlag Bremen, 1949(1935), S.42-45.

11) 하이데거의 경우, 그의 후기 존재사상에서는 인간의 자유는 무의 체험이 아니라 존재의 체험에 근거하게 된다.

개념의 가장 순수한 계승으로서 하이데거나 사르트르에게서는 발견할 수 없는 매우 짙은 종교적인 분위기를 나타낸다.

그러나 야스퍼스의 실존철학에서 실존적 자유체험 속에 내포되어 있는 것으로 밝혀지는 초월자의 체험은 초월적인 신성과의 신비적 합일 속에서 자아와 세계의 저편으로 도피하는 신비주의적 종교체험도 아니며, 기독교의 예정설과 같은 정통교리에서 말하는 신의 섭리의 체험도 아니다. 야스퍼스가 말하는 실존의 초월자 체험은 한계상황과 대결하는 개체 인간의 무제약적 성실성에 상응하여 일어나는 존재의식의 내실을 의미한다. 야스퍼스에 의하면 무제약적 성실성을 가지고 그 자신의 삶의 한계상황들과 대결하고 있는 개체 인간의 의식은 세계의 현실을 단순한 합리적 사고의 대상으로만 보는 것이 아니라, 숨은 초월자의 다의적 암호로서 체험하는 신앙적 주관으로서의 절대의식의 차원으로 초월한다. 다시 말하면 야스퍼스의 실존은 그의 삶의 한계상황에서 암호를 통하여 숨은 초월자와 간접적인 관계를 가진다.13)

그러면 어떻게 하여 나의 자주적인 결단에 근거하는 나의 실존적 자유가 동시에 한계상황에서 다의적인 암호만을 나에게 보내는 숨은 초월자의 선물일 수 있는가? 이 문제에 대한 야스퍼스의 해답이 그의 『철학』 3권에서 전개되고 있다.14) 숨은 초월자

---

12) Paul Recoeur, "The Relation of Jaspers Philosophy to Religion", *The Philosophy of Karl Jaspers*, Paul Arthur Schilpp ed., Tudor Publishing co., New York, 1957, p.619.
13) 이와 같은 실존의 초월자에로의 초월과정을 야스퍼스는 그의 『철학』 제2권 3장(Dritter Hauptteil: Existenz als Unbedingtheit in Situation, Bewußtsein und Handlung)에서 다루고 있다. *Philosophie II*, S.201-335.
14) Karl Jaspers, *Philosophie III: Metaphysik*의 제4장 Lesen der Chriff-

의 다의적인 암호는 그를 해독하지 않으면 안 되는 개인 각자의 무제약적인 책임과 헌신을 요구하기 때문에 다의적인 암호로 말하는 숨은 초월자와의 성실한 관계를 통하여서만 개체 인간의 무제약적 자유의식이 최고도로 고양될 수 있다고 하는 것이 『철학』 3권에서 전개하고 있는 야스퍼스의 해답이다. 숨은 초월자 앞에서 그의 애매한 언어를 해독하지 않으면 안 되는 야스퍼스의 고독한 실존은 그의 신 앞에 홀로 서서 신의 역설적인 계시를 자기의 생의 진리로 받아들일 것을 결단하는 키에르케고르의 고독한 단독자와 유사하다. 그러나 그들 사이의 유사점은 단지 형식적인 유사점일 뿐이다. 키에르케고르의 단독자가 신 앞에서 역설적인 계시에 직면하여 서 있는 기독교적 신앙의 주관이라면, 야스퍼스의 실존은 숨은 초월자의 불가사의한 암호로서의 세계내적 현실의 한가운데에서 다른 실존들과 함께 서 있는 철학적 신앙의 주관이다.

야스퍼스는 자기의 실존철학을 '철학적 신앙'이라고도 부른다.15) 그가 말하는 철학적 신앙이란 숨은 초월자 앞에서 애매한 초월자의 암호를 해독하는 데 헌신하는 실존의 자기확신 즉 초월자로부터 선물된 자유의 확신 이외의 다른 것이 아니다. 야스퍼스는 「나의 철학에의 길」이라는 논문에서, 자신의 철학적 사명은 "철학 본래의 전통을 보존하는 일에 참여하는 것, 위대한 것을 체험하는 기술을 가르치는 것"16)이라고 고백하고 있다. 여

reschrift를 참조할 것.

15) Karl Jaspers, *Der philosophische Glaube*, S.10.

16) Karl Jaspers, "Meine Weg Zur Philosophie", in: *Rechenschaft und Ausblick*, 1951.

기서 그가 말하고 있는 '철학 본래의 전통'이란 그가 말하는 소위 '철학적 신앙'이며, '위대한 것의 체험'이란 숨은 초월자의 애매한 암호를 해독하는 기술을 습득한 실존만이 얻게 되는 초월적인 것의 의식을 의미하는 것이라고 하겠다.

야스퍼스는 철학을 인식의 기능으로 보는 것이 아니라 인식의 한계를 넘는 것, 그 본질상 절대로 인식의 대상이 될 수 없는 것에로 초월하는 사고의 기능으로 이해하고 있다. 그의 철학의 중심개념인 실존과 초월자는 객관적인 인식의 대상으로는 절대로 파악될 수 없는 불가지적인 존재이기 때문이다. 야스퍼스 철학에 있어서 세계 내적 현실존재를 초월하는 초현상적 자기원인으로서의 실존은 그의 존재론적 초월성 때문에 인간의 인식에 대하여 절대로 대상화될 수 없는 초월적 존재이다. 그러므로 실존의 존재론적 초월성과 함께 또한 실존의 인식론적 초월성, 즉 실존의 절대적 불가지성을 철저하게 강조하는 점이 야스퍼스의 실존철학의 또 하나의 고유한 특색이다.

2) 실존의 인식론적 초월성

야스퍼스가 말하는 실존은 어디까지나 인간존재의 세계 내적 현실을 초월하는 초세계적인 현실로서 나에게 체험되는 것이다. 실존은 어떠한 세계 내적 현실과도 비교될 수 없고 어떠한 세계 현실로부터도 도출될 수 없는 전혀 초현상적인 현실로서 체험되는 나의 자기이다. 그러므로 나의 존재의 현상적 양태들을 파악하듯이 실존으로서의 나를 파악할 수 없는 것은 당연한 사실이다. 다시 말하면 나의 실존 또는 나의 자유는 세계 안에 주어져 있는 현상들만을 파악할 수 있는 대상적 사고의 차원을 초월하는 것이다.

실존이 그의 초월자와의 관계 안에서 체험하는 자유는 객관적인 인식의 대상으로서는 확인 불가능한 비대상적, 내면적인 확신에 속한다. 무제약적인 자유의 확신이면서 동시에 초월자의 확신이기도 한 실존적 자기이해의 가능성은 보편타당한 객관적 인식의 대상으로서는 파악될 수 없는 것이며 단지 자기선택과 자기창조의 성실한 노력의 과정 안에서 개인 각자가 도달하는 무제약적, 내면적인 확신 안에서만 밝혀질 수 있는 가능성이다. 다시 말하면 실존의 진리는 인식의 진리가 아니고 신앙의 진리이다. 그러므로 야스퍼스는 사고와 존재의 동일성을 진리로 이해한 서양철학의 전통을 이탈하여, 신앙과 존재의 동일성을 진리로 이해하는 키에르케고르적 종교적인 진리관을 그의 실존철학의 근본입장으로 채택한다. 그리고 야스퍼스는 서양철학의 역사에서 이미 그와 같은 진리를 탐구하였던 플로티노스, 스피노자, 셸링 및 키에르케고르의 뒤를 이어 합리적, 객관적 인식을 초월하는 실존적인 신앙에 근거해서 철학하는 방법을 건설하는 것을 그의 철학적 사명으로 삼은 것이다.

실존의 인식론적 초월성을 철저하게 주장하는 야스퍼스의 관점에 입각할 때 인간에 대한 과학적인 연구의 불충분성은 너무나도 분명한 것이다. 인간존재의 가장 근원적이며 가장 본래적인 참 자기, 곧 실존으로서의 인간존재는 도대체 "과학적 연구의 대상으로 인식될 수 있는 존재가 아니기 때문이다."17) 더 나아가서

---

17) Karl Jaspers, *Der philosophische Glaube*, S.18.

야스퍼스는 경험적 과학뿐만 아니라 철학적인 연구조차도 그것이 합리적 사고의 차원에서 수행되는 한 인간연구에 합당하지 못하다고 본다. 심리학, 사회학, 인종학 등에 의한 인간존재에의 과학적 접근은 인간존재의 한 측면만을 파악할 수 있을 뿐이지, 인간 자신 또는 전체적 인간을 파악할 수가 없다. 현대에 와서 과학적 인간학의 단편적, 추상적 인간이해를 넘어서 전체적인 인간존재 또는 살아 있는 통일적 전체로서의 인간을 연구대상으로 하는 소위 철학적 인간학의 활발한 움직임이 일어나고 있다. 그러나 야스퍼스의 실존철학적 인간관의 관점에서 보면 철학적 인간학의 전체적, 철학적 접근조차도 인간존재의 실존적 존재영역에 접할 수가 없는 것이다. 철학적 인간학은 인간존재를 전체적으로 파악하고자 하는 시도에 있어서 과학적 인간학과 구별되지만, 인간을 어떤 방식으로든지 대상화하여 파악하고자 하는 근본적 사고방식에 있어서는 과학적 인간학과 별로 다를 바 없기 때문이다.

야스퍼스의 실존철학은 객관화된 인간존재의 전체적 구조분석을 제시하는 철학적 인간학의 접근방식일 뿐만 아니라 주체적인 인간존재의 자기이해에 근거한 실존의 구조분석으로서의 하이데거 및 사르트르 식의 실존론적 존재론에 대해서 반발하지 않을 수 없다. 하이데거와 사르트르의 실존적 존재론은 소위 해석학적 현상학의 방법을 통하여 현존재의 실존론적 구조관련을 통일적으로 해석하여 밝혀내는 일종의 존재론적 접근이다. 여기에서 실존은 현존재의 본질적 구조 속에 내재하는 것으로 분석되고 있다. 그러나 야스퍼스가 이해하는 실존은 인간적 현존재 안에 이미 주어져 있는 '어떤 것'으로서 확인 가능한 것이 아니다. 야스퍼스의 실존은 세계 내적 현상의 분석을 통하여 객관적으로나 주관적으로나 확인 가능한 세계 내적 또는 내재적 가능성이 아니라, 인간에게 일어날 수도 있고 일어나지 않을 수도 있는 초현상적 또는 초월적 가능성이다. 그러므로 야스퍼스의 입장에서 볼 때 실존을 현존재의 본질적 존재구조로 내재화하는 하이데거와 사르트르의 실존적 존재론은 인간의 실존을 이해하는 참다운 접근법이라고는 볼 수 없는 것이다.[18]

야스퍼스에게 있어서 실존은 그의 존재론적 초월성 때문에 인간의 모든 인식을 초월하는 것이다. 실존은 그의 본질상 원칙적으로 불가지적인 것이다. 야스퍼스 자신의 표현을 빌리면 "실존은 단지 내가 그렇게 될 수 있을 뿐 볼 수도 없고 알 수도 없는 것이다."[19] "인간은 항상 그가 그 자신에 관하여 알 수 있는 것 이상이다."[20] 따라서 도대체 내가 아는 나는 나 자신이 아니다.[21]

순수하게 자기 자신의 의지에 의하여 자기가 원하는 대로의 자기를 선택할 수·있는 개인의 자유로운 자기선택, 자기결정의 가능성을 객관적으로 확인할 수 있는 길은 없다고 하는 것이 야스퍼스의 근본주장이다. 즉 실존 또는 절대 자주적인 결단의 주체로서의 인간의 자유는 절대로 증명 불가능하다는 것이다. 야스퍼스에게 있어서 나의 본래적 자기, 즉 나의 실존은 어디까지나

---

18) Karl Jaspers, *Allgemeine Psychopathologie*, Springer Verlag, Berlin, 8th ed., 1965, S.649; Karl Jaspers, *Der philosophische Glaube*, S.112.

19) Karl Jaspers, *Der philosophische Glaube*, S.64.

20) 같은 책, S.16.

21) Karl Jaspers, *Vernunft und Existenz*, S.53-54.

나의 존재의 어두운 근거로서,22) 나의 존재의 숨겨진 출처로서,23) 나의 세계-내-존재의 여러 양태들 즉 현존재, 의식일반, 정신으로서의 나의 존재에 대한 '불만'으로서,24) 나의 현상적 존재 전체에 생기와 의미를 불어넣어 주는 나의 존재의 포괄적 근원으로서,25) 자기를 간접적으로 나타낼 뿐 직접적인 관찰이나 인식의 대상으로는 절대로 나의 앞에 나타나는 일이 없는 나의 존재의 영원히 불가사의한 숨은 근원으로 남을 뿐이다.

이상에서 고찰한 바와 같은 실존의 절대적 불가지성을 다음과 같은 세 가지 측면으로 좀 더 세분하여 설명할 수 있다. 첫째로 실존의 절대적 불가지성은 실존의 비대상적 근원성에 기인한다. 실존은 경험의 대상으로서 세계 안에 나타나는 경험적 대상이 아니며 자기반성에 의하여서도 파악될 수 없는 인간적 자기존재의 어두운 근원이다. 야스퍼스의 말을 빌리면 "실존은 무엇인가 대상으로 주어지는 현상도 아니고 관찰에 의하여 현상의 밑바닥에 있는 것으로 추론될 수 있는 것도 아니다."26) 실존이 이와 같이 어떤 식으로도 대상화될 수 없는 것이라면 실존을 사유에 의해서 파악될 수 있기를 바랄 수는 없는 것이다. 야스퍼스에 의하면, "실존에 관해서는 개념적 파악이 전혀 불가능하며 '확신'으로서만 나타난다."27) 야스퍼스의 표현을 빌리면, "나 자신이 나

---

22) Karl Jaspers, *Von der Wahrheit,* Piper & Co. Verlag, München, S.76, 77.
23) 같은 책, 같은 곳.
24) Karl Jaspers, *Philosophie II,* S.6, 7.
25) 같은 책, S.19.
26) 같은 책, S.2.
27) 같은 책, S.5.

에게 있어서 객체가 되지 않는 한 나는 실존이다. 내가 자기라고 부르는 것을 볼 수는 없으나 내가 실존인 것에 의해서 나 자신이 자주적인 것을 안다."[28] 야스퍼스에게 있어서 실존적 자기의 체험은 개념적 정의를 불허하는 비대상적 자기확신이다.

  둘째로 실존에 관한 우리의 이해를 불가능하게 만드는 또 하나의 결정적 요인은 실존적 자유체험의 구조가 우리의 일상적 사고의 논리를 혼란시키는 순환과 모순으로 가득 차 있다는 사실이다. 어떻게 세계 안에 존재하는 유한한 인간이 그와 동시에 세계로부터 독립한 절대 자주적인 자기원인일 수 있는가? 어떻게 실존은 인간의 현존재를 통해서만 구체화될 수 있는 존재이면서 동시에 현존재와는 질적으로 다른 초현상적인 자기를 확신할 수 있는가? 어떻게 실존은 자기가 자기의 자유의 근원임을 확신하면서 동시에 자기의 자유를 초월자의 선물로 체험할 수 있는가? 실존체험의 이 같은 역설적 구조는 분명히 우리의 일상적 사고의 논리로는 해결될 수 없는 문제인 것이다.

  셋째로 야스퍼스에 의하면 실존의 이해를 불가능하게 하는 또 하나의 중요한 요인은 실존의 유일회적, 역사적 개체성의 강조가 실존철학사상의 중심을 차지한다는 사실이다. 실존의 대치 불가능성과 유일회적, 역사적 개체성을 강조하는 점에 실존철학사상의 핵심적인 의의가 있다. 실존철학에서 말하는 '실존'은 인간 일반에 공통된 추상적 본질을 가리키는 것도 아니고 인간 일반이 지니고 있는 보편적인 가능성 같은 것을 의미하는 것도 아니며, 개개 인간이 그렇게 될 수 있고 또 그렇게 되지 않으면 안

---

28) 같은 책, S.1.

되는 개인 각자의 고유한 유일회적, 역사적 존재 가능성을 지시하는 것이다. 그러나 우리는 어떠한 일반자에도 포섭될 수 없는, 즉 절대로 일반화 불가능한 개체성에 관하여서는 사고할 수가 없다. 그러므로 어떠한 유개념에도 포섭될 수 없는 개체성으로서의 실존은 우리에게 대하여 전혀 인식 불가능한 것으로 남을 수밖에 없다. 키에르케고르가 일찍이 강조하였던 바와 같이 일반화에 의한 우리의 인식은 필연적으로 역사적인 유일회적 개체성을 추상적 일반자 속에 해소시켜 버리기 때문이다.

이상에서 고찰한 바와 같이 실존이라고 하는 것이 우리에게 전혀 인식 불가능한 것이라면, 그리고 실존의 체험이 어디까지나 전달 불가능한 개인의 개인적, 사적인 체험에 불과한 것이라면 그것을 이해할 수 없는 사람들에게는 전혀 무의미한 것이 아닐까? 이와 같은 실존철학의 중심적인 아포리아를 해결하는 열쇠로서 제시하는 야스퍼스의 해답이 소위 그가 말하는 실존조명의 철학방법론인 것이다. 다음 절에서는 야스퍼스가 제시한 철학방법론으로서의 실존조명의 이론을 검토해 보기로 하겠다.

3. 실존조명

1) 인식(Erkennen)과 조명(Erhellen)

실존조명(Existenzerhellung)이란 어떤 방식으로도 인식될 수 없는 '실존'이라는 어두운 근원을 밝히는 특별한 사고방법이다. 야스퍼스는 실존론을 집중적으로 전개한 그의 초기의 저술『철학』2권에 '실존조명'이라는 제목을 붙였고, 이 책 첫 장에서 그 자신의 실존철학의 방법론으로서의 실존조명의 특성과 의의를 설명하고 있다.

실존이란 것이 만일 경험적인 세계의 현상도 아니고 일반적, 추상적 본질존재로 생각될 수 있는 것도 아니라면, 실존에 관하여서는 생각할 수도 없고 말할 수도 없는 것같이 보인다. 우리의 인식은 언제나 대상에 관한 확인작용이며 개별적인 것을 일반적인 것으로 추상화하여 표현하는 개념화의 작업이라고 할 수 있다. 그런데 실존은 경험적인 개별자로서 확인 가능한 존재도 아니고 추상적인 일반자로서 개념화될 수 있는 존재도 아니기 때문이다.

그러나 야스퍼스는 생각할 수도 없고 말할 수도 없는 것에 대하여 침묵의 길을 택하는 신비주의를 거부한다. 그는 생각할 수 없는 것에 관하여 생각하고 말할 수 없는 것에 관하여 말할 수 있는 특수한 사고와 언표의 길을 끈질기게 모색하였다. 바로 여기에 단순한 종교가 또는 신비주의자와 구별되는 철학자로서의 야스퍼스의 특성이 있는 것이다. 더 나아가서 야스퍼스는 사유 불가능한 것을 생각하고 언표 불가능한 것을 말할 때에도 우리는 우리의 일상적인 대상적 사고방식과 우리의 일상적인 언어사용의 영역을 벗어날 수는 없다는 전제 밑에서 철학하고 있다. 야스퍼스에 의하면, 우리가 생각할 수 없는 것을 생각하고 말할 수 없는 것을 말해야 할 때조차도 우리는 우리의 객관적인 인식과 개념적인 언어 이외의 다른 수단을 가지고 있는 것이 아니다. 그러므로 사유 불가능하고 언표 불가능한 실존을 해명하고 전달하고자 하는 야스퍼스의 실존조명의 주요관심은 새로운 사고방식과 새로운 언어를 만들어내는 데 있는 것이 아니라 우리의 대상적 사고와 개념적 언어를 실존의 사고와 실존적 진술에 적합한 수단으로 변화시키는 방법론적 조작에 있었던 것이다.

다시 말하면 대상적 사고와 개념적 언어를 사용하면서 초경험적이고 비대상적인 실존의 현실을 밝히고자 하는 것이 바로 야스퍼스가 말하는 실존조명의 방법이다. 그러나 야스퍼스 자신이 스스로 고백하고 있듯이 "실존은 세계 안에 있는 한 객체도 아니고 어떤 타당한 개념적 대상도 아니므로 실존을 밝히는 사유는 어떤 특수한 성격들을 갖지 않을 수 없다."[29]

첫째로 실존을 조명하는 사고는 실존에 관한 보편타당한 객관적 인식을 목표로 하는 것이 아니다. 실존을 조명하는 사고는 대상적 사고를 수단으로 하여 대상성을 초월하는 사유의 운동, 즉 대상적인 것에서 비대상적인 것으로 초월하는 사유의 운동을 촉발하고자 하는 것이다. 다시 말하면 실존조명은 실존의 비대상적인 근원에 관한 확실한 지식을 제공하는 것이 아니라 우리의 의식이 일상적인 대상지향적 의식으로부터 사유 불가능한 비대상적인 것의 의식으로 비약하도록 존재의식의 변화를 일으키고자 하는 것이다. 그러므로 실존조명의 진리는 실존적 진술의 명제적 내용에 있는 것이 아니고, 그에 의해 우리 안에 일으켜지는 본래적 자기에로의 초월의 운동 안에 있다. 이러한 점에서 야스퍼스는 "주체성이 진리다."라는 키에르케고르의 진리관을 그대로 계승하고 있는 것이다. 그리고 야스퍼스의 실존조명은 주체성의 진리를 전달하는 키에르케고르의 '간접전달'의 방법을 현대의 어떤 다른 실존철학 방법론보다도 가장 순수하게 계승하고 있다고 볼

---

29) 같은 책, S.9.

수 있다. 키에르케고르가 문학적 묘사의 형식을 사용한 것과 달리 야스퍼스의 실존조명은 대상적인 진술의 형식을 통하여 비대상적인 실존의 간접적 전달을 시도하고 있다. 야스퍼스는 키에르케고르의 실존사상의 핵심을 그대로 보존하면서 키에르케고르 사상의 다분히 종교적이고 문학적인 측면들을 더 철학적으로 발전시켰다.

둘째로, 대상적인 사고와 언어를 수단으로 사용하지만 대상적인 인식과 질적으로 구별되는 실존조명의 또 하나의 특성은 "실존을 조명하고자 하는 모든 언어는 다의적"[30]이라는 것이다. 실존조명적 진술들은 실존이 마치 일반적이고 보편타당적인 것처럼 언표한다. 그러나 이와 같은 실존의 객관화는 입증 가능한 확실성에 기초하는 것이 아니라 또 하나의 다른 실존에 대한 '호소'로서만 성립 가능한 것이다. 야스퍼스는 실존조명적 언표의 이와 같은 특성을 다음과 같이 설명하고 있다.

"실존을 마치 보편타당적인 것처럼 언표하는 여러 가지 객관화에 있어서는 그것이 존재의 진술이건 요구이건 평가이건 간에 어떤 것이든지 그것은 말하는 자에게 있어서는 무제약성(無制約性)이며 또한 다른 가능적 실존에게는 호소이다. 그러나 그것은 현존하는 모든 사람에게 있어서 입증 가능한 지식은 아니다. 그뿐 아니라 실존의 객관화 즉 일반화는 다의적인 것이다."[31]

야스퍼스에 의하면 실존조명에 있어서 일반적인 것은 단순히 일반적인 것으로서는 공허한 것이며, 일반적인 것 안에 참여하는

---

30) 같은 책, S.19.
31) 같은 책, 같은 곳.

가능적 실존과의 관계에서 비로소 의미를 가지는 것이다. 그리고 그러한 일반적 언표의 진리기준은 객관적인 입증 가능성이나 보편타당성이 아니라 그와 관계하는 가능적 실존의 의지인 것이다. 실존조명에 있어서 실존에 관한 진술은 실존이 마치 보편타당한 존재인 것처럼 일반화하는 형식을 취한다. 그러나 그럼에도 불구하고 그 진술은 과학적 인식에 있어서처럼 모든 사람을 향하는 것이 아니라 절대로 일반화할 수 없는 하나하나의 유일회적인 개체 실존을 향하여 말해지는 것이다. 야스퍼스가 제시하는 실존조명적 사유 안에는 그의 표현을 빌리면 "두 개의 날개가 펄럭이고 있다. 즉 가능적 실존과 일반적인 것의 사유라고 하는 두 날개가 움직이는 경우에만 그의 사유는 성공하는 것이다."[32]

이상에서 고찰한 바와 같이 야스퍼스의 실존조명은 객관적인 사고와 언표의 방식을 수단으로 사용하여 객관화할 수 없는 비대상적인 실존에의 자각을 각각의 개인의 의식에 불러일으키는 자극과 호소의 방법이다. 야스퍼스에 의하면 사유 불가능하고 언표 불가능한 실존은 이론의 차원에서는 그가 말하는 실존조명의 형식을 취하는 수밖에 다른 도리가 없다. 즉 야스퍼스는 실존에 관한 이론은 실존조명으로서만 가능하다고 본다.

야스퍼스의 실존철학 자체가 일종의 실존조명인 것은 말할 필요도 없다. 야스퍼스가 실존을 조명하기 위하여 사용한 방법들은 대략 세 가지로 분류할 수 있다.

---

32) 같은 책, S.11.

2) 실존조명의 세 가지 방법

(1) 부정(否定)에 의한 조명

부정에 의한 조명은 야스퍼스의 『철학』 2권 1부 2장 '나 자신'이라는 부분에서 소개되고 있는 일종의 부정적인 자기반성의 방법이다. 여기서 소개되고 있는 부정적인 자기반성의 방법은 내가 "나는 나 자신이다."라고 말할 때 그 말이 무엇을 의미하는지를 단계적으로 탐구해 나가는 방법이다. 나는 내가 누구인가를 사유하는 자기반성의 과정에서 그때마다 나 자신을 의식일반으로서, 또는 현존재로서, 또는 나에게 주어진 모든 성격의 집합으로서, 또는 나의 과거의 업적의 총체로서 대상화할 수 있다. 그러나 이때 나는 나에 관한 이 같은 여러 가지의 대상화 중의 그 어느 하나도 '나 자신'의 완결된 표현이 아니라는 것을 분명히 의식하게 된다. 그러므로 나는 내가 나 자신에 관하여 생각할 수 있는 것을 하나하나 배제해 나가는 사유운동을 통하여 나에 관한 일체의 대상화로부터 떠나서 나 자신에게로 돌아오게 된다. 이때 나는 나에 관한 어떤 특정한 지식을 얻는 것이 아니라, 나 자신에 관한 간접적인 의식이 생기는 것이다. 야스퍼스에 의하면 이때 내가 나 자신에 대해 알게 되는 것은 "나 자신은 일체의 가지적인 것보다 그 이상의 것이라는 것이다." 다시 말하면 나 자신을 대상화하는 사고의 매개를 통하여 나는 모든 대상화의 한계에 존재하는 나 자신에 대한 '비대상적인' 확신에 도달하는 것이다.

이와 같은 부정적 자기반성의 방법은 나에 관한 일체의 대상적인 규정을 하나하나 모두 돌파해 나가는 사유의 운동을 통하여 대상적인 사고에 의해서는 절대로 인식 불가능한 실존의 초월성을 간접적으로 깨닫게 해주는 방법인 것이다. 그러나 야스퍼스에 의하면 이와 같은 그의 소위 '관찰적인 자기반성'에서 조명되는 실존의 의식은 단지 가능성으로서의 자기의식일 뿐 아직 자유로서의 나의 의식은 아니다.[33] 그러나 자기의 비대상성을 간접적으로 깨닫게 해주는 부정적 자기반성은 자유로서의 '자기'의 의식으로 비약하는 본래적인 반성, 즉 역사적 구체성에서 자기의 현존재를 초극하는 내적 행위로서의 본래적, 적극적인 반성의 불가결의 예비적 수단이라고 하는 점에서 중대한 의의를 가진다.

비대상적, 초월적 자기의 간접적인 확인으로 이끌어가는 사유운동으로서의 이와 같은 부정적 자기반성의 방법은 특히 야스퍼스의 후기사상에서 포괄자론의 방법론으로 발전되어 야스퍼스의 후기철학의 기본적인 철학방법론을 구성하고 있다는 점에서 또한 중대한 의의를 가지는 것이다. 또한 이와 같은 부정적 반성방법은 야스퍼스의 실존철학, 특히 그의 포괄자 사상을 중세 신비주의 사상 및 동양의 불교사상에 가까이 접근시키는 중요한 요인들 중의 하나이다.

(2) 순환과 모순에 의한 조명

이 방법은 우리가 실존에 관하여 말하려고 하면 불가피하게 논리적 순환을 범하고 논리적 역설을 주장하게 된다는 사실을 통하여 논리적인 언표방식으로는 표현 불가능한 실존의 초논리적인 현실을 간접적으로 확인하게 하는 방법이다. 이 방법에서 우리는 부정적인 자기반성의 길보다는 좀 더 적극적으로 실존

---

33) 같은 책, S.10-11, 34.

자체의 현실로 접근하게 된다. 이 방법은 인식 불가능한 실존을 논리적 사고에 의하여 밝히려 할 때 사고가 치러야 하는 희생을 설명해 준다. 이때 논리적 사고가 실존을 전달하기 위하여 치러야 하는 희생은 논리적 사고에 대하여 결정적인 타격을 주는 애매성, 순환, 역설 등을 감수하는 것이다.

실존을 조명하는 사고가 당면하게 되는 첫 번째의 논리적인 난점은 실존적 진술에 있어서는 언어사용의 논리적인 질서가 전복된다는 점에 있다. 야스퍼스에 의하면 실존의 조명을 시도하는 사유도 역시 언어의 보편적인 형식에서 벗어날 수 없다. 그러나 실존을 조명하는 언어는 그의 보편적인 형식 안에서 개인적이고 반복 불가능한 내용을 표현해야 하는 것이다. 야스퍼스의 표현을 빌리면, "실존적인 언어는 형식에 있어서는 보편적이며, 그 내용에 있어서는 특수적이다." 물론 실존적 언어조차도 보편적 타당성을 가져야 한다. 그러나 실존적 진술의 가치는 그 진술의 보편타당성에 있는 것이 아니라 그 진리내용의 개인적 이해방식에 있는 것이다. 그의 진리내용에 대하여 자기를 헌신하는 사람에게만 그것은 생명력 있는 실존적 진리가 되기 때문이다.

야스퍼스가 제시하는 실존적 진술의 이와 같은 특성은 야스퍼스의 또 하나의 중요한 이론인 실존적 교제의 이론과 직결되어 있다. 야스퍼스의 교제의 이론은 어떻게 하여 실존적 진술에서는 보편자와 특수자의 논리적 기능이 전복될 수밖에 없는지를 밝혀 주는 열쇠이다.

야스퍼스가 말하는 실존적 교제는 두 사람의 자유로운 두 자기 사이의 상호 관계이다. 그리고 이 관계 안에서 두 사람은 타자의 자기를 인정하고 실현시키기 위한 "사랑하면서의 투쟁(der libende Kampf)"34)을 벌인다. 그 결과 두 사람은 각각 자기의 고유한 자기를 인정하고 발전시키게 되는 것이다. 야스퍼스의 표현을 빌리면 "교제에 의해서 나와 타인은 함께 자기에게 개시된다."35) 그리고 "이때 비로소 자아가 자기로서 현실화된다."36) 이와 같은 사실을 감안할 때 실존의 자기창조는 고독한 개인의 자기창조가 아니라 교제 안에 있는 두 사람이 함께 수행하는 "상호적인 창조"인 것이다.37)

더 나아가서 상호적인 자기창조의 장소로서의 실존적 교제는 비인격적인 교제에 있어서와 같이 일반적인 정보만을 교환하는 것이 아니라 그 자신의 고유한 자기를 표현하는 관계인 것이다. 즉 이러한 실존적 교제 안에서 지향되고 있는 것은 특수한 자기의 표현과 자기실현이다. 따라서 "특수한 것이 보편적인 것보다 우월성을 가지게 된다."38) 따라서 실존적 진술은 보편적으로 이해 가능할지라도 단지 특수한 개인들에게만 타당하다.39) 실존적인 진술명제들은 "실존적인 의미로 채워진 논증작용으로서, 그의 좌절의 방법에 의해서 가능적 실존의 자기조명의 표현일 수 있다. 그와 같은 사유는 이유를 들어서 증명할 수는 없으며 호소하면서 확신시킬 수 있을 뿐이다."40)

---

34) 같은 책, S.70-73 참조.
35) 같은 책, S.70.
36) 같은 책, 같은 곳.
37) 같은 책, S.58.
38) 같은 책, S.37.
39) Sebastian Samay, *Reason Revisited: The Philosophy of Karl Jaspers*, p.152
40) Karl Jaspers, *Philosophie II*, S.13.

실존을 조명하는 사고가 당면하게 되는 또 하나의 논리적 난점은, 야스퍼스에 의하면, 실존의 현실을 설명하려고 할 때 우리는 순환(circle)이라고 하는 결정적인 논리적 오류를 범하게 된다는 것이다. 예를 들면 "실존으로서의 나는 단지 다른 실존에 의해서만 존재하고 그와 똑같이 다른 실존은 단지 나의 실존에 의해서만 존재한다."고 하는 사실은 야스퍼스의 실존철학의 핵심적인 주장들 중의 하나이다. 그런데 위와 같은 진술은 야스퍼스 자신도 지적하고 있는 바와 같이 논리적 순환을 내포하고 있음이 첫눈에 드러난다. 그러나 야스퍼스에 의하면 순환을 내포하는 위와 같은 진술은 대상적인 지식으로서는 무의미하므로 대상지(對象知)로서는 붕괴할 수밖에 없으나 교제 안에서 성취되는 자기확신을 조명하는 사고가 어떤 것인가를 명시해 주는 기능을 한다.41) 다시 말하면 이와 같은 순환의 출현은 실존의 근원이 대상지의 차원에서는 단지 순환을 통하여 암시될 수 있을 뿐이라는 것을 증거한다. 그리고 이 순환을 통하여 지식의 객관적인 내용은 붕괴한다. 그러나 이 붕괴 그 자체가 불가사의한 근원을 간접적으로 의식하게 해준다는 것이다.

더 나아가서 우리가 일반적인 범주들을 사용하여 실존을 표현할 때 논리적 모순을 범할 수밖에 없다. 실존의 현실을 표현하려면 서로 모순되는 두 개의 대립항을 실존에 대하여 동시에 긍정하지 않으면 안 된다. 따라서 서로 모순되는 두 개념 사이의 긴장관계 때문에 대상지의 차원에서는 실존에 대한 일정한 정의가 불가능하게 된다. 가령 실존의 일정한 정의를 좌절시키는 논리적

---

41) 같은 책, S.13.

모순은 존재에 대하여 시간성과 영원성, 고독과 교제, 자유와 필연성 등의 서로 모순되는 대립개념들을 동시에 긍정하는 실존적 사고의 본질에 속한다. 즉 실존을 조명하는 사고는 논리적으로 증명 불가능한 현실을 언표하고 있는 것이다. 그러나 이와 같은 실존적 진술명제의 논리적 결함은 실존의 고정된 정의를 불가능하게 함으로써 비대상적인 실존을 대상화하는 잘못을 방지하는 조명적 기능을 하는 것이다.42)

우리의 일상적인 대상적 사고방식의 논리로서 비대상적인 것을 전달하는 길은 모순을 통하는 길밖에 없다고 보는 것이 야스퍼스의 근본입장이다. 그러나 이것은 논리적 사고의 자기희생적 파산을 의미한다는 것도 그는 알고 있다. 비대상적인 실존 앞에서 논리가 도달하는 종착점은 침묵이라고 야스퍼스는 고백한다.

(3) 신호(Signa)에 의한 조명

신호에 의한 실존조명의 방법은 앞에서 고찰한 두 가지의 부정적인 접근들과는 달리 실존을 적극적으로 규정하는 조명방법이다. 단지 간접적으로 실존의 현실을 환기시키는 부정적 방법으로부터 한 걸음 더 나아가 야스퍼스는 사유 불가능하고 언표 불가능한 실존의 현실을 직접적으로 규정하는 새로운 용어들을 만들어냈다. 야스퍼스가 『철학』 2권에서 전개하고 있는 실존조명은 서두의 아주 적은 부분을 제외하고는 실존의 현실을 적극적으로 언표하는 이 세 번째의 방법을 사용하고 있다. 여기에서 야스퍼스는 자유, 역사성, 교제, 한계상황, 절대의식, 무제약적 행위

---

42) 같은 책, S.13.

등의 실존범주들을 사용하여 실존적인 자기이해의 적극적인 시도를 감행하고 있다.

그러나 이와 같이 실존을 규정하는 언어들은 대상을 규정하는 개념들과는 달리 하등의 객관적인 타당성을 가진 것이 아니라는 점이 강조되고 있다. 즉, 실존, 자유, 실존적 교제, 역사성 등의 실존범주들은 객관적으로 주어진 어떤 현실을 지시하는 것이 아니라 '실존적'이라는 형용사가 붙는 어떤 존재 가능성에 대하여 호소하는 사상을 전달하기 위한 언어에 지나지 않는다. 그러므로 야스퍼스는 그의 존재범주들이 어디까지나 '단순한 신호에 불과한 것'임을 강조한다. 야스퍼스에 의하면 신호에 의해서 말해지고 있는 것은 확증 가능한 객관적인 사실에 관한 것이 아니고 나에게 기능할 수도 있는 존재 가능성, 즉 나의 자유의 가능성에 관한 것이다. 그러므로 신호가 말하고 있는 진리내용은 내가 그것을 나의 본래적인 가능성으로서 원하는가, 그렇지 않은가에 따라서 내가 그것을 받아들일 수도 있고, 또는 거부할 수도 있는 것이다. 다시 말하면 신호에 의한 실존의 규정은 객관적인 타당성을 가질 수 없으며 단지 '실존적인 타당성'을 가질 수 있을 뿐이다. 다시 말하면 신호에 의한 실존조명은 그의 언표형식에 있어서 실존 일반의 일반적인 구조를 설명하는 일반화의 형태를 취하게 되지만 그것은 교환 불가능한 의미에서 나인 것, 즉 나 자신을 향한 호소로서 나에게 받아들여질 때에만 나에게 대하여 타당한 진리가 될 수 있다는 것이다. 그러므로 그것을 받아들이는 실존이 없다면 "신호는 공허할 뿐 아니라 아무것도 아닌 것, 무와 같은 것이다."[43] 야스퍼스가 말하는 신호란 '실존에게 보내는 실존의 언어'라고 하는 그의 특성 때문에 비록 그가 일반화하는 형식 속에서 말해진다고 해도 그의 참된 의미는 오직 또 하나의 가능적 실존에 의해서만 이해될 수 있을 뿐이다.[44]

여기에서 우리는 신호에 의한 적극적인 실존조명에 있어서조차도 실존에 관한 객관적인 확실성을 기대할 수 없음을 알게 된다. 신호에 의한 야스퍼스의 실존조명은 범주에 의한 실존의 일반적인 규정이라는 합리적인 사고의 형식을 취하고 있는 점에서 대상적 사고의 논리를 좌절과 침묵에 이르게 하는 부정적인 조명의 길보다 우월한 것같이 보인다. 더 나아가서 역사성, 실존적 교제, 한계상황, 절대의식, 무제약적 행위 등의 신호를 풍부히 전개하면서 자유로운 실존으로서의 인간의 존재 가능성에 대한 심오한 통찰들을 제공해 주는 점에서 야스퍼스의 실존조명은 그것만으로도 우리에게 위대한 지혜의 원천이 될 수 있다.

그러나 야스퍼스가 조명하고자 하는 실존은 인간 일반의 보편화 가능한 존재 가능성이 아니라 절대로 일반화할 수 없는 개인 각자의 특수한 유일회적 존재 가능성인 것이다. 그런데 일반화 불가능한 유일회적 개체성이라는 야스퍼스의 실존해석에 입각할 때 야스퍼스의 실존조명은 어디까지나 야스퍼스 자신의 실존에 관한 것이다. 그것은 야스퍼스의 교제, 야스퍼스의 한계상황, 야스퍼스의 역사성일 뿐이지 나의 교제, 나의 역사성, 나의 한계상황에 관한 것이 아니다. 다시 말하면 나는 야스퍼스의 실존조명에 비추어 나 자신의 실존, 나 자신을 알 수는 없다. 오히려 나는 내가 원하는 나의 존재 가능성에 비추어 즉 나의 실존적인 양심에 비추어 그의 이론을 판단하지 않으면 안 되는 입장에 서

43) 같은 책, S.15-16.
44) 같은 책, S.16.

72

있다.

여기에서 실존에 관한 일반적, 범주적인 규정의 형식을 취하는 야스퍼스의 세 번째의 조명방법, 즉 신호에 의한 적극적 조명조차도 실존에 관한 확실한 지식을 제공하는 직접적인 전달이 아니라 오히려 그에 대하여 수락 또는 거부의 포즈를 취하면서 그의 사유운동에 참여하는 과정 속에서 내가 나 자신의 고유한 존재 가능성에 눈뜨게 되는 계기를 마련하고자 하는 간접전달의 한 방법임이 밝혀진다. 야스퍼스의 실존조명은 그 자신의 자기이해를 일반적인 진술의 형식으로 전개하고 있으나, 그가 의도하는 바는 일반적인 실존구조의 해명, 또는 그 자신의 실존의 전달이 아니라 그를 통하여 그의 독자들이 실현하게 되는 그들 자신의 고유한 존재 가능성의 성취인 것이다. 그러므로 야스퍼스에게 있어서 가장 적극적인 성격을 띠는 신호에 의한 조명조차도 철저한 자기부정을 내포하는 부정적 사고방식임을 알 수 있다.

4. 맺는 말

야스퍼스의 실존조명 방법이 과연 실존철학 일반, 특히 그 자신의 초월주의적 실존해석이 내포하는 인식론적 아포리아를 만족하게 해결하였다고 볼 수 있을까?

실존의 실현을 일체의 대상화 가능성으로부터 차단시키면서 실존에 관한 어떤 대상화도 비실존적이라고 주장하는 야스퍼스의 실존사상의 근본입장은 매우 신랄한 비판의 표적이 되어 오고 있다.[45] 실존에 관한 객관적 인식의 불가능성을 강조하는 야스퍼스의 입장은 실존의 문제에 관한 한 객관적인 인식을 철저

하게 배제하고자 한 키에르케고르의 반이성주의와 동일시되기도
한다. 실존이 사고 불가능하고 언표 불가능한 것이라면, 그런 것
이 도대체 철학적 사고의 주제로서 타당할 수 있는 것인가 하는
것이 야스퍼스의 실존철학에 대한 가장 결정적인 질문이 될 수
있을 것이다.

야스퍼스가 말하는 대로 철학이 인식이 아니고 신앙이라면, 그
가 말하는 실존은 철학의 대상으로서 타당할 수 있다. 야스퍼스
가 이해하고 있는 철학의 본래적인 영역은 대상적인 존재의 영
역이 아니라 대상적인 존재의 영역을 포괄하면서 동시에 그를
초월하는 근원적 일자(一者)의 영역이다. 다시 말하면, 야스퍼스
는 칸트가 밝히고자 한 바와 같은 이성의 가장 심오한 충동, 즉
대상세계를 초월하는 절대적 일자로서의 초월자에로의 이성의
끈질긴 충동에 응답하는 것이 곧 철학이라고 이해하고 있다. 따
라서 그에게 있어서 철학적 사고는 대상적인 사고의 영역에 머
무를 수는 없고 오히려 대상적 사고를 그의 한계에서 돌파하는
사고가 아니면 안 된다고 생각하고 있는 것이다. 그리고 사실에

---

45) William Earle, "Japspers' Philosophical Anthropology", Paul A. Schilpp
(ed.), *The Philosophy of Karl Jaspers*, pp.523-539 참조. Earle은 여기서
실존이 절대로 인식의 대상이 될 수 없다고 하는 야스퍼스의 실존론을
비판한다. 그리고 우리가 실존을 어떤 방식으로든 간접적인 방식으로라
도 알려면 그를 대상으로 삼는 방법이 있어야 한다고 주장하면서 현상학
적 분석의 입장을 야스퍼스 철학에 적용하면 야스퍼스 철학의 많은 문제
들이 해결될 수 있다고 보고 있다.
Otto Friedrich Bollnow, "Existenzerhellung und Philosophische Anthro-
pologie", *Karl Jaspers in der Diskussion*, Piper & Co. Verlag, Mün-
chen, 1973, S.185-223. Bollnow는 여기서 야스퍼스가 그의 특이한 대상
성 이해 때문에 실존의 불가지성을 주장하고 실존에 관한 일체의 인식을
부인하게 되었다고 지적하고 있다.

있어서 야스퍼스의 철학적 작업은 전체적으로 '대상적 사고의 돌파'라고 하는 끊임없는 철학적 작업의 연속이었다고 볼 수 있을 것이다. 여기에서 그의 철학은 부정의 철학으로 특징지어지고 일종의 신비주의로 간주되기도 한다.[46]

그러나 야스퍼스는 도덕적 인격의 무제약적 자주성을 확립하기 위하여 지식을 부정하였지만, 주객도식을 넘는 초월적 직관 같은 것을 인정하지 않고 비대상적인 것에 관하여 생각하는 때에도 여전히 주객도식의 틀 속에서 생각할 수밖에 없다고 생각한 칸트의 뒤를 따라가고 있는 철학자라는 점을 잊어서는 안 될 것이다. 다시 말하면 키에르케고르에서 시작된 실존철학의 반이성주의적 성격은 야스퍼스에게 와서 칸트의 비판철학과의 접촉을 통하여 상당한 변화를 겪게 되었다고 하는 점을 기억하는 것이 중요하다.[47]

키에르케고르 사상의 종교적 내실을 그의 철학에 도입하면서도 철학적인 사고의 비판적인 순수성을 끝까지 엄격하게 보존하고자 한 야스퍼스의 투철한 결의는 어디까지나 합리적인 사고의 한계에 머물면서 합리적 사고 자체를 수단으로 하여 합리적 사고의 한계를 돌파하고자 하는 그의 역설적인 방법론 자체 속에

---

46) Wolfgang Philipp, *Religiose Strömungen Unser Gegenwart*, S.116; Paul Henning Jörgensen, *Die Bedeutung des Subjekt-Objekt Verhältnisses für die Theologie*, Hamburg, 1967, S.254.

47) Walter Kaufman, "Jaspers' Relation to Nietzsche", Paul A. Schilpp(ed.), *The Philosophy of Karl Jaspers*, pp.407-436 참조. 여기서 Kaufman은 야스퍼스를 가장 독창적인 신칸트학파의 한 사람으로 생각할 수 있다고 말하고 있다. 그는 야스퍼스 사상의 출발점이 칸트의 『실천이성비판』에 있다고 보기 때문이다.

분명하게 드러나고 있다. 생각할 수도 없고 말할 수도 없는 현실을 그럼에도 불구하고 사고와 언어를 통하여 전달하고자 하는 야스퍼스의 이와 같은 역설적인 방법론에서 우리는 야스퍼스 사상의 위대성과 한계를 발견하게 된다.

야스퍼스의 실존조명 방법은 인간의 초월적 가능성으로서의 실존적 자유의 가능성을 적극적으로 확증하여 주지는 못하지만, 인간존재의 신비스러운 측면에 대한 대상적 사고의 무력성과 한계를 확실하게 제시하여 준다. 그리고 이와 같은 한계와 좌절의 의식을 환기시키는 그의 방법론적 조작을 통하여 야스퍼스의 사상은 우리로 하여금 대상적 사고에의 습관적인 의존과 맹목적인 신뢰로부터 벗어나게 하여준다.

우리를 대상적 사고의 감옥으로부터 해방하는 야스퍼스의 철학은 인간에 대한 과학적 연구의 결과와 인간 자신을 동일시하는 나머지, 인간을 과학과 기술에 의하여 조정하고 지배하고자 함으로써 인간의 존엄과 자유를 파괴하는 현대의 과학기술문명의 횡포에 대항하는 자유의 철학으로서 실로 중대한 현대적 의의를 지닌다고 하겠다.

야스퍼스의 실존철학은 인간이 단순히 과학적 연구의 대상에 불과한 존재가 아니라 오히려 과학적 연구의 주체이며 인간의 참 자기는 과학적 사고에 의해서는 측량될 수도 없고 조정될 수도 없는 자주적이고 자발적인 무제약적, 초월적 근원임을 밝히고자 한다. 야스퍼스는 그의 실존조명의 방법을 통하여 우리의 사고와 언어를 가지고 우리의 실존적 존재 가능성에 관하여 생각하고 말하려 할 때, 필연적으로 부딪치게 되는 논리적 순환 및 모순의 출현을 폭로함으로써 인간의 근원적 존재 차원에 대한 사고와 언어의 부정확성과 무력성을 드러내었다. 이와 함께 그는 또한 인간적인 삶의 구조적 특성을 조명함으로써 과학적 연구가 미칠 수 없는 실존적 주체로서의 인간의 본래의 모습에 도달하는 새로운 사유의 길을 열어 보이려고 노력하였던 것이다.

그러나 이와 같은 위대한 철학적 공헌에도 불구하고 야스퍼스의 실존조명은 하나의 철학방법으로서 결정적인 한계를 드러내고 있음을 부인할 수 없다. 야스퍼스의 실존조명은 사고를 초월하는 종교적 신앙의 내용을 칸트의 비판철학의 틀 안에서 조명하려고 하기 때문에 어려운 문제에 봉착하지 않을 수 없는 것이다. 신앙에 자리를 마련하기 위하여 지식을 부정한 칸트는 신앙의 대상을 어디까지나 도덕적 실천의 전제 또는 요청으로서 합리화하는 데서 멈추었다. 그러나 야스퍼스는 칸트의 틀 속에 있으면서 동시에 칸트가 멈춘 곳에서 한 걸음 더 나아가려고 하기 때문에 문제에 부딪치는 것이다. 다시 말하면 야스퍼스의 실존조명은 실존적 자유를 요청하는 것으로 만족하는 것이 아니라 실존적 자유의 자각을 일으키는 것, 즉 비대상적 절대의식에로의 전환을 야기하는 것을 목표로 하고 있으며 실존조명이 그와 같은 의식의 전환을 가능케 할 수 있다는 것을 전제로 하고 있다. 그러나 사고의 좌절이 곧 초월의 체험으로 전환하고, 한계의 자각이 초월자에 의해 증여된 자유의 체험으로 바뀌는 사실을 야스퍼스의 방법론은 단지 우연적으로밖에는 기대할 수 없다. 다시 말하면 야스퍼스의 철학에서 실존적 자유와 그를 '호소'하는 방법론으로서의 실존조명 사이에는 필연적인 관련이 없기 때문에 야스퍼스의 실존조명에서 기대되는 것은 단지 '우연적인' 성과일 뿐인 것이다. 야스퍼스의 실존조명 방법은 그 정당성의 근거를 그 자체 안에 가지고 있다기보다는 그 방법론이 전제하고 있는 야스퍼스의 신앙, 즉 키에르케고르의 기독교적 자아관에 기초하는 그의 철학적 신앙 안에 가지고 있기 때문이다.

위와 같은 방법론적 결함을 시정하려면 야스퍼스는 비대상적인 초월적인 존재현실에 대하여서까지도 사고와 언어의 매개를 통하여서밖에는 접근할 수 없다는 그의 주장을 철회하거나 또는 실존적 자유의 절대적 초월성에 대한 그의 주장을 철회하여야 할 것이다. 그러나 야스퍼스는 신비주의를 거부한다. 그러므로 첫 번째 입장을 철회할 수 없다. 야스퍼스는 그의 두 번째의 주장도 철회할 수 없다. 실존의 비대상적 초월성을 철회하는 것은 그의 철학의 근본입장 자체를 부정하는 것이 되기 때문이다. 바로 여기에 야스퍼스 철학의 어려운 문제점이 있다. 앞으로의 야스퍼스 연구의 과제는 이와 같은 야스퍼스 사상의 딜레마를 해결할 수 있는 더 타당한 실존조명의 철학적 방법론을 발전시키는 것이라고 생각한다.

야스퍼스의 니체 해석 *

백승균

1. 생철학과 니체의 철학

니체(F. Nietzsche)는 철학사적으로 보면 생철학자로 분류된다. 그러나 생철학을 다시 양분한다면, 자연주의적 생철학 혹은 실증주의적 생철학과 정신과학적 생철학 혹은 관념주의적 생철학으로 나뉜다. 이 경우 딜타이(Dilthey)나 짐멜(Simmel) 등은 정신과학적 생철학의 계열에 속하고, 니체는 클라게스(Klages)를 포함한 다윈과 슈펭글러 등과 함께 자연주의적-실증주의적 생철학 계열에 속한다. 전자의 딜타이 등은 이미 살아온 인간의 삶, 즉 역사적 생을 철학의 대상으로 설정함으로써 이해의 해석학이 중요하게 되었고, 후자의 니체 등은 살아 생동하는 삶을 철학의 대상으로 삼음으로써 생성 자체의 근원(철학)이 중요하게 되었다.

---

* 이 글은 2007년 11월 22일 계명대학교 목요철학세미나에서 발표한 내용을 약간 수정 · 보완한 것이다.

이러한 것이 니체를 단순한 생철학자로서만 머물게 하지 않고, 현대 실존철학의 발단 계기자로서 혹은 새로운 형이상학의 촉매자로서 가능하게 하였다. 이러한 가능성의 한 실현으로서의 실존철학적 경향성은 야스퍼스의 니체 해석[1]에서 나타나고, 형이상학적 경향성은 하이데거(M. Heidegger)의 니체 해석[2]에서 나타난다. 20세기 초 야스퍼스는 소위 '독일의 양심'으로서, 그리고 전후에는 '게르만인의 스승'[3]으로서 칭송을 받으면서 하이데거와 함께 그 당대의 독일철학 전체를 흔들어 놓았다. 이와 함께 그의 니체 해석은 두 차례 이어서 발표되었다. 먼저는 니체의 철학함 자체에 대한 이해를 밝혀내기 위해서였고, 그 다음은 니체와 기독교의 관계를 짚기 위해서였다.

우리에게 염세주의자로 알려진 쇼펜하우어(A. Schopenhauer)의 주저인『의지와 표상으로서의 세계』[4]를 읽고 니체는 생의 비극이 아니라 그 역으로 생의 힘, 생의 충만, 생의 환희를 극구 찬양하고 나섰다. 왜냐하면 생이야말로 살려고 하는 강력한 의지와 그러한 의지의 힘이고, 생명 자체를 표현하는 권력의지이며, 심지어 참다운 인식은 물론이고 예술마저도 그러한 권력의지로서 표현하고 있기 때문이다. 그뿐만 아니라 그러한 권력의지 자체를 '왜냐'고 묻게 하는 부단한 창조적 활동능력의 원천이기 때문이

---

1) K. Jaspers, *Nietzsche. Einführung in das Verständnis seines Philosophierens*, 3. Aufl., Berlin, 1950; K. Jaspers, 박준택 옮김,『니이체와 기독교』, 박영사, 1986.

2) M. Heidegger, *Nietzsche*, Bd. I, II, 2. Aufl., Pfullingen, 1961.

3) R. Wisser, 정영도 · 손동현 · 강학순 옮김,『카를 야스퍼스』, 문예출판사, 1999, 199쪽.

4) A. Schopenhauer, *Die Welt als Wille und Vorstellung*, Leipzig, 1938.

다. 이러한 생은 죽어도 다시 되살아 영겁회귀하는 것이므로 어느 누구도 그러한 생을 피할 수가 없다. 그렇다면 차라리 '운명을 사랑(amor fati)'5)할 수밖에 없다. 그러한 운명에 맞서 싸우고, 싸워서 이겨야 한다. 생의 고통을 이기고 허무를 극복하여 철저한 생의 승리자가 되어야 한다. 그래서 초인이 되라! 왜냐하면 생이란 단순한 '생존의지(Wille zum Dasein)'가 아니라, 바로 '권력의지(Wille zur Macht)'이기 때문이다. 살려고만 하는 아폴론(Apollon)적인 약자의 생을 버리고, 권력의지에 따른 디오니소스(Dionysos)적인 강자의 생을 살아야 한다. 그래서 그는 "나는 나약한 모든 자들에게는 부정을 가르치고, 강한 모든 자들에게는 긍정을 가르치노라."6)고 할 수 있었다. 이것이 니체 자신이 철학하는 모토였다.

이러한 니체의 중심철학이 가치전도의 철학에 있다면, 그 첫째의 계기는 도덕비판의 철학에 있었고, 그 둘째는 종교비판의 철학에 있으며, 그리고 그 셋째는 철학비판의 철학에 있었다. 먼저 그의 도덕비판이란 모든 가치의 척도가 생이라고 하는 주장에서 비롯되었다. 그러므로 선악의 가치척도 역시 생에 달려 있게 된다. 생을 약동하게 하는 것은 선이고, 생을 위축시키는 것은 악이다. 이에 선악의 척도란 당연히 생의 약동과 위축에 달려 있게 된다. 이러한 도덕의 원초는 인류역사상 가장 먼저 강인한 그리

---

5) F. Nietzsche, 박준택 옮김, 『차라투스트라는 이렇게 말하였다』, 박영사, 1959, 230쪽. "그대, 내가 운명이라고 부르는 나의 영혼의 숙명이여! 그대, 나의 안에 있는 것이여, 나의 위에 있는 것이여! 하나의 위대한 운명을 위해서 나를 지키고 아껴라!"
6) 백승균 편역, 『실존철학과 현대』, 계명대학교 출판부, 1994, 58쪽.

스인들에게 나타났으나, 나약한 유대인들이 득세함으로써 마침내 그리스인들의 강인한 도덕은 점차적으로 사라지고 말았다. 그리스인들에게 선은 고귀하고 귀족적이며, 강력하고 행복한 것이었고, 악은 비열하고 무력하며, 그저 비천하고 관용적인 것이었다. 그러나 기독교의 도덕은 이러한 그리스적인 강자의 도덕을 두려워하고 질투하여, 마침내 미워하고 시기까지 하는 약자의 도덕이었다. 이러한 약자의 도덕으로 만든 그 처음 주역들이 바로 유대인들이었다. 이들은 본래 강자의 도덕적 요소인 귀족적 가치와 강인함, 인간의 힘과 아름다움, 인간의 고귀함과 행복함 등을 거부하고, 천민들이 요구하고 나서는 관용과 타협, 고뇌와 무력, 미약함과 빈약함을 가치 있는 저 세상의 최고가치로서 받들고 나섰다. 그래서 그들의 구호는 "원수를 사랑하라! 네 이웃 사랑하기를 내 몸과 같이 사랑하라!"[7] 등이었다. 이는 유대인들이 예수를 십자가에 못 박음으로써 가능하게 되었고, 이로 인해 그들은 마침내 기독교적 약자의 도덕을 굳건히 확보할 수 있었다. 이로 보면 그 결정적인 계기가 십자가였고, 그러한 십자가가 유대교적 노예인간의 상징이 되어 전 세계를 휩쓸게 되었다. 이에 맞서 초인(Übermensch)[8]의 깃발을 들고 나선 이가 니체였고, 그러

---

7) 『신약성서』, 「마태복음」, 5:44. "나는 너희에게 이르노니 너희 원수를 사랑하며 너희를 핍박하는 자를 위하여 기도하라."

8) A. Messer, *Erläuterlungen zu Nietzsches Zarathustra*, Stuttgart, 1922. S.VI. "Die hier gegebene Deutung der Lehre von der ewigen Wiederkunft lässt diese als in engem Zusammenhang mit der Idee des 'Übermenschen' stehend erscheinen."; F. Nietzsche, 박준택 옮김, 『차라투스트라는 이렇게 말하였다』, 88쪽. "모든 신들은 죽었노라. 이제 우리들은 초인이 살기를 바라노라."

한 니체는 기독교적 약자의 노예도덕을 거부하고, 그리스적인 강자의 군주도덕을 주장하고 나섰다.

　이러한 초인에게는 당연히 생명이 으뜸이고, 그러한 생명의 으뜸이 바로 참 자기 자신이기 때문에 살아 생동하는 그 생명과 자기 자신의 일치가 곧 현실을 위한 참 종교가 된다. 그러나 기독교는 그러한 일에 역행하여 살아 있는 현실의 생명마저 거부하고 나섰던 종교로서 생동하는 생을 부정하였을 뿐만 아니라, 오히려 생명 밖에다 하나의 형상을 만들어내었다. 이러한 결과로 사람들은 진정한 자신의 행복을 자신의 행복으로 알지 못한 채 그러한 상을 지고의 신으로 믿게 되었다. 이러한 기독교의 믿음은 사실 기독교 자체에서가 아니라, 원래 유대교의 뿌리에서 나온 종교적인 의식에서 나왔다. 본래 예수는 기독교에서와 같은 그런 유폐자가 아니었다. 다만 그는 나약한 유대인들에게 구세주로서 이용당했을 뿐이었다. 그는 진정한 상징주의자였다. 참으로 예수에게 있어서 기독교란 오늘날과 같은 기독교는 전혀 아니었다. 특히 니체가 구약성서보다는 신약성서를 더 싫어하였던 것도 바로 거기에 이유가 있었다. 오늘날의 기독교는 참 예수를 바로 알지 못하였다. 이 때문에 기독교는 생의 모든 가치를 부패시켰을 뿐만 아니라, 생의 아름다움과 생명의 고귀함, 그리고 생명의 자유함을 인간으로부터 철저하게 박탈하여 인간의 인간다움을 포기하도록 하였고, 결국에 가서는 인간 본래의 참 지식마저 왜곡시키고 말았다.

　이때의 참 지식이란 니체에게는 권력의지의 기호9)였다. 인간

---

9) F. Nietzsche, *Der Wille zur Macht. Versuch einer Umwertung aller Werte*, Stuttgart, 1959.

의 인식은 사실의 본성을 그 자체로 아는 것이 아니라, 본능의 '원근법'에 따라서만 알 뿐이다. 생이란 약동 그 자체인데, 그러한 생의 약동을 어찌 이론화하고 체계화하여 알 수가 있겠는가! 이를 소크라테스가 왜곡하고 나섰던 것뿐이다. 이론도 원래 실천의 한 측면이었다. 이를 그가 이론과 실천으로 양분하여 이론을 실천의 우위에다 두었던 것이다. 이 결과 생을 이론이라는 이름으로 속박하게 되었고, 드디어 서양철학 전체를 이론인 것처럼 왜곡시키고 말았다. 이후 생이라고 하는 강자의 지(知)는 사라지게 되었고, 약자의 지가 그 자리를 대신하게 되었다. 처음부터 지식이란 생을 약동하게 하는 것이었고, 그때마다 늘 새로 정정되어야 할 비극적 운명을 지니고 있는 것이다. 그래서 지식이란 처음부터 절대적인 것이 아니라 상대적인 것일 뿐이었다. 그리스 철학의 황금시기는 디오니소스에서 비롯된 이론과 실천의 분리 이전에 있었던 생동하는 생의 실천적 시기였다. 그러므로 본래의 참된 철학의 복원은 그 처음인 헤라클레이토스(Herakleitos)나 에피쿠로스(Epikuros) 등에서, 즉 소크라테스 철학 이전의 철학에서 이루어져야 한다.

이러한 가치전도의 철학이 니체의 자연(실증)주의적 생철학에서 비롯되었다면, 이는 다원적 진화론에서 가능하였다. 인간에서 인간을 넘어서는 생의 초인이란 하나의 상승이고 승리이며, 그리고 목적인 것이다. 이러한 초인은 동정을 알지 못한다. 생의 전형은 나폴레옹 등에서 찾아볼 수 있다. 그는 자신의 목적달성을 위해 어떠한 수단도 가리지 않았다. 이러한 모습의 초인은 고귀한 사람이지, 천민이 아니다. 그래서 초인은 고독하다. 고독하고 고귀한 사람은 인간의 비애를 알지 못한다. 이로 인해 그는 참 인간이 되고, 참 남성이 된다. 이들은 배워서 아는 지식인들이 아니라 순박한 자연인들이기 때문에 스스로 알고 경외심까지를 얻는다. 특히 니체는『반시대적 고찰』에서 바그너(R. Wagner)를 인류의 참 교육자로 칭송했다. 그러나『파르지팔』10) 때문에 그와 결별하고 만다. 왜냐하면 그는 생의 반역자이고, 동정과 구원의 종교인 기독교만을 위한 전형적인 전위자였기 때문이다. 그는 고귀한 천재가 아니라, 단지 모방가이고 연극인일 뿐이었다. 나약한 인간의 미숙성이 아이들의 상상력으로서 나타난 것이 예술이기 때문에 예술가들은 그러한 환상과 기만을 필요로 하기는 하지만, 고귀한 천재는 그런 가면 없이도 생동적이고 역동적인 생을 예술로서 표현할 수 있어야 한다. 따라서 니체에게는 음악이나 예술뿐만 아니라, 철학 역시 생에 유용한 것이어야 했다. 그러나 오늘날의 모든 예술이 유용하기는커녕 오히려 생을 철저히 배제하여 왔던 것이 사실이고, 지금까지의 전통철학이 그러하였다. 그 전형이 소위 독일 관념론이었고, 그 선두에 섰던 주자가 바로 칸트(I. Kant)였다. 그가 엄밀하게 이성의 체계로 마련한 독일 관념론의 철학이야말로 모든 사람들에게는 일종의 소화불량이었다. 왜냐하면 그러한 독일정신11)이란 어떤 무엇으로도 완

---

10)『파르지팔(Parsifal)』은 바그너(Richard Wagner)의 마지막 악극으로서 그 배경은 중세신화에 근거한다. 원래는 시인 볼프람 폰 에센바흐의 서사시에서 유래하였으나, 바그너 자신의 극사상으로 극대본이 만들어졌다. 신의 자비와 사랑으로 죄지은 인간영혼이 정화되고 구원받는 과정을 파르지팔을 통해 웅장하고 장엄한 기독교적 제식으로 그려낸 '무대신성제전극(舞臺神聖祭典劇, Bühnen Weihefestspiel)'이다.

11) 여기에서 독일정신은 문화사적 개념으로서 바흐와 헨델, 모차르트와 베토벤, 또한 괴테와 쉴러 등과 칸트로부터 헤겔에 이르기까지, 그러니까 음악, 문학, 철학 등 통틀어 독일 문예사상 전반을 지칭한다.

성될 수가 없었기 때문이다. 참된 철학이야말로 오직 생을 건전하게 이끄는 생의 철학이어야 한다.

　윤리도덕에서마저 니체는 파울 레(Paul Rée)[12])의 영향을 받아서 자연주의적으로 수용하였다. 더구나『도덕의 계보학』에서 그는 선과 고귀함은 귀족에서 나왔으나, 악과 천함은 천민이 복종하고 사랑하는 데서 나왔다고 매몰차게 강변한다. 세상에는 천민들이 다수이므로 이 참된 사실이 왜곡되어 역전되었고, 마침내 그들 자신들의 '노예도덕'을 선이라 주장하고, 인간 본래의 '군주도덕'을 악이라고 주장하게 되었다. 유대인들이 이런 가치판단을 전적으로 수용하였고, 마침내 기독교인들이 이를 빈틈없이 확보하여 세상에 전파하였다. 여기에서 니체는 그침 없이 고대 페르시아의 종교 시조였던 조로아스터(Zoroaster, 기원전 600년경)를 차라투스트라(Zarathustra)로 변신시켜『선악의 저편』에서는 그것이 참 도덕임을 주장한다. 참 도덕이란 선도 모르고 악도 모른다. 오직 생에 유용한 것은 선이고 생에 유해한 것은 악이다. 강자에게는 도덕률이 필요 없을 뿐만 아니라, 그러한 윤리도덕에서 해방하는 자만이 자유하는 사람이다.

　이렇게 볼 때 기독교는 생에 유용하였는가? 결코 아니다. 오히려 유해하였을 뿐이다. 왜냐하면 기독교는 노예도덕을 표방하였기 때문이다. 기독교는 불치병자, 유폐자 등 모든 나약한 자들을 대변하였다. 이 결과 그들은 있을 수 없는 생의 독살자가 되었고, 죽음의 설교자가 되었다. 이처럼 기독교는 생의 참다운 진리를 위장시켰고, 그런 위장의 가치에다 무상한 허상을 신으로 설정하

---

12) Paul Rée,『도덕적 지각의 근원』, 1877; Paul Rée,『양심의 발생』, 1855.

였다. 그러므로 기독교는 인류의 영원한 수치가 되었고 오점이 되었다. 예수는 누구인가? 그는 천재도 아니었고 영웅도 아니었다. 그저 어중간한 사람이었고 연정에 빠져 있던 사람이었다. 사실 그는 자신이 교주라고들 하는 기독교를 만들지도 않았다. 그의 제자였던 바울이 만들었던 종교가 기독교였다. 바울은 인간의 '원죄(Erbsünde)'를 주장하여 우리 모두가 죄인이므로 구원을 받아야 한다고 설파하였다. 이렇게 인위적으로 만들어진 종교와 교리를 믿는 자들이 바보가 아니고 무엇이란 말인가! 그렇기 때문에 그런 기독교를 믿는 대신에 '영겁회귀'[13]를 믿는 것이 더욱 현명할 것이고, 그런 인간의 운명만이 우리들을 참된 강자로 만들 것이라고 니체는 강변한다.

이러한 관점에서 니체는 예수의 역사성과 기독교의 역사성을 전혀 고려하지 않은 채 여성과 사회에 대해서도 비판적이기만 하였다. 대중화 사회에서 개개인은 무력하기만 하다. 그러므로 개개인의 적은 공동사회가 된다. 이 가운데서도 여성에게 평등권이란 있을 수가 없음을 선언한다. "아무리 감미로운 여자일지라

---

13) K. Löwith, *Nietzsches Philosophie der ewigen Wiederkehr des Gleichen*, Stuttgart, 1956; G. Geleuze, 이경신 옮김, 『니체와 철학』, 민음사, 1999, 137-138쪽, "영겁회귀의 문제".
더욱 자세한 직접적인 내용은 다음을 참조하기 바람. F. Nietzsche, 박준택 옮김, 『차라투스트라는 이렇게 말하였다』, 234쪽. "모든 것은 가고, 모든 것은 되돌아오노라. 존재의 수레바퀴는 영원히 굴러가노라. 모든 것은 죽고 모든 것은 또다시 꽃을 피우노라. 존재의 나이는 영원히 달리노라. 모든 것은 부서지고, 모든 것은 새로이 이루어지노라. 존재의 똑같은 집은 영원히 스스로를 세우노라. 모든 것은 헤어지고, 모든 것은 다시금 서로 만나노라. 영원히 스스로에 충실하게 존재의 가락지는 계속되도다."

도 쓴맛은 있노라. … 여자가 남자를 사랑할 때 남자는 여자를 두려워하라. 여자는 어떠한 희생을 해서라도 남자를 위해 자신을 다 바치노라. 그래서 여자에게는 이 세상 모든 것이 다 가치 없는 것으로 되고 마노라. 남자는 여자가 미워할 때 여자를 두려워하라. 왜냐하면 남자는 … 오직 악독하지만, 여자는 비열하기 때문이다." 그런가 하면 "아직도 여자에게는 우정의 능력이 없노라. 여자들이란 여전히 고양이들이고, 새들이며, 기껏해야 몇 방울의 젖을 내주는 암소들에 불과하다."14)고 내뱉은 이 말은 분명 여성에 대한 냉소이고 모독이며, 모독 그 이상으로서 일종의 반어이고 역설이기도 하다. 왜냐하면 그 자신이 평생을 영웅처럼 살았으면서도, 심지어 자라면서는 물론이고 누이동생한테서 임종하면서까지도 많은 여성한테서 신세를 지면서 살았기 때문이다.

물론 니체의 이러한 반여성적인 언사야말로 그 시대와 문화에 대한 참을 수 없는 비판이었다고는 하지만, 우리가 그 자신의 심층적인 실존을 염두에 두지 않으면 이해하기가 어렵다. 그래서 이러한 니체에 대한 해석은 한두 가지가 아니다. "작은 것을 작다고 말하면, 아무런 죄가 없노라. 그러나 스스로 '착한 사람'이라고 말하는 자는 그 스스로가 독을 지닌 해파리라는 걸 나는 알았노라." 혹은 "가장 위대한 사람이라고 하더라도 너무나 인간적인 것임을 나는 알았노라." 나아가서 "장님에게 눈을 뜨게 해준 의사가 있다면, 그는 이 세상의 너무나 많은 악을 보게 될 것이고, 그 때문에 의사를 저주할 것"이라고 말한다. 이처럼 그에게

---

14) F. Nietzsche, 박준택 옮김, 『차라투스트라는 이렇게 말하였다』, 63쪽.

는 생(生)이야말로 목적달성이었다면, 그러한 생이 사람의 동정(同情)을 알 리가 만무하였다.

어찌 이뿐이겠는가! 먼저 한 '미친 사람'의 이야기를 들어보자!

"그는 밝은 대낮에 초롱불을 켜들고 거리로 뛰쳐나와 '신이 어디에 있는가? 나는 신을 찾고 있노라. 신이 어디 있는가?' 하고 연방 소리를 질러댄다. … 신을 믿지 않는 사람들이 이런저런 우스갯소리를 하면서 웃어댔다. '신이 도대체 어디로 갔을까? 길을 잃었을까? 숨바꼭질을 하는 걸까? 배를 타고 바다를 건너갔을까?' … 그때 그 미친놈은 쏘는 듯한 눈초리로 그들을 노려보면서 바로 '우리가 그를 죽였다! 당신네들과 내가 말이다! 이제 우리 모두가 신의 살해자란 말이다. 어떻게 이런 일을 누가 저지를 수 있단 말인가? … 신을 매장하는 저 인부들의 떠들어대는 소리를 당신네들은 아직도 듣지 못했는가! 신이 썩고 있는 냄새를 아직 맡지 못하고 있단 말인가! 신들도 썩는 법이다. 신은 죽었다. 우리가 그를 죽였다. 모든 살인자들 가운데에서도 살인자인 우리가 어떻게 위안을 받을 수 있단 말인가?' … 마침내 그는 초롱불을 땅바닥에 내동댕이치면서 '내가 너무 일찍이 왔노라. 아직 내가 올 때가 아니었나 보다. 이 끔찍스러운 사건은 아직도 알려지지 않은 채 중간에 남아 있다. 아직 사람들의 귀에까지 들리기에는 많은 시간이 필요하다. 천둥과 번개는 눈에 번쩍이고도 귀에 들리기까지에는 긴 시간이 걸리는 법이다'라고 혼자서 지껄여댔다. 그리고 그 미친놈은 바로 그날 교회로 들어가서 신을 위한 진혼곡을 치기 시작하였다. 마침내 그놈을 끌어내어 꾸짖었더니 '이 교회들이 신의 무덤과 묘비가 아니라면 도대체 무엇이란 말인가!' 하고 그는 반문을 하였다."15)

---

15) M. Heidegger, 최동희 옮김, 『신은 죽었다 / 형이상학이란 무엇인가』, 양문사, 1959, 20-21쪽.

또한 니체는 당대의 사회주의 사상에 대해서도 신랄하게 비판하였다. 노동자들을 그는 무기도 선거권도 없는 자들이라고 혹평하였다. "노예를 주인으로 교육시키고자 한다면, 그는 바보일 것"이라고 하였는가 하면, 또한 사회주의자들은 무례한 사이비 철학자라 하고 혁명을 무정부주의자들의 갈등이라 하여 혹평도 하였다. 그 자신이 독일인이라는 것에도 반감을 가지고 "나에게 독일인이란 있을 수 없다."고 하였다. 그에게는 국가 역시 괴물 중에서도 가장 냉엄한 괴물이었다. 위대한 개인도 그에게는 언제나 국가의 적이었다. 이처럼 니체는 하나가 아닌 여러 가지의 실존적 자기 모습으로서, 다시 말하면 신의 살해자로서, 문예(예술) 비평가로서, 권력의지의 정치가로서, 또한 오늘날에 와서는 실존철학의 계기자로서, 최근에는 포스트모더니즘16)의 기수로서 시대마다 변신하여 새로 나타나게 되었다. 아마 앞으로는 또 다른 이름으로 등장할 것이다.

2. 니체 철학의 생동성과 해석 가능성

1) 니체 철학에 대한 미적-예술적 해석

이러한 니체 철학에 대한 여러 가지 해석은 대체로 그의 철학하는 시기에 따르기는 하나, 그의 철학적 사유구성에 따라 분류되기도 한다. 그럼에도 그의 철학적 활동의 첫째 시기는 『비극의 탄생』(1871)과 『반시대적 고찰』(1873-76) 등의 시기이고, 둘째

---

16) 권택영, 『포스트모더니즘이란 무엇인가: 자연주의에서 미니멀리즘까지』, 민음사, 1991.

시기는『인간적인 너무나 인간적인』(1878),『즐거운 학문』(1882) 등의 시기이며, 그리고 셋째 시기는『차라투스트라는 이렇게 말했다』(1883-85),『선악의 저편』(1886),『도덕의 계보학』(1887), 그리고 유고로 남긴『권력에의 의지』(1887) 등의 시기이다.

먼저『비극의 탄생』에서 니체는 예술이야말로 인간과 세계의 근본을 원천적으로 드러내어 준다는 사실을 강조하면서 그리스의 예술, 이 가운데서도 그리스의 비극을 새로 해석하여 그 특징을 극대화하였다. 비극에는 두 요소가 있다. 그 하나는 디오니소스(Dionysos: 술의 신)적 요소이고, 다른 하나는 아폴론(Apollon: 빛의 신)적 요소이다. 전자는 음악, 특히 합창이나 무용 등 감성적인 것(육체)에서 나타나고, 후자는 대화나 담론, 예술작품의 형식 등 이성적인 것(정신)에서 나타난다. 전자는 인간 삶의 현상에서 솔직담백하게 마치 술에 취한 주신 바쿠스(Bacchus)처럼 본연의 사람됨으로 드러나는가 하면, 후자는 인간 삶 전체와 그러한 삶의 근원적인 의지를 왜곡시키는 허울 좋은 논리로 나타난다. 그러므로 전자에게는 '의지'가 중요하게 되었고, 후자에게는 '이성'이 중요하게 되었다.

니체에게 이 세계는 허구와 가식으로 가득 차 있고, 미움과 증오로 가득 차 있다. 아니, 이 세계 자체가 비인간적이고 비도덕적인데, 어찌 인간적이기를 바라고 도덕적이기를 바라며, 더구나 이를 보고 참을 수가 있단 말인가! 이미 그리스 사람들은 비인간적이고 비도덕적인 그러한 세계를 비극의 예술로서 타파하고자 하였다면, 그러한 비극의 연속성 가운데서도 자기 자신에게 '그렇다' 하고 용기 있게 맞서는 사람들이야말로 영웅들이 아니고 누구이겠는가! 바그너에게 예수와 아폴론이 천상의 제단이었다면,

니체에게는 예수가 디오니소스였기에 그들은 결별하고 말았다.

2) 니체 철학에 대한 사회적-정치적 해석

니체는 그의 마지막 시기에서 자기 스스로 가장 합리적으로 사유하였다. 다윈의 생물학적 영향 아래[17] 자연주의자가 되었고 심리주의자가 되어 실증주의자로 변신하였다. 긴 시간은 아니지만 바로 이 시기에 그는 일종의 주지주의자가 되어 소크라테스를 긍정적으로 받아들이기도 하였다. 이로써『도덕의 계보학』과 『권력에의 의지』 등에서는 그 자신의 디오니소스마저 예술의 신이 아니라, 전쟁의 신으로서 등장하였다. 산업사회로 인해 대중화의 시대가 열리면서 개개인의 운신 폭은 좁아지기만 하였다. 그에게 가족과 사회, 그리고 국가란 무엇이어야 했는가? 여기에서 니체 철학에 대한 해석은 이중적으로 나타난다. 즉, 그 하나는 직접적인 것으로서 생물학적 적자생존과 야만성, 마키아벨리(Machiavelli)나 나폴레옹과 같은 영웅들로서, 나폴레옹은 자기 목적을 실현하기 위해 1년에 50만여 명의 프랑스 청년들을 전장에서 희생시켰으며, 새로운 나폴레옹과 같은 인물들을 등장하게 하기 위해서는 현재의 문화 전체를 뒤바꾸어 놓을 수 있어야 한다는 것이었다. 무엇보다『도덕의 계보학』에서 '금발의 야수'가 그랬고,『권력에의 의지』가 히틀러의 국가사회주의에서 그 일익을 담당한 것도 그런 해석과 무관하지는 않았다.

그리고 다른 하나는 그 이상(理想)을 그리스에서 찾았다. 생은

---

17) J. Fischl, 백승균 편역,『생철학』, 서광사, 1987, 11-13쪽.

투쟁이고 목적달성이며, 그리고 승리이다. 생 자체가 부단히 흐르는 것이라면, 인간의 삶 전체가 영웅처럼 싸워서 이겨야 하고, 이겨서 스스로를 본래의 사람으로서 순수하게 생성하여 나가야 한다. 이러한 생성의 결백성이 생 자체의 역동적인 힘으로 된다. 자기 스스로를 희생하여 달성하는 참다운 인간만이 그리스 비극의 영웅들이 겪었던 죽음으로 될 수 있었기 때문에, 니체에게 그리스인들은 위대한 사람들이었다.

3) 니체 철학에 대한 실존론적-존재론적 해석

하이데거는 1936년부터 1941년까지 발표한 니체에 관한 논문을 모아서 두 권의 저서로 발표하였다. 제1권에는 (1) 예술로서 권력의지(1936/37): 25편의 논문, (2) 같은 것의 영겁회귀(1937): 24편의 논문, (3) 인식으로서 권력의지(1939): 22편의 논문이 수록되었고, 제2권에는 (4) 같은 것의 영겁회귀와 권력의지(1939), (5) 유럽의 허무주의(1940): 29편의 논문, (6) 니체의 형이상학 (1940): 서론, 권력의지, 허무주의, 영겁회귀, 초인, 정의, (7) 허무주의의 존재사적 규정(1944/46), (8) 존재사로서의 형이상학 (1941): 7편의 논문, (9) 형이상학으로서의 존재사를 위한 초안 (1941): 20편의 논문, (10) 형이상학에 대한 회상(1941)이 수록되어 있다.

여기에서 하이데거는 니체를 형이상학자로 등단시켰다. 사실 니체는 반형이상학자로서 '신의 죽음'을 선포하고 나섰던 사람이다. 그는 형이상학적 초감성의 세계가 사라지고, 새로운 가치의 세계가 등장하고 있음을 예고하였다. 이 공백의 시기에 허무주의[18])가 판을 치게 되었다. 이러한 허무주의의 폭풍우가 서구문명 전체에, 다시 말하면 기독교에도 그리고 철학에도, 그러한 철학 가운데 철학의 본령이라 할 수 있는 형이상학과 인식론에도 세차게 불어 닥쳤다. 이로써 형이상학의 본질로서만 간주되었던 존재론까지도 망각하게 되었고, 형이상학의 궁극적인 대상이었던 신마저 그 현실적인 생명을 다하고 말았다. 이로써 이제 하이데거에게는 『권력에의 의지』에 내재하는 새로운 형이상학을 마련하는 길밖에 남지 않았다. 이는 인간존재의 의미해석으로부터만 가능한 일이었다. 즉 현존재의 형이상학으로부터만 가능하였다는 말이다.

이에 다른 한편으로 야스퍼스는 논문집이 아니라, 하나의 체계를 갖춘 니체 연구서로서 그를 실존철학적으로 해석하고 나섰다. 그 첫 저서가 1935년에 출판한 『니체: 니체의 철학적 사유를 이해하기 위한 서설』로서 "저서의 이해, 이해하는 사람에 따라 이해할 수 있는 철학, 니체의 생애, 니체의 근본사상, 인간, 진리, 역사와 현대, 위대한 정치, 세계해석, 한계, 그 자신의 실존 전체에서 본 니체의 사유방식"[19])으로 되어 있다. 이러한 니체 철학에 대한 체계적 해석을 통해서 야스퍼스는 키에르케고르과 함께 실

---

18) F. Nietzsche, 박준택 옮김, 『차라투스트라는 이렇게 말하였다』, 150쪽. "모든 것은 공허하며, 모든 것은 유사하며, 모든 것은 이미 있었노라는 학설이 나타났으며, 한 신앙이 그와 더불어 나타났노라." F. Nietzsche, *Der Wille zur Macht. Versuch einer Umwertung aller Werte*, Stuttgart, 1959, 'Der europäische Nihilismus'. "Der Nhilismus steht vor der Tür: woher kommt uns dieser unheimlichste aller Gäste?"

19) K. Jaspers, *Nietzsche. Einführung in das Verständnis seines Philoso-phierens*, 3. Aufl., Berlin, 1950.

존철학의 새로운 계기를 찾으려 하였다. 이와 연관하여 출판되어 나온 그의 『니체와 기독교』[20]는 독일교회의 사목회 초청강연에서 행한 내용이다. 여기에서 그는 기독교에 대한 비판이야말로 그 자신의 기독교 이해에서 나왔음을 주장하는 가운데 니체의 기독교적, 그리고 세계사적 입장을 밝혀내었다. 이러한 가운데 야스퍼스는 니체가 기독교적 사실내용에 대한 이해와 오해를 얼마나 하고 있는가를 밝히면서 니체에게서 새로운 철학이 무엇인가를 실존철학적으로 해석하였다. 여기에서 그는 니체를 단순한 반기독자가 아니라, 오히려 참 기독자가 되기 위한 그의 실존적 본래 모습을 보여주고자 시도하였다.

3. 니체의 기독교 이해와 야스퍼스 해석

1) 야스퍼스의 니체 해석을 위한 지평

야스퍼스는 '그의 철학적 사유를 이해하기 위한 서설'이라는 부제를 단 『니체』에서 그의 철학적 내용을 체계적으로 해석해 내기 위하여 먼저 니체의 저서 내용에 대한 이해와 이해하는 사람 문제를 심층적으로 짚는다. 첫판 서문에서 그는 니체를 읽는 다는 것은 쉬운 일이고, 이해하는 데도 어렵지가 않다고 말한다. 면면이 다 흥미진진하고, 그의 판단 역시 환상적이며, 언어 또한 매혹적이다. 그러나 읽으면 읽을수록 그 감탄성과 다양성으로 인해 어렵기만 하다. 그래서 니체 강독으로부터 시작하여 점차적으

---

20) K. Jaspers, 서윤택 옮김, 『니이체와 기독교』, 대구: 형설출판사, 1959; K. Jaspers, 박준택 옮김, 『니이체와 기독교』, 박영사, 1986.

로 니체 연구로 바꾸어지기 마련이다. 이의 종착역은 '인간존재 자체의 운명'[21]을 밝히는 일이다. 이를 밝히기 위해 먼저 니체는 어떻게 살았는지를 살피고, 그의 근본사상으로서 인간과 진리 문제, 시대와 역사 문제, 그리고 위대한 정치와 세계해석 문제를 고찰하면서 그 한계를 야스퍼스는 밝히려 한다. 이로써 그는 니체 자신이 그 자신을 어떻게 이해하고 있으며, 우리는 그를 어떻게 해석할 수 있는가를 그의 철학적 사유에서 밝혀낸다. 이러한 결과로 니체는 새로운 시대에서 실존철학의 기수로서 등장하게 되었다.

이로써 야스퍼스는 니체의 기독교 이해에 대한 해석이야말로 니체 자신의 기독교 이해에서 나왔음을 주장한다. 특히 그의 기독교에 대한 이해가 그의 세계사적 입장에서 유래하였음을 반증하는 가운데서 니체 자신의 독특한 철학적 사유가 무엇인가를 밝힌다. 이를 단적으로 표현하면 니체는 반기독자가 아니라 친기독자라는 것이다. 당대의 야스퍼스뿐만 아니라, 이러한 입장을 고수하고 나선 이로 독일 뮌헨 대학의 비저(Eugen Biser) 교수 등도 있다. 그는 "니체가 기독교에 대한 혹독한 한 비판자로서 간주되는 것은 당연한 일이나, 그것은 단지 절반의 진리에 불과하다."[22]고 강변한다. 야스퍼스도 이미 니체의 기독교에 대한 이해 문제를 니체 자신의 철학함에서 해명한다. 왜냐하면 니체 자신이 '철학(Philosophie)'을, 즉 철학적 체계를 부정하고, 살아서

---

21) K. Jaspers, *Nietzsche. Einführung in das Verständnis seines Philoso-phierens*, 3. Aufl., S.5. "ein Schicksal des Menschseins selbst."

22) E. Biser, 정영도 옮김, 『니체는 누구인가(*Nietzsche für Christen*)』, 왜관: 분도출판사, 1993.

생동하는 '철학함(Philosophieren)'에서 생을 이해하고 있기 때문이다. 생이란 살아서 생동하는 것이기 때문에 어떤 이론이나 체계라고 하는 '철학'으로서는 설명이 불가능하고, 오직 '철학함'으로서만 이해 가능하다. 여기서는 객관이나 대상으로서의 타자가 중요하지 않고, 바로 그 자신이 중요하게 된다. 그러므로 야스퍼스는 니체의 기독교에 대한 비판을 그 자신이 바로 기독교적이었다는 사실에서 찾는다. 이는 분명 하나의 논리적인 모순이나, 그 현실성에서는 결코 그렇지가 않다. 오히려 니체가 기독교를 의식적으로 부정하고 나섰다는 것은 기독교에 대한 새로운 수용 내지 새로운 이해의 시작이 아니겠는가! 기독교에 대하여 니체 그 자신이 "나는 어릴 때부터 기독교에 친숙하였다. 그래서 기독교에 대해서는 나쁜 감정을 한번도 가진 적이 없었다."고 고백하였는가 하면, 심지어 유럽에서 통용되는 오늘날의 신사도와 같은 것 역시 그 모두가 기독교의 은덕이라고까지 주장하였다.

사실 니체 자신은 친가로나 외가로 봐도 돈독한 기독교의 가정과 그 가풍에서 성장하였기 때문에 완벽한 크리스천만이 가장 훌륭한 사람23)이라고 여기기도 하였다. 그럼에도 불구하고 때로는 목사나 교회에 대해 신랄하게 비판도 하였다. 성직자라는 이름을 가졌음에도 목사란 성질이 고약한 사람들이고, 기생충과 같은 사람들이며, 또한 거드름을 피우고 세상을 욕하는 고약한 사람들이라고 하였다. 그래서 그들은 독거미와 같은 사람들인가 하면, 위선자들이기도 하다는 것이었다. 이와는 정반대로 그는 목사야말로 사람들에게 봉사하는 천성의 사람들이고, 진지하고 순

---

23) K. Jaspers, 박준택 옮김, 『니이체와 기독교』, 10-11쪽.

결한 사람들이라고도 하였다. 교회에 대해서도 노예들이 이끄는 집단이고, 병자들이 모인 인간조직이며, 위조화폐를 찍어내는 공장이라고 하였다. 그러면서도 교회는 최고위치의 지배조직이고, 국가 그 이상의 고귀한 제도라고도 하였다.

기독교 전반에 대한 이러한 니체의 비판과 옹호는 분명 하나의 모순이고 역설이다. 그렇다면 이러한 모순과 역설이 무엇인가를 짚어내야 한다. 이상과 현실, 이론과 실천, 이를 헤겔은 양극이나, 하나의 연관성에서, 즉 변증법적 관계로 보고, 그 해결책을 정열 없이는 이념의 실현이 불가능하고, 이념 없이는 정열의 방향을 상실하고 만다는 변증논리로서 밝혔다. 그러나 니체는 양극 그 자체로 보고, 아니 생만을 고집함으로써 그 생의 이념적 사유를 거부한다. 이를 야스퍼스는 철학적 요청과 시대적 현실의 관계로 해석하였다. 이러한 결과로 기독교에 대한 니체의 비판은 철학적 요청으로서의 기독교에 대한 비판이 되었다. 그렇다면 니체가 초기독교적인 것으로서 기독교적인 것을 극복하고자 한 것은 기독교적인 것으로부터만 가능하다 함을 말한다. 이를 아주 적절하게 야스퍼스는 니체가 그 스스로의 철학함이 기독교적인 자극에 의해 기독교로부터 나왔다는 사실을 의식하고 있는 것이라고 정리하였다.

참으로 니체의 기독교 비판이란 결코 기독교를 포기하거나 부정하려는 것이 아니라 오히려 기독교를 수용하여 극복하려는 것이고, 그러한 극복의 방향은 초대 기독교를 복원하려는 것이다. 이러한 그의 의도가 바로 역설로 나타났고, 그러한 역설이 모순으로 비치곤 했다. 이러한 역설이나 모순의 논리적 구조는 『선악의 저편』에서도 그대로 나타난다. 살아 있는 도덕이란 도덕에서 나와서 도덕 그 이상의 것을 요구하기 마련이다. "우리는 도덕을 파괴한 바로 그 위에서 도덕의 상속자가 되려 한다." 혹은 "우리가 행하고자 하는 것은 도덕이 이제까지의 도덕성의 형식에 반항하는 것" 등이다.

이러한 연관성에서 니체는 그 자신의 생에 대한 체험이 곧 세계사적 흐름을 대변한다고 주장할 수 있었다. 아니, 세계사적 과정의 한복판에 자신이 서 있다고 생각하였다. 다시 말하면 니체 자신이 어떤 과정을 거쳐 친기독자로부터 반기독자로까지 발전하였는가를 말하는 것이다. 특히 여기서 야스퍼스는 니체야말로 처음(소년 시절)부터 기독교적 제도라든지 권위 혹은 기독교적인 종교내용에 대해서는 큰 관심이 없었음을 지적한다. 즉 신앙의 의식(儀式)이나 교의로서의 기독교에는 아주 무관심했으나, 오직 상징으로서 인간의 진리라는 의미에서만 기독교를 수용하였다. "기독교의 중요한 교리는 인간적 심정의 참된 진리를 표명하는 것뿐이다." 이것은 신앙으로 축복을 받는다는 것이야말로 '머리(Wissen)'로서 행복하게 되는 것이 아니라, 오직 '마음(Herz)'으로서 행복하게 되는 것24)임을 말한다. 심지어 하나님이 인간으로 되셨다는 '성육신(Incarnation)'도 인간이 하나님 안에서 구해야하는 것이 아니고, 이 땅에다 하나님(천국)을 되살려 내야 함을 말하는 것이다.

이 모두를 통틀어 야스퍼스는 니체의 기독교 비판이야말로 바로 그 자신이 기독교인이므로 가능하였음을 주장한다. 그럼에도 니체는 현실적으로 그러한 기독교를 거부하고 나섰다는 사실이

---

24) 같은 책, 19쪽.

고, 이러한 결과로 니체 자신이 새로운 길을 찾지 않을 수 없었다는 사실이다. 이처럼 그가 새로 찾아 나선 길은 모든 가치가 뒤바뀌는 가치전도를 위한 허무주의였다. 이러한 허무주의란 니체 자신이 허무주의자로 전락하였다는 말이 아니라, 오히려 그러한 허무주의에 대항하여 극복하고자 하는 반대운동을 하기 위해 새로운 근거를 그가 찾아 나섰음을 말한다. 그래서 니체는 자신이 처한 시대가 어떠한 시대인가를 되묻고, 그 시대를 위기의 시대로 진단하였다. 이러한 위기가 기독교로부터 나왔으므로 기독교의 세계사적 위상을 밝히는 것이 그에게는 급선무였다.

2) 니체의 기독교 이해와 역설의 논리

그렇다면 니체의 세계사적 위기의식은 어디로부터 왔는가? 그는 먼저 문화를 지목하였고, 그러한 문화가 쇠퇴일로에 있다고 판단하였다. 문화의 쇠퇴란 교양의 근원을 생으로 보지 못하고, 교양을 교양으로 아는 '지식(Wissen)', 즉 이성으로 보는 데에서 비롯하였다. 이로써 생은 본래의 그 생동성을 상실한 채 오직 언제나 무엇인 '것처럼(als ob)'[25]으로만 보였을 뿐, 실제로는 아무런 내용도 없는 겉치레뿐으로 되었다. 무엇 하나 쓸 만한 것이라고는 아무것도 없다. 이해할 수 없는 기괴한 정신세계의 소음만이 있을 뿐, 그 내용은 공허하고 허망하다. 그것이 철학이었고, 노동(기계)이었으며, 또한 거기에 따른 대중의 이론이었다. 이의 제1사건이 '신의 죽음(Gott ist tot)'[26]이다. 유럽인들은 아직 이

---

25) 같은 책, 23쪽.
26) F. Nietzsche, 박준택 옮김, 『차라투스트라는 이렇게 말하였다』, 98쪽.

사실을 알지도 못하고 느끼지도 못한다. 그렇지만 알게 되는 그 날에는 자신들의 중심축이 뒤흔들리고 말 것이다. 그럼에도 여기서 우리가 눈여겨봐야 할 것은 니체 자신이 '신은 없다' 혹은 '신을 믿지 않는다'는 구호를 내걸지 않았다는 사실이다.

그렇다면 여기서 중요한 것은 '신이 왜 죽었는가' 하는 것이다. 그 죽음의 원인이 기독교 때문이라면, 기독교 이전의 참다운 인간 삶(생)의 기반이 기독교의 출현으로 인하여 파괴되었고, 그것은 소크라테스의 등장 때문이기도 하였다는 것이다. 지금까지의 기독교는 신, 영혼, 세계질서, 불멸, 죄, 은총 등으로 세계를 구원한 듯하였으나, 그 모두가 말짱 허구였다. 다시 말하면 왜 신이 죽었는가 하는 물음에 대해 니체는 기독교의 역사 때문이라고 했다. 심지어 그는 기독교 역사의 2천 년을 '우리들의 액운'이라고까지 하였다. 그렇다면 그러한 운명은 어떻게 이루어졌는가? 이를 밝히기 위해서는 기독교라는 것이 어떻게 발생하였고, 그 가운데서 예수는 어떤 사람이었는가를 살펴야 한다. 진정 예수는 누구였던가? 니체는 예수를 기독교와는 무관한 사람으로 보았다. 예수는 그 당대에 있어서 가장 새로운 생활 스타일과 생활태도를 가지고 있었지, 기독교에 대한 풍부한 지식을 갖고 있지는 못했다. 그에게는 천국의 영원성을 맛보기 위해서는 이 세상에서 어떻게 살아야 할 것인가가 중요하였다. 생명이나 진리, 심지어 하늘도, 자연도, 우리의 현실마저도 예수에게는 그저 하나의 '징

"신은 죽었노라. 인간에 대한 그의 동정심 때문에 신은 죽었노라." 이에 대한 한 해석으로 K. Jaspers, *Nietzsche. Einführung in das Verständnis seines Philosophierens*, 3. Aufl., S.246. "Der Gedanke vom Totsein Gottes kehrt in immer neuen Fassungen wieder."를 들 수 있다. 또한 M. Heidegger, 최동희 옮김, 『신은 죽었다』, 양문사, 1959, 21쪽.

표(Zeichen)' 내지 비유일 뿐이었다. 요약하면 "축복이 유일한 현실이고, 그 이외의 것은 모두가 그러한 축복을 말하기 위한 상징이었다."27)는 것이다. 이로써 야스퍼스는 예수의 가르침이란 있을 수가 없다는 니체의 말을 부각시킨다. 더욱이 구체적인 예수의 가르침이란 있을 수 없다고 잘라 말한다. "신앙이란 표현될 수 없는 것, 신앙은 살아 있는 것이어서 형식화할 수 없는 것"이고, "복음이란 이미 대립이 없다."는 것, 즉 모든 차별이 다 사라져 아무런 갈등이 없다는 것을 말한다. 우리의 평정심(平靜心)과 같은 것이다.

이러한 신앙의 복음을 축복으로 받은 사람의 특징을 야스퍼스는 다음과 같이 정리한다.

(1) 아무런 반항을 하지 않는다. 어떠한 것도 부정하지 않고 긍정만 한다. 아예 부정할 능력이 없다. 그것이 '사랑'28)이다. 사랑은 무선택이다. 예수는 "이방인과 동향인, 유대인과 비유대인을 차별하지 않았다." 이러한 사랑의 무저항이란, 차별은 물론이고 생존의 위협에도 목숨 걸고 싸우지 않음을 말한다. 비난하지도 않고 화를 내지도 않는다. 물론 마음속으로도 반항하지 않는다.

(2) 현실의 축복을 오직 상징으로서 표현한다. 진정한 상징에

---

27) K. Jaspers, 박준택 옮김, 『니이체와 기독교』, 39쪽.

28) 『신약성서』, 「고린도전서」, 13:4-7. "사랑은 오래 참고 사랑은 온유하며 투기하는 자가 되지 아니하며, 사랑은 자랑하지 아니하며 교만하지 아니하며 무례히 행치 아니하며 자기의 유익을 구치 아니하며 성내지 아니하며 악한 것을 생각하지 아니하며 불의를 기뻐하지 아니하며 진리와 함께 기뻐하고 모든 것을 참으며 모든 것을 믿으며 모든 것을 바라며 모든 것을 견디느니라."

는 어떠한 종교의식, 형식, 역사, 예술이 즉, 모든 것이 제외될 뿐이다. 예수는 '백치(白痴, idiot)'여서 어떠한 문화도 알지를 못했다. 그래서 문화를 부정하지도 않았다. 문화뿐만 아니라 국가, 정치, 경제, 사회, 전쟁, 노동도 부정하지 않았다. 아니, 예수는 그러한 외적 세계를 부정하려야 할 수가 없었다. 왜냐하면 부정이란 순수한 그에게는 있을 수가 없었기 때문이다. 그래서 사랑이란 무선택으로서 그저 '아니다'일 수밖에 없었다. 그러므로 그에게는 아무런 대립도 차별도 없었고, 죄와 벌이라는 개념도 없었다.

(3) 이러한 갈등의 현실이 없어짐으로써 그에게는 인간으로서의 죽음 또한 비현실적으로 되고 만다. "복음서에는 자연사라는 개념이 없다. 죽음이란 교량도 아니고, 과도기적인 것도 아니다. 죽음이란 전혀 다른 외적 세계에 속하기 때문에 존재하지 않는다. 시간, 즉 육체적인 삶과, 그러한 삶의 위기란 '즐거운 소식(복음)'을 가르치는 사람들에게는 존재하지 않는 법이다." 여기서 야스퍼스는 예수야말로 삶의 축복을 자신의 죽음을 통해서 확인하였다고 쓰면서 다시 "즐거운 소식의 사자는 인간을 구원하기 위해서가 아니라, 어떻게 살 것인가를 보여주기 위해서 죽었다."29)는 니체의 말을 그대로 인용한다.

니체에게 예수의 삶은 거짓 없는 '유폐(decadence)'의 한 방도였다. 허무에 뛰어드는 의지의 본능이라는 것이다. 야스퍼스 역시 예수는 그처럼 행동도 하다가 십자가에 달려서 죽었다고 말한다. 사실 니체는 복음서에 나타나 있는 예수의 모습이야말로 일관되지 않았다는 것도 지적하고 있다. 신약의 복음서 내에서

---

29) K. Jaspers, 박준택 옮김, 『니이체와 기독교』, 31쪽.

역사적인 현실들을 그대로 파악해 내기란 쉽지가 않다. 그렇다고 성자의 전기를 어떻게 '전승(傳承)'이라고만 할 수 있겠는가! 그러면서도 니체는 어떤 심리적인 것이 작용할 수 있었음을 인정한다. 사실 그 자신이 심리학에 몰두하기도 했다. 그것은 "행복하기 위한 수단" 때문이었다. 이런 삶의 태도는 데카당스가 발달한 시대에서는 언제 어디서나 가능하였다는 말이다. 결론적으로 기독교야말로 극히 사적 존재형식으로서만 가능하였다는 주장이다.

이러한 연관성에서 예수의 기독교 출현은 흥미로울 수밖에 없다. 그렇다면 기독교의 교주는 누구였단 말인가? 예수란 말인가! 그런데 예수에게는 처음부터 기독교란 없었다. 그에게 "기독교인은 오직 한 사람뿐이었고, 그 한 사람은 이미 십자가에 못 박혀 죽었다." 그렇다면 기독교는 어떻게 성립하였는가? 니체는 기독교의 성립을 교회와 사도로 이루어진 교단으로 이해하였다. 그렇다면 니체 자신이야말로 기독교에 대한 반기독자가 아니었던가! 다시 말하면 그는 예수 자신의 성실성에는 경의를 표하면서도 기독교를 반대하였고, 사도와 교회에 반대하였다는 말이다. 예수는 속세의 기독교를 세운 장본인이 아니었다. 그러한 속세의 기독교에 이용당한 한 수단에 불과하였다. 그러므로 예수의 참 진리는 처음부터 근본적으로 전도되어 있었다. 이는 기독교야말로 예수의 참 진리에 역행하여 예수와는 무관한 근원으로부터 출발하였다는 말이다. 그 결과로 복음서는 말할 것도 없고 신약성서 전체가 전도되고 말았으며, 그렇게 전도된 현상을 니체는 예수가 어떠한 삶을 살았는가 하는 것과는 무관하게 신앙이 문제로 되어야 했음을 주장한다.

신앙이 교리가 되고 교의가 되었다. 이것은 축복을 의미하던 상징이 구체적인 현실로 되었음을 말한다. "상징 대신에 사물과 인물이 등장하였고, 영원한 사실 대신에 역사가 등장하였으며, 삶의 현장 대신에 표현과 의식, 그리고 교의가 등장하였다." "순간과 영원이라는 상징 대신에, 여기와 저기 대신에 구원의 전설이 나타나게 되었고, 심리적인 상징 대신에 기적이 나타나게 되었다." 이러한 사실들이 영원으로서, 구원으로서, 혹은 구세주인 신으로서 만들어졌다[30]고 니체는 말한다. 그러면서도 그러한 인격으로서의 신이라든지, 신국이라든지 혹은 천국 내지 삼위일체의 제2인격으로서의 '하나님의 아들' 등은 그들의 교회 내에서도 소화할 수가 없었다. 그럼으로써 비기독교적으로 될 수밖에 없었고, 궁극적으로는 여러 상징들을 무시해 버리는 세계사적 냉소로 되어 버릴 수밖에 없었다. 그 가운데에서도 현실의 참 예수를 제치고 예수의 모습으로서 목사나 신학자가, 더욱 근원적으로는 바울이 예수의 형상을 대신하였다고 니체는 주장한다. 그뿐만 아니라 참 구원자인 형상들 가운데서도 가장 중요한 것은 죽음과 부활뿐이었고, 그를 위해 교회가 그 선두에 섰다는 것이다.

　그러므로 기독교의 근원은 평화도, 무저항도, 축복도 또한 외부세계나 죽음도 아니고, 소탈한 인간의 근본태도라고 니체는 강조한다. 이러한 것들이란 몰락한 자들이나 열등한 자들, 또한 천민들을 포함한 무모한 자들 등이 가슴속 깊숙이 품고 있는 시기

---

30) cf. K. Jaspers, *Nietzsche. Einführung in das Verständnis seines Philosophierens*, 3. Aufl, S.297. "Meine neue Auslegung gibt den zukünftigen Philosophen als Herren der Erde die nötige Unbefangenheit." (14.31)

와 증오, 즉 복수와 원한이라고 하는 레상티망(Ressentiment)[31]인 것이다. 이러한 원한으로 가득 찬 무력함에서도 권력욕이 발생하는 원한이야말로 가치평가나 사상 혹은 또 다른 해석을 창조적으로 가능하게 하는 것을 니체는 '심리학적'으로 해석해 냈다. 이러한 심리적인 계기가 예수를 기독교의 교주로 전도시켰고, 그것이 기독교의 운명으로 되었다. 여기에서도 우리는 야스퍼스 자신이 또한 심리학자였음을 염두에 둘 필요가 있다. 이의 교리적인 원형은 소크라테스였고 플라톤이었다. 이로써 기독교가 모든 종류의 밀교나 구원의 본능, 희생의 욕망, 심지어는 금욕주의, 이원론의 철학, 현실세계의 허망함 등 모두를 수용하게 되었다.

　이러한 작업이 가능했던 것은 이미 앞에서 지적한 것처럼 기독교의 독특한 역사적 기원 때문이었다. 즉 기독교는 유대교로부터 나왔다. 단적으로 기독교란 유대적인 것이었다. 유대인들은 존재 혹은 무(無) 중에서는 존재를 택했던 사람들이다. 이들은 어떠한 희생을 해서라도 그것이 자연이든 정신이든, 혹은 현실의 모든 것을 근본적으로 왜곡시키는 사람들이기에 "세계 역사상 유대인이야말로 가장 불가사의한 민족"이라고 니체는 꼬집는다. 이처럼 유대인들이 사물의 가치를 왜곡시켰을 뿐만 아니라 도덕적 이상마저 날조하였다는 것이다. 이로써 인간세계의 권력이나 욕정, 성공이나 지배 등이 기독교에서는 부정되고, 인간 삶의 환희와 행복마저 부정되고 말았다. 유대인의 본성은 현실을 거부하고 부정하는 데 있었으므로 자신들의 영웅서사시적 과거마저 부

---

31) K. Jaspers, 박준택 옮김, 『니이체와 기독교』, 41쪽.

정해 버리고 만다. 바울은 예수와 그 최초의 기독교를 전도시킨 사도였다. 유대민족은 전 세계에서도 생활력이 가장 강한 민족으로서 궁지에 몰릴수록 스스로 자기보전의 지혜를 발동시킨다. 이같이 그 자신들은 데카당스(decadence: 유폐)와는 전혀 무관한 그 정반대의 사람들이었다. 이를 두고 니체는 적나라하게 "유대교와 기독교에서 권력을 행사하려는 사람을, 다시 말하면 선교사 스타일의 인간에게는 데카당스란 한 단순한 수단에 불과하다."[32]고 비판한다.

이러한 기독교는 유대교의 최후보루였다. "유대인들이 인류의 진실을 상실케 한 것은 가공할 만한 일이며, 오늘날 역시 기독교인 자신들이 유대교의 최후보루라는 것을 모르는 채 반유대적인 감정을 가지고 있다."는 사실도 그렇다. 플라톤은 물론이고 스토아학파들 모두를 그는 "유대적인 거짓믿음에 젖어 있는 사람들"이라고 밀어붙인다. 그것도 예수가 살아 있을 동안에는 신앙 그 자체로서 생기를 발휘할 수 있었으나, 예수가 죽은 후에 기독교는 본연 그대로의 참 예수를 왜곡하는 데에 앞장섰다. 예수가 십자가에 못 박힌 이후 어수선하고 긴박한 상황에서 예수의 제자들은 예수를 바로 볼 경황이 없었다. 예수는 어떤 성품을 가진 분이었던가? 예수는 무엇을 행한 분이었던가? 하는 등은 사라져 가고, 아니, 살아생전의 예수가 몸소 보여주었던 모든 상징과 사랑의 표현들 대신에 투쟁정신에서 나온, 다시 말하면 철저한 무저항주의 대신에 지배자의 질서로서 모습만 보여주게 되었다. 이마저도 바울은 제자들이 지녔던 원한을 왜 또한 이와 같은 일을

---

32) 같은 책, 45쪽.

허용했던가? 신은 그 아들을 희생양으로서 바쳤던 것이라고 하여 부활과 심판, 그리고 불멸의 교리가 권위를 확보하게 하였다. 그러나 니체는 이 모두가 예수 자신과는 무관한 일이라고 지적한다.

이 이후의 기독교 역사는 이러저러한 가치전도의 드라마였다. 특히 이 가운데서도 니체는 '예수회(Jesuitentum)'[33]에 대해서만은 경의를 표했다. 그러나 그 밖의 세속적인 도덕주의, 자연주의적-사회주의적 세계관 등에 대해서는 기독교적인 이상의 사이비 형태일 뿐이라고 니체는 비판한다. 여기서는 진리 그 자체가 중요한 것이 아니라 어떤 역할을 하는가가 중요하다. 그 한두 가지의 예가 교의이고 교리이다. 교리는 무능한 자들이나 열등한 자들을 설득시킨다. 가련한 사람들을 열광시키며, 그들의 열광하는 힘과 결합한다. 듣는 사람들을 들뜨게 하고 흥분시킨다. 이에 니체는 이러한 기독교가 인간 본래의 정신적인 능력을 무력한 것으로 만들어버렸다고 비판한다.

그렇다면 세계사적 연관성에서 기독교란 무엇인가? 니체는 기독교를 세계사 속의 여러 형태들 가운데 있는 하나의 종교로 본다. 이는 인류의 역사 전체가 기독교로 되었다는 사실을 부정하

---

33) 자유의지로서 청빈과 정결 그리고 순명을 서원하고 지키면서 공동생활을 하는 가톨릭 교회의 공동단체이다. 수도회의 기원은 동방에서 비롯되었고, 고대의 동양종교와 헬레니즘의 영향을 받았다. 기독교 초기의 박해로 은둔생활을 하면서 안토니우스(Antonius)를 흠모하기 위해 모인 신도들과 한 집에서 공동생활을 하게 된 것이 수도원의 모체가 되었다. 이런 가운데 1540년 예수회가 공식적으로 창립되어 함께 모여 기도만 하는 일에서 해방하여 교회의 외적 일에도 헌신하게 되었다. 이후 현재까지도 빈민구제와 학술활동 등의 인류문화에 공헌하고 있다.

는 것이다. 역사가 인간의 전형적인 형태의 한 상(像)이라면, 그
러한 역사는 인간 그 이상의 것으로 변하는 현실적 과도기라고
할 수 있다. 그러한 당시의 현실적 과도기란 허무주의34)를 극복
해야 할 시기였다. 허무주의란 현대에서 가장 위험한 것이므로
가장 위대하였다. 이 한가운데 서 있는 기독교는 고대문화의 한
소산으로서 형성되어 왔다. 그렇기 때문에 기독교의 진폭은 고대
문화에 대한 이해의 진폭이 된다. 지금이야말로 기독교를 바로
인식할 절호의 기회이다. 현재의 인류는 역사시대의 중간에 있으
므로 큰 행복을 만끽할 수 있다. 이러한 시기에 기독교는 우리의
최대관심의 대상이 된다. 바로 여기에서 니체는 인간존재의 필연
성과 인과관계를 가장 효과적으로 연구할 수 있다고 판단하였다.
다시 말하면 무력함에 들어 있는 원한을 통해 권력의지가 정신
적으로 창조적인 작용을 할 수 있다는 것이고, 그것이 곧 무력함
의 능력이라는 것이다.

여기에서 니체는 먼저 비교 내지 대비의 방법을 쓴다. 능력(힘)
과 무력, 데카당스와 생의 약동, 주인과 노예, 목사 스타일과 허
무주의 등이다. 이들 '사이(between)'에서 거짓들이 나타난다.35)
그러한 거짓들이 어떤 목적으로 사용되고 어떠한 결과를 낳는가
를 밝혀내는 것이 중요하다. 이런 건설적이고 창조적인 거짓이
기독교 특유의 파괴적인 거짓과 구별될 때 그 효과는 배가 된다.
여기서 니체는 그리스의 고대문화가 파산한 것은 기독교가 등장

---

34) F. Nietzsche, *Der Wille zur Macht. Versuch einer Umwertung aller
Werte*, Stuttgart, 1959, S.10-22. "Nihilismus als Konsequenz der bish-
erigen Wert-Interpretation des Daseins."

35) G. Deleuze, 이경신 옮김, 『니체와 철학』, 128-132쪽.

하였기 때문이고, 로마제국의 멸망도 기독교 때문이며, 또한 이슬람교의 절반의 성공도 기독교 때문이고, 문예부흥마저(루터의 과오) 기독교 때문이라고 하였다. 이러한 고찰은 기독교의 최후가 임박하였다는 니체 자신의 판단에서 나왔다. 기독교 자체에서 나온 이러한 위기를 기독교로부터 탈피할 수 있는 길은 무엇인가? 그 길은 허무주의에서 벗어나는 길이고, 인간존재로 전환하는 길이다. 그렇다면 인간에 의한 역사의 흐름은 어떤 의미를 가지는가? 지금까지는 얼마의 우연에 달려 있었다면, 이제 인간의 힘으로 새로운 역사를 만들어야 한다. 그것이 니체가 절규한 시대적 요구였다. 바로 대지(大地)의 출현이다.

지금까지 기독교가 인간을 어떻게 바꾸어놓았는가를 보면 인간이 어떻게 바꾸어질 수 있는가를 알게 된다. 이에 니체는 세계사 전체를 눈앞에다 두고서 이 시점이 바로 우리가 행해야 하는 '최고의 반성시기'라고 강변한다. 이러한 반성은 지금까지의 허무주의를 논리적으로나 심리적으로나 철저하게 관철할 수 있어야 한다. 그가 지목한 허무주의란 서양 전통 형이상학에서 가능하였던 초감성세계의 해체[36]뿐만 아니라, 서구문명 전체, 특히 그 기반이 되었던 기독교정신 전체에서 오는 종교적이고 철학적인 허무주의였다. 이처럼 허무주의를 철저히 반성함으로써 허무주의 그 자체에서 반대운동이 가능하게 되고, 그 가운데서 세계를 그 본래대로 긍정하는 새로운 세계관이 수립되어야 한다.

---

36) 전통적 형이상학은 이후 무의미한 것으로 되어 버리고 만다. 초감성적인 것이 감성적인 것의 무의미한 산물로 되어 버린다. 이에 허무주의가 날개를 달고 일어선다. 이러한 역사적 운동으로서 허무주의의 발단은 '신이 죽었다'는 선언에 기인한다.

3) 니체 철학에 대한 실존철학적 해석

니체 철학의 키워드는 생, 신의 죽음, 초인, 권력의지, 영겁회귀, 허무주의, 가치전도, 디오니소스, 생성 등이다. 이러한 개념들은 존재하는 것이 아니라 그때마다 생성하는 것이고, 초극하는 것으로서 소용돌이 그 자체인 것이다. 이러한 소용돌이를 바로 파악할 때, 우리는 그 소용돌이를 통해 그 이상의 것을 이해할 수 있게 된다. 특히 니체는 기독교를 통해서 기독교를 되돌아봄으로써 기독교에 대한 새로운 해석을 시도하였다. 역으로 말하면 이러한 기독교와의 소용돌이 속에서 니체의 기독교 시각이 형성된 것이다. 우선 예수에 대한 니체의 태도는 한편으로는 그의 생활태도의 순수함과 정직함에 대하여 경의까지를 표하면서도, 다른 한편으로는 현실적으로 인간을 데카당스로 처리해 버리는 데는 참을 수 없는 면을 보인다. 왜냐하면 데카당스란 살아 생동하고 상승하는 자기 자신을 파멸시키는 유폐이기 때문이다. 이러한 결과에서 오는 무저항의 능력이 예수의 본질이 되었고, 인류의 도덕이 되고 말았다. 그러니까 예수와 디오니소스는 극과 극이었다. 니체는 이러한 디오니소스를 대변한다. 십자가에서 예수의 죽음은 니체에게는 생의 몰락이었고, 생에 대한 탄핵이었다. 흐트러진 디오니소스마저 그에게는 생을 비극적인 환호 속에서 끊임없이 스스로를 새로 생성하게 하는 모습으로 보였다. 소위 "생성의 결백성"[37]인 것이다.

---

37) K. Jaspers, *Nietzsche. Einführung in das Verständnis seines Philoso-phierens*, 3. Aufl., S.189. "Unschuld des Werdens: ⋯ Wenn es wahr ist, dass wir, sofern wir an die Moral glauben, das Leben verurteilen,

니체는 자기 자신을 데카당스의 전형으로 보고, 그 극단으로까지 치닫고 나가 그 자신의 심연에서 그런 유폐를 자기 스스로 극복해 나갔다. 그 자신이 허무주의자이기 때문에 그런 허무주의를 극단으로까지 밀고 나가 허무주의를 극복하고 초극하고자 하였다. 그는 투쟁하면서도 평화를 지향하여 자신의 적마저도 친구로 맞이한다. 자기 스스로가 적이 됨으로써 적을 공격하지 않고, 오히려 그와 동참하여 하나로 된다. 이는 그가 기독교를 비판하면서도 기독교와 함께하고 있음을 의미한다. 이것이 그의 양면성이라 할 수 있고 모순이라고도 할 수 있다. 일자에서도 타자를 그대로 수용함으로써 그에게는 극단이나 대립이 무너지고 새로운 일자가 생성한다. 이러한 디오니소스는 유폐만이 아니라 새로운 상승인 것이다.

참으로 상승은 대립을 낳고, 그러한 대립은 극단을 낳는다. 투쟁은 대립에서 비롯된다. 그러한 대립이 극단에 이르면 그 역이 나타난다. 아무리 약한 것이라 해도 그것이 생명을 가지고 있는 한, 그것은 반드시 극단에 이르고 만다. 그렇게 되면 극단은 극단을 낳게 된다. 극단을 대신하는 것은 완화가 아니라, 또 다른 하나의 극단이다. 자연을 부도덕적이라고 규정하는 신앙은 신과 도덕적 세계질서에 대한 신앙을 불가능하게 한다. 이처럼 기독교에 대한 비판은 신이라는 것이 너무나 극단적인 가설이라는 것을 말한다. 니체는 누가 최대의 강자가 될 수 있는가 하는 물음에 대해서도 가장 절도 있는 인간이라고 답하고, 가장 극단적 신념을 필요로 하지 않는 인간이라고 답한다. 그러나 사실은 그 자

---

so ist die Folgerung: man muss die Moral vernichten, um das Leben zu befreien."

신이 가장 극단적인 사람이었다. 그렇다면 무엇이 그에게는 참이고 진리이며, 그 대상은 무엇인가? 한마디로 말하면 기독교를 타파하는 일이다. 이러한 타파의 의지는 기독교와 허무주의를 '새로운 철학'으로 극복하는 데 있다. 그러나 이러한 극복을 위한 이성적이고 합리적인 대안을 마련하기에는 니체 자신의 육체적-정신적 한계가 이미 현실로 다가와 있었다. 다만 그는 전체적인 체계만을 제시할 수 있었을 뿐이었다. 이를 야스퍼스는 "우리들이야말로 니체와 함께 소용돌이 속에 휘말려 들어가게 된다. 즉 그 자체로는 어디에서도 알 수 없는 진리가 도리어 모순을 통해서 모순 그 자체 속에 희미하게 나타나기 때문에, 그러한 모순이 우리로 하여금 안도감을 갖지 못하게 한다."[38]라고 정리한다. 오직 해체라는 표현으로서만 이해할 수 있는 대목이다.

그렇다면 우리는 니체를 어떻게 이해해야 하는가? 전통철학에서 중요한 두 가지는 철학의 개념과 체계였다. 그러나 니체에게는 이 두 가지 모두가 다 없다. 그 스스로가 철학의 본래적인 길을 벗어나 있기 때문이다. 참으로 가끔이기는 하지만 광신적이었거나 유희적이었고 정열적이었다. 오죽했으면 "사상의 공장에 임하듯 그의 저서를 읽어야 한다."고 하고, 그에게는 사실 "주저가 없다."[39]고 할 수 있는가 하면, 심지어 자신만을 따르는 "맹신자를 원하지 않는다."[40]고 했겠는가! 이러한 저서에는 그의 질병의 흔적도 함께 들어 있다. 그러한 흔적들을 제거하고 읽어야 그 자

---

38) K. Jaspers, 박준택 옮김, 『니이체와 기독교』, 117쪽.

39) K. Jaspers, *Nietzsche. Einführung in das Verständnis seines Philosophierens*, 3. Aufl., S.12.

40) 같은 책, S.29.

신의 진수, 그의 진리를 순수한 형태 그 자체로 파악할 수 있다. 이때 서로 상반되고 모순되는 것까지도 우리는 이해하게 된다. 그러므로 그의 진리를 명제로서 설정하고, 그런 관점에서 결과를 찾아내려 하는 것은 처음부터 잘못이다. 니체를 연구하기 위해서는 그 사상을 그가 직접 말하고 있는 내용에 따라 충분히 숙고하고 나서 자기지양을 해나가야 한다. 그는 모두를 그럴듯하게 말하나, 그런 내용을 우리는 부분이 아닌 전체로서 보아야 한다. 그러나 그 전체 모습이 어디에서도 나타나 있지 않으므로 모든 주장을 다시 지양시킬 수 있는 무한한 가능성의 변증법적 이해를 시도하여야 한다.

니체를 이해한다는 것은 니체 자신을 그대로 눈앞에다 두고 볼 때만 가능하다. 다시 말하면 그의 방대한 사유경험 전체를 짚어내야 한다는 말이다. 상대의 적마저 자기 자신으로 삼거나 혹은 적 그 자체 속에 들어가 스스로를 변신하는 변증법적 진폭의 니체야말로 어떤 특정한 성격의 '사상가'가 아니라, 그 자신이 바로 '예외자'[41]였다. 그는 소위 전통적 진리를 통해서는 어떠한 진리도 안정도 찾을 수가 없었다. 젊었을 때 그는 바그너의 팬이었다가 허무주의자로 돌아섰다. 그 후 비장한 감상주의자가 되었고, 또한 예언자가 되기도 하였다. 오히려 그 스스로는 이러한 모든 내용을 배격하였을 뿐만 아니라, 이러한 그 자신까지를 증오하여 극복하고자 하였다. 그럼에도 그 극복의 방향이 어디인가는 누구도 알 수가 없었다. 이러한 사실로 인해 니체를 무슨 철학파로 분류한다는 것은 사실상 불가능하다. 그러나 대체로 파스

---

41) K. A. Götz, *Nietzsche als Ausnahme. Zur Zerstörung des Willens zur Macht*, Freiburg, 1949.

칼, 키에르케고르, 도스토예프스키 등과 같은 계열로 간주한다. 이들 역시 각자들이 다 다르나, 인간존재의 세계사적인 전위과정에서의 위대한 희생자들이었다는 공통점을 갖는다. 이들에 대립되는 역사적 인물들은 바울, 아우구스티누스, 루터 등이라고 할 수 있다. 사실 니체 자신은 그들을 좋아하지 않았고, 심지어 그 자신까지도 좋아하지 않았다면, 이것마저 하나의 역설이다. 그러면서도 자기 자신을 끊임없이 조명하면서 그 자신만의 사유를 수행해 나갔기 때문에, 그에게 전천후로 통할 수 있는 그의 철학적 개념은 '생성'42)이라고 할 수 있고, '결백성'43)이라고 할 수 있다.

그렇다면 우리는 이러한 니체를 어떻게 보아야 하는가? 사람이라면 누구나 어떤 일이 진행되는 과정에 참여는 할 수 있으나, 그 자신이 바로 과정 자체로 될 수는 없다. 이 말은 우리가 최대한 경험을 살려 과정 그 자체로 다가갈 수는 있어도 바로 그 과정, 즉 니체 자신일 수는 없다는 말이다. 이러한 과정을 수행하는 데에는 어마어마한 모순이 수없이 따르게 된다. 그렇다고 자기 마음대로 유희와 같은 혼돈 속에 빠져 있어서도 안 되기 때문에, 과정의 운동으로 나타나는 궤도의 필연성을 쉼 없이 찾아 나서야 한다. 니체는 지금 우리 앞에 있으나, 이미 과거에도 있었기 때문에 우리로 하여금 그를 미래에서 새로 이해하게 해야 한

---

42) E. Fink, 하기락 옮김, 『니이체 철학』, 대구: 형설출판사, 1984, 250쪽.
43) K. Jaspers, *Nietzsche. Einführung in das Verständnis seines Philoso-phierens*, 3. Aufl., S.150. "Er nennt es 'Schaffen'. Schaffen ist die höchste Forderung, das eigentliche Sein, der Grund alles wesentlichen Tuns."

다. 이러한 이해는 한 방향이 아니다. 해석의 가능성은 한없이 열려 있다. 그래서 모호하다. 그럼에도 그는 우리로 하여금 우리 속 깊이 내재하는 응어리를 풀어주곤 한다. 다시 말하면 그가 우리에게 하나의 길을 제시해 주지는 않는다. 신앙을 가르쳐주지도 않지만, 무신앙을 가르쳐주지도 않는다. 안정을 가르쳐주지도 않지만, 불안정을 가르쳐주지도 않는다. 그래서 우리를 괴롭히기까지 한다. 오히려 그는 우리를 허무 속에다 집어넣고 우리에게 더 넓은 신천지의 세계를 열어 펼쳐 보인다. 이러한 신천지를 통해 인간 자신의 지반이 무너지고 없음을 확인시켜 우리로 하여금 참다운 근거를 새로 마련할 수 있도록 한다. 이를 위해 니체는 우리에게 여러 가지를 요구하나, 그 어느 하나도 바라지 아니하고, 그 모든 요구를 다시 지양해 버리고 만다. 오직 우리 자신으로 되돌아가 스스로 행하기를 바란다. 모든 책임은 나 자신의 실존으로 되돌아오고 만다.

여기에서 야스퍼스는 우리에게 먼저 경험적이고 합리적인 재검토를 통하여 결정할 수 있는 것을 구별해 내도록 요구한다. 이때 니체 자신의 생동성(진실성)을 수용하되, 그 사실내용을 우리가 얼마나 알고 얼마나 모르는가, 혹은 우리가 규명할 수 있는가, 없는가를 검토해야 한다. 둘째는 그러한 사실내용의 본질에서 니체에 대한 새로운 가치평가를 검토하도록 해야 한다. 이는 그러한 사실내용을 우리 자신의 내면성에서 깊게 짚어내야 한다는 말이다. 그리고 셋째는 니체 자신의 철학적 사유를 짚어내되, 특히 우리는 그의 변증법적인 사유과정44)을 눈여겨보지 않으면 안

---

44) cf. G. Deleuze, 이경신 옮김, 『니체와 철학』, 279-284쪽.

된다. 여기서도 여전히 변증법적이라고 말하고 있지만 사실은 역설과 모순 혹은 부정성으로 짚어내야 하는 내용들이다.

이러한 니체의 철학적 사유 속으로 깊숙이 들어가 보면, 철학적 사유 그 자체 내에 그의 살아 있는 철학적 내용이 들어 있다. 이를 이해하기 위해서는 고도의 자유함을 필요로 한다. 이러한 자유함이란 내 마음대로 이렇게 저렇게 할 수 있는 자의적인 것이 아니다. 오히려 지금까지 살아온 인간의 세계사적 깊이에서 나오는 철학함이고, 인간 자신에게도 알려지지 않은 철학함이며, 오직 생에 충만한 철학함인 것이다. 그러므로 니체는 처음부터 궤변이나 몰인식, 도취나 임의적인 충동 등의 인간을 거부하였다. 그러한 인간들을 '귀찮은 찬미자들', '차라투스트라의 원숭이들'이라고 하고, "자격도 없고, 적임자도 아닌 자들이 나를 권위로서 끌어낼 것"이라고 하였다. 이처럼 니체는 자신의 철학에 기만당하고 오도되는 인간을 타도의 대상으로 삼았다. "나는 오늘날 이러한 사람들을 위해서 광명이 되고 싶지도 않고, 광명으로 불리고 싶지도 않다."고 강변하는가 하면, "눈이 부시게 해주마. 나의 예지의 번갯불이여! 그들의 눈을 파내라!"라고도 주장한다.

4. 맺는 말

여기서 우리는 현존하는 현대의 몇몇 철학자들의 니체 해석에 대한 전형을 고찰함으로써 야스퍼스의 니체 해석과의 차이점을 마지막으로 짚어보고자 한다. 먼저 핑크(E. Fink)는 후설과 하이데거의 제자로서 니체를 일종의 실존론적이고 존재론적인 입장에서 해석한다.[45] 그러나 하이데거가 니체 철학을 서양 근대의

주관주의적 형이상학을 완성한 철학으로서 해석한 반면에, 핑크
는 그러한 니체 철학에서의 유희개념을 세계의 상징성으로서 부
각시켜 전통적인 형이상학을 극복하는 새로운 존재경험을 형상
화한다. 그는 먼저 헤겔과 니체를 대비하여 헤겔이 유럽의 전체
정신사를 하나의 합리적이고 체계적인 발전과정으로 이해했다면,
니체는 그러한 정신사를 비합리적인 몰락과정으로 이해했음을
강조한다. 니체의 과거에 대한 부정과 전통철학에 대한 파기는
동일한 역사의식의 발단에서 그 역의 진전임을 밝힌다. 여기서는
탄탄하고 논리적인 개념과 체계보다는 무한한 정열과 날카로운
재치, 섬뜩한 방식의 가면과 익살, 그리고 한없이 이어지는 유희
등이 진실을 가린 유럽의 허무주의를 더욱 적나라하게 폭로한다.
그래서 그는 니체의 철학을 '가면 뒤에 숨겨진 철학'으로 전면에
다 내세운다. 인간존재란 미궁이고, 니체 자신이 미궁이라는 것
이다. 이의 철학적 기반은 참된 현실이란 생성일 뿐, 존재가 아
니라는 사실에 근거한다. 그러므로 존재자의 현상을 부정하고,
객관으로서의 그 의미도 부정한다.

　이에 대해 뢰비트(K. Löwith)의 니체 해석[46]은 존재와 생성을
유희로 인식함으로써 어떠한 형이상학의 존재론적 틀에서도 벗
어날 수 있었다. 그렇다면 니체를 보는 눈높이에 따라 그 결과는
달라질 수 있다는 말이 된다. 이를 뒷받침이라도 하듯이 히르쉬
베르크는 무엇보다 논리적이고 체계적인 눈높이(아리스토텔레스,
헤겔)에서 보았을 때 니체야말로 열정적인 예술애호가로 평가될

---

45) E. Fink, 하기락 옮김, 『니이체 철학』.
46) K. Löwith, *Nietzsches Philosophie der ewigen Wiederkehr des Gleichen*,
　　Stuttgart, 1956.

수도 있고, 횔덜린(Hölderlin) 등에서는 사상의 체험을 언어적 비유(比喩)로도 표현될 수 있을 것이라 하였다. 그럼에도 불구하고 전체적으로 뢰비트는 니체의 철학적 체계를 '잠언(Aphorism)'[47]으로 해석하면서 그의 중심사상인 신의 죽음과 초인, 그리고 권력의지와 가치의 전도, 이들 가운데서도 영겁회귀의 철학을 중심적으로 해석한다. 권력의지는 자신을 미래로 기투하는 힘이고, 영겁회귀는 모든 형식을 모두 파괴하는 힘이다. 이는 새로운 철학의 생성을 위한 것이다. 이러한 영겁회귀는 모든 미래를 되풀이시킴으로써 현재를 낳고 과거를 낳는다. 그러나 이 현실은 권력에로 의지와 함께하는 영겁회귀인 것이다.

이들과는 달리 들뢰즈(G. Deleuze)의 니체 해석[48]은 우리가 다시 주목해야 하는 그의 생성철학에 근거한다. 생성이란 존재가 아니면서도 존재의 한 면을 가진다. 그렇기 때문에 존재하면서도 존재하지 않는 것이 생성이다. 달리는 무한대의 열차 안에서 달리는 승객과 같다. 열차도 달리고 승객도 달린다. 그럼에도 평행선으로만 달리지 않고, 엇박자로도 달린다. 아니 그 이상으로 달린다. 어느 한순간도 정지하지 않는다. 니체의 생성과 들뢰즈의 생성이 서로 만나고, 그 만남이 또한 새로운 생성을 낳는다. 니체는 들뢰즈를 만나서 더 많은 자신의 것을 들뢰즈식으로 표현하게 되고, 들뢰즈는 니체를 만나서 더 많은 것을 니체식으로 표

---

47) 야스퍼스는 니체의 사상을 잠언적인 이해방식이나 체계적인 설명방식으로 밝혀낼 수 없음을 강조한다. 다만 그의 운명 전체를 미학적으로 볼 수 있는 니체의 인격성과 역사적 근거에 대한 신비적 상징성, 그리고 진리와 가치에 대한 심리학적 태도방식을 밝혀 나가는 것이 니체 해석의 전형적인 방식임을 강조한다.

48) G. Deleuze, 이경신 옮김, 『니체와 철학』.

현하게 된다. 그러나 그 어느 하나도 일치하지 않고 완결되지 않는다. 완결되지 않는 상황을 개념적으로 생성이라 했다. 이러한 생성이란 들뢰즈에게는 '둘 사이에 있음'인 것이다.

여기서 가능한 것이 들뢰즈의 니체 생성과 니체의 들뢰즈 생성이다. 이 둘의 생성은 다른 생성이 아니라, 동일한 생성의 다른 이름이다. 이러한 생성에는 '반응적 생성'과 '적극적 생성'이 있다. 반응적 생성이란 니체의 동일성에로의 회귀이고 이는 부정성에 근거하며, 적극적 생성은 니체의 차별성에로의 회귀이고 이는 긍정성에 근거한다. 나치주의에서처럼 반응적 생성을 통해서는 허무주의에 이르게 되고, 적극적 생성을 통해서는 그러한 허무주의에 도전하게 된다. 허무주의를 부정하고 비판하는 힘과 새로운 사유함을 가능케 하는 힘이 권력의지이고 영겁회귀이다. 영겁회귀란 되가짐을 말하고, 동일한 것의 반복을 의미하지 않는다. 소위 차이를 말하고, 그러한 차이는 새로운 생성을 말한다. 그래서 들뢰즈에게는 '차이와 반복'이란 "과거 텍스트를 현재 텍스트에서 순수하게 되가짐"을 의미함으로써 과거의 텍스트와는 아주 다르게 쓰는 내용이다. 니체와 철학은 들뢰즈가 니체를 되가지는 것이되, 이는 동일한 반복이 아니라, 되가져 새로 되는 것이다. 니체가 들뢰즈를 만나고, 들뢰즈가 니체를 만나 새로운 생성을 이룩하게 된다. 이 양자만이 아니라, 이들 가운데 있는 우리 자신이 새로 생성하게 된다. 이들 사이에서 새로운 삶, 새로운 방식, 그리고 새로운 사유가 생성한다. 그러나 여기에서는 생철학적 요소와 실존의 초월적 요소로서 영성은 없다. 과거가 아니고 미래이고, 테스트가 아니고 삶이며, 해석이 아니고 철학인가 하면, 존재가 아니고 생성이 우선이다. 이때 신의 죽음은 새로운 대지의 출현으로 이어지고, 이것 역시 '생성의 결백성'에서 가능하게 된다.

이러한 비교연관성에서 보면 야스퍼스는 자신의 정신병리학적 연구결과49)를 근거로 하여 니체의 현실을 한편으로는 의학적-심리학적으로, 그리고 다른 한편으로는 (실존)철학적으로 해석하였다. 그 결과 야스퍼스에게 니체의 철학은 질병의 흔적으로도 보였으나, 그런 흔적 자체를 이해하기 위해서는 철학의 부분이 아니라 그의 철학 전체에서 보아야만 했다. 그러나 그의 철학 전체는 어디에도 존재하지 않았다. 여기에서 그를 바로 이해하기 위해서는 역설이 필요하였고, 그런 역설은 모순에서 비롯되었다. 이것이 때로는 변증법적으로 둔갑하기도 하였다. 이는 분명 그의 철학 전체가 존재하지 않음을 의미하고, 앞뒤가 서로 맞지 않음을 의미함으로써 모순 그 이상의 생성임을 말한다. 야스퍼스의 니체 해석 이후 50, 60여 년이 지나 비저(1991)마저도 인간 본연에서 오는 실존의 자기동일화를 여전히 구가하고 있음은 인간실존의 영구함을 강조하기 위해서임이 분명하다. 그러므로 우리는 생성철학으로서 야스퍼스의 니체 생성과 니체의 야스퍼스 생성을 현대를 살아가고 있는 우리의 끝없는 지표로 삼을 수 있을 것이다. 왜냐하면 그러한 생성의 철학이야말로 우리 스스로에게 '철학(Philosophie)'이 아니라 '철학함(Philosophieren)'을 일깨워 주고 있기 때문이다.

---

49) L. Binswanger, "Karl Jaspers und die Psychiatrie", in: Hans Saner (Hrsg.), *Karl Jaspers in der Diskussion*, München, 1973, S.21-32.

죄책을 짊어지는 실존

박은미

1. 들어가는 말

야스퍼스는 한국의 철학계에서 주목받는 철학자는 아니지만 야스퍼스의 철학이 주목받을 만하지 못한 것은 아니다. 하버마스 역시 야스퍼스가 자신이 이룩한 성과에 값하는 영향사적 반향을 얻지 못했음을 지적하고 있다.[1] 야스퍼스는 세계대전이라는 격

---

* 이 글은 한국야스퍼스학회 제1회 학술발표회(2007년 2월 23일)에서 발표한 글을 수정 · 보완한 것이다.

1) 위르겐 하버마스, 홍윤기 옮김, 『의사소통의 철학』, 민음사, 2004, 7쪽. 학계에서의 야스퍼스 철학의 위치는 아이러니한 측면이 많다. 하이데거는 전쟁 중에 히틀러 정권에 일종의 부역을 하였지만 학계에 자리를 구축했고 후대 연구가도 많다. 이에 비해 전쟁 중에 유대인 부인과의 이혼을 거절한 대가로 히틀러 정권으로부터 핍박을 받아 교수 지위도 잃고 출판도 금지당했던 야스퍼스는 오히려 전후에 독일 국민의 정치적 죄책을 주장했으나 환영받지 못했고 결국은 독일을 떠나는 선택을 함으로써 마치 독일의 학자가 아닌 듯한 대우를 지금까지도 받고 있다. 그리하여

동의 시대에 나치정권으로부터 출판을 금지당하고 교수직에서 해직되면서도 저작활동을 계속하면서 자신의 실존적 자유를 유지하려고 노력한 철학자이다. 자신의 경험으로 인해 정치적 자유가 없는 실존적 자유는 없음을 뼈저리게 느꼈기에 "정치적 결과가 없는 철학은 없다."[2]는 입장에서 자신의 철학의 정치적 결과에 대해 지대한 관심을 가지고 있었던 철학자였다. 그리고 "사유만 가지고서는 철학을 할 수 없고 철학은 자기화를 통해서만 가능하다."[3]는 주장을 하면서 시대와 호흡하고 시대를 선도하는 철학을 하기 위해 노력했던 철학자이다. 후버(Gerhard Huber) 역시 야스퍼스가 '진정한 철학'과 '철학의 이름만 가진 철학' 사이에는 명확한 구분이 이루어져야 한다고 주장했다고 보면서, "진정한 철학은 시대와 역사적 상황에서 인간이 직면하게 되는 인간 현존의 근본문제와 씨름한다."[4]고 말한다. 이 글에서는 죄책 개념이 야스퍼스 철학의 이러한 특징을 잘 보여주는 개념이라고

야스퍼스의 제자는 독일 대학에서 자리를 잡지 못했고 그로 인해 자연히 야스퍼스 철학을 연구하는 학파도 형성되지 못했으며 야스퍼스 철학의 학풍은 은근히 배척당해 왔다. 독일을 떠난 야스퍼스 개인의 선택으로 인해 야스퍼스 철학에 대한 의도적 평가절하가 이루어진 측면이 있고 이와 맞물려서 후대에 야스퍼스 철학 연구의 입지를 좁혀지는 결과가 나타난 것이라고 여겨진다.

2) Karl Jaspers, "Philosophische Autobiographie", *Philosophie und Welt*, R. Piper & Co. Verlag, München, 1958, S.365.

3) Karl Jaspers, *Philosophie II: Existenzerhellung*, Springer Verlag, Berlin/ Heidelberg/New York, 1973, S.283.

4) Gerhard Huber, "The Significance of Jaspers for our time", Leornard Ehrlich and Richard Wisser eds., *Karl Jaspers Today*, Center for Advanced Research in Phenomenology & University Press of America, Washington D.C, 1998, p.402.

보고 죄책을 짊어지는 실존이 무엇을 할 수 있는가, 왜 필요한가의 문제에 관심을 두고자 한다.

인간이 가장 하기 힘든 일이 자신의 죄책을 깨끗하게 인정하고 그 죄책을 짊어지는 일일 것이다. 이것은 아주 어려운 일이지만 죄책을 짊어지는 태도를 가질 때에 비로소 인간사회에서 난맥상으로 얽힌 문제들이 풀리기 시작하는 경우가 많다. 죄책을 지는 태도는 죄책을 지는 주체에게는 죄책으로 인한 무의식적 부담을 벗어나게 하는 효과가 있고, 그 죄책으로 인해 원한을 가지게 된 사람에게는 죄책을 범한 사람을 미워해야 하는 정신적 부담에서 벗어나게 하는 효과가 있다. 그리고 죄책을 지는 태도를 가질 때에야 동일한 잘못을 하지 않을 수 있게 된다.

전후에 야스퍼스는 독일 국민에게 정치적 죄책을 질 것을 요구했지만 야스퍼스가 보기에 독일 국민은 죄책을 제대로 지지 않았다. 야스퍼스는 죄책을 지라는 주장을 하는 자신을 배척하는 독일 국민에게 실망하고 스위스 바젤로 떠나 바젤 시민권을 얻은 후 그곳에서 죽는다. 죄책을 진다는 말에는 죄를 저질렀음을 인정한다는 의미와 책임을 진다는 의미가 포함되어 있다. 인간사에서는 의도하지도 않았고 예측할 수도 없었지만 그 결과에 책임을 져야 하는 일이 생길 수 있다. 그런데 의도하지 않은 결과에 대해 책임을 진다는 것은 인과계열에 종속되지 않는 결단을 통해서 가능해진다. 야스퍼스는 우리에게 책임의식의 확장을 요구하면서 죄책을 짊어지는 실존이 될 것을 역설하는데, 죄책을 짊어지는 실존은 죄책의 한계상황을 한계상황으로 수용하여 죄책을 짐으로써 그리고 죄책을 통해 정화됨으로써 가능해진다.

2. 죄책의 한계상황 5)

야스퍼스는 한계상황을 한계상황으로 받아들여야 실존이 된다고 주장한다. 죽음, 고통, 투쟁, 죄책의 한계상황을 한계상황으로 받아들인다는 것은 이 한계상황들이 피할 수 있는 '상황'에 불과한 것이 아니라 피할 수 없는 한계상황임을 받아들인다는 것을 의미한다. 야스퍼스에 따르면 한계상황을 회피하지 않고 직면하면 오히려 한계상황을 넘어설 수 있는 기반이 마련된다.6)

인간은 죽을 수밖에 없고 살아 있는 동안 고통을 당할 수밖에 없으며 살기 위해서는 투쟁하지 않을 수 없다. 한계상황에 죄책의 한계상황이 포함되는 것에서 우리는 야스퍼스 철학의 특징을 엿볼 수 있다. 죽음, 고통, 투쟁의 한계상황의 경우와 죄책의 한계상황은 좀 다른 측면이 있다. 죽음, 고통, 투쟁의 한계상황보다 죄책의 한계상황을 한계상황으로 받아들이는 것이 더 어렵기 때문이다. 인간이기에 죽을 수밖에 없고 고통을 받을 수밖에 없고 투쟁을 할 수밖에 없다는 것을 받아들이기보다 죄책이 있다는 것을 받아들이기가 더 어렵다. 죽음의 한계상황을 한계상황으로 받아들인다는 것은 '인간은 죽는다'를 받아들이는 차원을 넘어서 '나는 죽는다'를 받아들이는 것이며, 고통의 한계상황을 한계상황으로 받아들인다는 것은 '내가 존재하는 한 고통을 겪는다는

---

5) 이 절은 박은미, 「사회적 실존의 가능성: 야스퍼스 실존개념의 재해석」, 이화여대 박사학위논문, 2006, 35-53쪽을 요약하면서 수정·보완한 것이다.

6) 여기에는 일종의 비약이 관련되는데 이에 대해서는 박은미, 「사회적 실존의 가능성: 야스퍼스 실존개념의 재해석」, 35-58쪽 참조.

것은 불가피한 상황이다'를 받아들이는 것이며, 투쟁의 한계상황을 한계상황으로 받아들인다는 것은 '투쟁을 회피하고 존재할 수 있는 방법은 없다'는 것을 받아들이는 것이다. 그런데 죄책의 한계상황을 한계상황으로 받아들인다는 것은 '인간은 고통받고 투쟁하는 삶 속에서 존재 자체로 죄를 짓지 않을 수 없다'는 것을 받아들이는 것이다. 죽고 고통을 겪고 투쟁하는 것은 내가 존재하기 때문에 어쩔 수 없이 닥치는 상황이지만 그로 인한 죄책까지 진다는 것은 과도하다고 느끼게 되기 때문에 죄책의 한계상황을 한계상황으로 수용하는 것에는 더 큰 어려움이 따른다.

죄책은 우선 거부감을 느끼게 하는 용어이다. '내가 죄를 지었다'는 것을 수용하기는 쉽지 않다. 태어난 것이 죄는 아닐 터인데 태어났기 때문에 부수적으로 일어나는 현상을 죄책으로 감수한다는 결정은 쉬운 일이 아니다. 그런데 인간이 존재 자체로 타인에게 부담인 것은 사실이고 이를 야스퍼스는 죄책이라는 용어로 설명하는 것이다.

> "내가 현존하면서 내 삶의 조건들을 유지시키기 위해 다른 사람과 싸우며 다른 사람에게 고통을 주기 때문에 나에게는 착취를 통해서 산다는 죄책이 있다. 비록 내 쪽에서도 나 자신의 고통과 삶의 기본전제들을 충족시키기 위한 노동에서의 수고와 결국 나 자신의 몰락을 통해 대가를 지불한다고 할지라도 말이다."[7]

따지고 보면, 내가 존재하고 산다는 것 자체가 다른 존재에게는 부담일 수 있다. 내가 마시는 물과 공기는 내가 마시지 않았

---

7) Karl Jaspers, *Philosophie II: Existenzerhellung*, S.246.

으면 다른 누군가가 마실 수도 있을 물과 공기이다. 내가 지금의 사회적 지위를 차지하고 있기 때문에 다른 사람은 이 자리를 차지하지 못한다. 인용문의 주장대로 나의 삶을 유지하기 위한 노력이 결국은 다른 사람을 힘들게 하는 것과 연관되기 때문에 아무리 내가 노동을 해서 얻는 등의 대가를 치른다고 해도 거기에는 죄책이 따른다. 더 나아가 야스퍼스는 "나는 버려야 할 단점이 있을 뿐만 아니라 내가 사는 한 항상 다른 단점이 만들어지는 것을 보아야만 한다."[8]고 말한다. 사실 산다는 것은 자신의 한계와 타인의 한계를 감당한다는 것이다. 그러나 대개의 인간은 자신의 한계를 목도하기를 거부하고 타인의 한계를 감당해야 한다는 현실을 회피하고자 노력한다.

이 태도는 죄책의 한계상황을 한계상황으로 수용하지 않는 태도로 연결된다. 대개의 인간은 자신에게는 죄책이 없다거나 죄책을 피할 수 있다고 생각하면서 죄책의 한계상황을 한계상황으로 받아들이지 않는다. 야스퍼스는 한계상황 없이 삶으로써 죄책으로 인한 긴장을 피할 수 있다고 생각하는 사람들이 다음과 같이 말한다고 지적한다. "원래 그런 것이다, 이런 상황을 바꿀 수 없다, 현존재가 그러한 것에 대해 나는 책임이 없다."[9] 이는 어차피 생존경쟁은 있을 수밖에 없고 누구나 이기고 싶어 하므로 생존경쟁에서 이기고자 하는 것은 인간으로서 당연한 일이라면서 자신에게는 죄책이 없다고 생각하는 태도, 즉 죄책을 거부하는 태도이다.

---

8) 같은 책, 같은 곳.
9) 같은 책, S.248.

"내가 세상 돌아가는 것을 한번도 돌아보지 않음으로써 나는 한계상황을 더욱 극단적으로 은폐한다. 우리는 서로서로에게 도움을 주고 헌신하고 이용하며 정당한 질서에서는 착취가 사라질 것이라고 생각한다.[10] 혹은 나는 추상적이고 도덕적인 일관성 안에서 내가 동기라고 표현하는 것을 나의 존재라고 생각하면서 (한계상황을 — 필자의 역주) 회피하려고 한다. 나는 이 존재를 자주 그 순수성을 위해 투쟁하는 현상적인 가능적 실존과 혼동한다. 가능적 실존으로서의 나에게 현실성이 말을 건다는 것을 부인하며 내가 이를 거절했다는 것조차 의식하지 못한다."[11]

우리는 내가 세상에서 살기 편리한 위치에 있을 때 이것이 어떤 희생을 딛고 서 있는 편리인가를 생각하고 싶어 하지 않는다. '세상 돌아가는 것을 돌아보지 않고' 싶고 '현실성이 말을 거는 것'에 귀 기울이고 싶지 않다. 그러나 약자의 위치에 놓이게 될 때 강자였을 때 가졌던 그 편리가 사실은 약자의 희생에 기반한 것임을 알게 된다. 인간의 삶이 그러한 사슬로 이루어져 있으며 그 사슬에서 자신이 때로는 강자의 위치에 서고 때로는 약자의 위치에 선다는 것을 받아들이면 죄책의 한계상황을 한계상황으로 수용하게 된다. 그러나 대부분의 경우엔 약자로의 추락이 두렵기 때문에 약자로 추락되지 않는 방법에 대해 기민하게 고민

---

10) 야스퍼스는 정당한 질서에서는 착취가 사라질 것이라고 생각하는 것에 반대한다. 야스퍼스에 따르면, 더 정당한 질서를 구축하기 위해 노력해야 하는 것은 당연한 일이지만 어떤 정당한 질서에서는 착취가 사라질 것이라는 생각은 현실적이지 않다. 인간이 사는 한 다른 사람을 착취하는 결과를 완전히 피할 수 없으며 다만 우리가 할 수 있는 노력은 덜 착취적인 사회가 되도록 노력할 수 있을 뿐이라는 입장이다.

11) Karl Jaspers, *Philosophie II: Existenzerhellung*, S.248.

하면서 자신이 절대로 약자의 자리에 놓이지 않을 것이라고 생각하고 싶어 한다. 그래서 자신이 강자의 자리에 있는 것은 자신의 노력 때문이라고 정당화하며 계속 노력하는 한 자신은 강자의 자리에서 내려오지 않을 수 있을 것이라고 생각하고 싶어 한다. 그래서 야스퍼스는 "현실성이 말을 건다는 것을 부인하며 내가 이를 거절했다는 것조차 의식하지 못한다."고 말하는 것이다.

또한 야스퍼스는 '부작위의 죄책'에 대해서도 언급한다. 야스퍼스는 "나의 행위의 결과에 대해 내가 겁을 먹을 때 나는 인생에 들어서지 않고 아무것도 하지 않음으로써 죄책을 피할 수 있다고 생각하게도 된다."[12]고 하면서 부작위의 죄책을 피하고자 하는 인간의 모습을 지적한다.

> "내가 참여하지 않기 때문에 일어나는 일에 대해 나의 한계상황에서 나는 책임을 진다. 내가 행할 수 있는데도 행하지 않는다면 나는 나의 행하지 않음의 결과에 대해 책임이 있다. 내가 행위하든지 행위하지 않든지 간에 두 가지 모두 결과가 있고, 각각의 경우에 나는 피할 수 없이 죄책으로 빠지게 된다."[13]

행함에도 행하지 않음에도 어떤 결과가 있고 그 결과는 나로 인한 것임이 틀림없다. 그래서 죽음, 고통, 투쟁의 한계상황을 한계상황으로 받아들인 실존은 다른 사람의 희생을 담보로 하고 있는 자기 자신에 대한 죄책을 느끼게 되기 때문에 죄책의 한계상황도 한계상황으로 받아들이게 된다. 행함으로 인한 죄책이든

---

12) 같은 책, S.247.
13) 같은 책, 같은 곳.

행하지 않음으로 인한 죄책이든, 죄책의 한계상황을 한계상황으로 받아들이는 실존은 "내가 원하지 않는 일인데도 나로 인하여 일어나는 일에 대해 의식적으로 받아들이는 일"[14]을 한다. 이는 '목숨이 붙어 있는 게 죄'라는 인식과 맥을 같이한다. 태어난 것도 선택한 것이 아닌데 태어났기 때문에 죄책을 져야 한다는 것은 언뜻 억울하다는 느낌을 주지만 살아 있는 동안 죄책을 피할 수 없음은 인간에게 주어진 현실이다. 이에 대해 흔히 보일 수 있는 반응은 "야스퍼스는 그것을 죄책이라 명명하지만 나는 그것을 죄책이라 칭해야 할 이유를 모르겠다."이겠지만 실존이라면 그것을 죄책으로 명명해야 함을, 힘들더라도 그것을 죄책으로 받아들여야 함을 알게 되는 것이 인생의 과정일 것이다. 이를 죄책이라고 명명하지 않을 때 우리는 인생의 많은 어려움들 속에서 인생을 그저 고통의 도가니로만 인식하게 된다. 죄책을 짊어지는 실존이 되어야 한다는 야스퍼스의 주장은 인간의 비극적 현실을 있는 그대로 인정하고 수용함으로써만 진정으로 자기 자신의 삶을 살 수 있기 때문에 받아들여야 할 주장이 된다. 이 비극적 현실을 죄책으로까지 명명하면서 적극적으로 수용하지 않으면 인간은 이 비극적 현실을 거부하느라 인생을 낭비하게 될 것이다.

이렇게 야스퍼스는 일반적으로는 죄책이라고 명명하고자 하지 않게 되는 것까지 죄책이라고 명명하면서 인간이 죄책이 없기를 바라는 것은 불가능하다고 선포한다. 그래서 실존이라면 더 이상 죄책이 없기를 바랄 것이 아니라 만들지 않을 수 있는 죄책이라도 만들지 않으려는 노력을 해야 한다는 것이다. 내가 살아 있기

---

14) 같은 책, 같은 곳.

때문에 불가피하게 저지르는 죄책은 차치하고라도 부도덕한 행위와 같은, 만들지 않을 수 있는 죄책이라도 저지르지 말아야 한다는 것이다. 중요한 것은 죄책 자체에서 벗어나는 것이 아니라 — 죄책 자체에서 벗어날 방법은 없으므로 — "본래적이고 깊이 있고 피할 수 없는 죄책으로 가기 위하여 피할 수 있는 죄책을 현실적으로 피하는 것"15)이라고 야스퍼스는 말한다. 여기서 피할 수 있는 죄책이란 만들지 않을 수 있는 죄책, 즉 우리가 도덕적인 잘못, 법률상의 죄라고 칭하는 것을 말한다. 실존은 만들지 않을 수 있는 죄책은 만들지 않아야 하고, 피할 수 없는 죄책의 경우에는 죄책으로 느끼고 감당해야 한다. 피할 수 없는 죄책을 어쩔 수 없는 일이었다는 식으로 정당화하지 않고 자기의 죄책으로 감당해야 실존일 수 있다.

지금까지 본 바와 같이 죄책의 한계상황은 자신이 의도하지 않았지만 자신의 행위나 부작위(不作爲)로 인해 야기된 결과에 대해 책임을 떠맡아야 하는 한계상황이다. 쿠르트 잘라문도 야스퍼스가 "자기의 행위나 또는 무위(無爲)에 의해서 불가피적으로 짊어지는 죄에 대해서 일체의 책임을 의식적으로 떠맡지 않으면 안 된다."16)고 보았음을 인정했다. 야스퍼스는 죄책이 피할 수 없는 인간의 근본현실임을 역설함으로써 우리에게 인간이라는 존재 자체의 그늘을 인식하게 한다. 야스퍼스는 "책임은 피할 수 없는 죄책을 자기의 것으로 받아들이는 실존적 열정에까지 이른다."17)고 말한다. 그래야만 비극적인 현실을 딛고 선 실존이 자

---

15) 같은 책, S.248.

16) 쿠르트 잘라문, 정영도 옮김, 『칼 야스퍼스』, 이문출판사, 1996, 81쪽.

17) Karl Jaspers, *Philosophie II: Existenzerhellung*, S.248.

신의 현실을 있는 그대로 수용하고 현실의 비극적 상황에 휘말리지 않는 결단을 할 수 있을 것이다. 이 결단으로의 비약은 실존에게 정화를 선물로 안겨준다.

3. 죄책과 정화

인간은 상호 연관된 존재이기에 타자의 고통과 죄책이 나 자신의 고통이나 죄책과 무관하지 않다는 현실에 봉착하게 된다. 나의 고통이 너의 죄책으로 인한 것이기도 하고, 너의 고통이 나의 죄책으로 인한 것이기도 하다. 또 너의 죄책이 너만의 죄책은 아니고 나의 죄책과도 연관된다. 고통을 주려는 의도 없이도 상대방에게 고통을 줄 수 있고, 어떤 경우에는 서로 곁에 존재한다는 것만으로도 고통을 줄 수 있다는 인간존재의 현실을 자각한 실존은 나 자신의 죄책을 감당하면서도 상대방의 죄책을 탓하지 않는 태도를 가지게 된다. 상대방의 죄책은 상대방이 감당해야 할 것이기 때문에 나는 상대방의 죄책을 탓할 필요가 없는 것이다. 내가 탓한다고 해서 죄책을 감당하지 못한 채 현존재의 차원에 있는 상대방이 죄책을 감당한다는 보장이 있는 것도 아니고, 내가 탓하지 않는다고 해서 그 사람에게 죄책이 없는 것도 아니기 때문이다. 죄책을 짊어지는 실존은 자신의 죄책을 짊어지는 데에 집중하기 때문에 타인의 죄책을 비난하는 데에 관심을 기울이지 않는다.

우리는 통상적으로 자신의 죄책에 대해 주의를 기울이기보다는 타인의 죄책에 주의를 기울이게 된다. 자신의 죄책은 보고 싶지 않기 때문에 자신도 모르게 은폐하게 되지만 타인의 죄책을 보는 것은 자신의 자만심을 보존시켜 주기 때문에 은근한 쾌감을 느끼게 만든다. 그런데 야스퍼스가 생각하는 실존은 죄책의 한계상황을 한계상황으로 받아들이기 때문에 타인의 죄책을 보는 것에서 쾌감을 느끼지 않게 된다. 타인의 죄책을 보면 인간의 죄책을 느끼게 되고 그러는 동시에 곧 자신의 죄책의 존재에 대해 의식하게 되기 때문이다. 즉 타인의 죄책이 타인만의 문제가 아니며 결국은 인간 공동의 문제임을 알기 때문에, 그래서 타인의 죄책을 보는 순간 자신의 죄책의 존재를 의식하게 되기 때문에 타인의 죄책을 무의식적으로 즐기지 않게 된다. 자신의 죄책은 은폐하면서도 타인의 죄책에 더 관심을 기울이게 된다는 인간의 현실은 인간이 죄책의 한계상황에 처해 있음을 다시 한번 확인하게 해준다.

　야스퍼스가 말하는 죄책에는 개인적 차원의 죄책이 있고 집단적 차원의 죄책이 있다. 야스퍼스는 죄책을 범죄적, 도덕적, 형이상학적, 정치적 차원의 네 가지 차원으로 구분한다. 범죄적 차원에서의 죄책을 저질렀을 경우에는 법관 앞에 서게 되고, 도덕적 차원에서의 죄책을 저질렀을 경우에는 자신의 양심이라는 심급 앞에 서게 되고, 형이상학적 차원에서의 죄책[18]을 저질렀을 경우

---

18) 형이상학적 죄책에 대한 야스퍼스의 설명은 다음과 같다. "각자로 하여금 세계의 모든 부당함과 불공평함에 대하여, 특히 우리 시대에 우리가 알면서도 방조한 범죄에 대하여 함께 책임을 지게 만드는 인간 사이의 연대가 있다. 이러한 범죄를 막기 위하여 내가 할 수 있는 것을 하지 않았다면 나 역시 죄책의 부담을 져야 한다. 다른 사람들이 살해될 때 내 생명을 걸지 않고 그저 지켜보기만 했다면 법률적, 정치적, 도덕적인 측면에서는 문제가 되지 않지만 나는 어떤 죄책이 있다고 느끼게 된다. 그러한 일이 일어났는데도 나는 여전히 살아 있다는 것은 지울 수 없는 죄책으로 나에게 남는다. … 형이상학적인 면에서의 죄책과 관련해서는 구

에는 초월자 앞에 서게 된다. 형이상학적 차원의 죄책은 인간이 인간으로 존재하기에 피할 수 없는 죄책이다. 이는 세계의 부당함과 불공평함에 대해, 그래서는 안 된다는 것을 알고 있으면서도 막지 못한 각종 잘못들에 대해 그것을 막기 위해 자신이 할 수 있는 것을 하지 않았을 때 지게 되는 죄책이다. 이는 '살아남은 자의 슬픔' 같은 것이다. 어느 누구도 죄책이라고 지적하지 않는다 해도 '살아남은 자'는 스스로 의식적으로든 무의식적으로든 죄책을 지게 된다. 이러한 야스퍼스의 형이상학적 죄책의 개념에 대해서는 "가장 고차원적인 죄책"[19]이라는 평가가 지배적이다.

인간의 목숨이 관련되는 사회위기의 시기에 우리는 야스퍼스의 말대로 "아무런 성과 없이 조건 없이 생명을 걸 것이냐, 아니면 성공의 가능성이 희박하기 때문에 목숨을 부지할 것이냐의

체적인 상황에서의 그리고 시 작품과 철학 저작에서의 계시는 가능하지만 개인적인 전달은 거의 불가능하다. 언젠가 무조건성에 다다랐던 그러나 이 무조건성을 모든 인간에게 알려줄 수 없다는 실패를 경험한 사람들은 이러한 형이상학적 죄책을 가장 깊이 의식한다. 구체적으로 밝혀낼 수는 없지만 어쨌든 일반적으로만 해명할 수 있는 계속 현존하는 자(살아남은 자 - 필자의 역주)의 부끄러움이 있다. … 형이상학적 죄책은 신 앞에서 인간의 자기의식이 변화하는 결과를 낳는다. 자만은 사라진다. 내적인 행위를 통한 자기변화는 적극적인 생활의 새로운 근원으로 이끌어질 수 있다. 그러나 이러한 자기변화는 신 앞에서 자기를 낮추고 모든 행동이 교만이 불가능한 분위기에서 이루어지는 겸손 속에서 사라지지 않는 죄책의식과 연관된다." Karl Jaspers, *Schuldfrage*, Heidelberg: Lambert Scheneider, 1946, S.32-34.

19) Krystina Gorniak-Kocikowska, "Freedom and Responsibility in Jaspers and Nietzsche", Leornard Ehrlich and Richard Wisser eds., *Karl Jaspers: Philosopher among Philosophers*, Königshausen & Neumann, 1993, p.93.

선택의 기로"[20])에 서게 된다. 이 선택의 기로에서 대부분의 인간들은 희박한 성공의 가능성에 자신을 걸기보다는 목숨을 부지하는 쪽을 선택한다. 그로 인해 형이상학적 죄책이 생긴다. 인간의 역사에는 이러한 형이상학적 죄책이 생긴 예가 많다. 형이상학적 죄책을 의식하든 의식하지 않든 간에 '형이상학적 죄책이 있다'는 것이 인간의 현실이라는 것이 야스퍼스의 생각이다. 이 형이상학적 죄책을 제대로 질 때에는 자기의식이 변화하게 된다. 형이상학적 죄책을 지게 되면 '살아남은 자'가 가지게 되는 의식적, 무의식적 부담이 해소되면서 인간이 처해 있는 실존적 조건을 그대로 받아들이게 되고, 그럼으로써 실존적 선택을 할 수 있는 힘이 더 생기기 때문이다. 야스퍼스는 "형이상학적 죄책은 신 앞에서 인간의 자기의식이 변화하는 결과를 낳는다. 자만은 사라진다."[21])고 표현한다. 스스로 형이상학적 죄책이 있음을 받아들이게 되면 '나는 존재 자체로 죄가 있다'는 인식을 하게 되고 인간 존재의 그 '어쩔 수 없음'에 무릎 꿇게 되기 때문에 정화의 길에 들어서게 된다.

야스퍼스에 따르면, 도덕적, 형이상학적 죄책을 개개인에 관련시켜 말하게 될 때 판단하는 사람의 태도와 정조를 보고 판단을 하는 권리가 있는지 없는지를 알 수 있다.[22]) 즉 판단하는 사람이 죄책을 함께 지면서 말하는가 그렇지 않은가, 내부로부터 말하는가 외부로부터 말하는가, 자기를 조명하는[23]) 사람으로서 말하는

---

20) Karl Jaspers, *Schuldfrage*, S.33.
21) 같은 책, S.34.
22) 같은 책, S.41.
23) 자기를 조명한다는 것은 자기를 성찰한다는 의미이다.

가 고발자로서 말하는가, 다른 사람으로 하여금 스스로를 바라볼 수 있도록 하기 위해서 가까운 사람으로서 말하는가 단순히 공격하기 위하여 국외자로서 말하는가, 친구로서 말하는가 적으로서 말하는가 하는 것에서 그 판단하는 사람이 판단의 권리를 가지는지의 여부를 알 수 있다는 것이다. 야스퍼스는 판단하는 사람이 내부로부터 죄책을 함께 지면서 말하고, 자기를 조명하는 사람으로서 말하고, 다른 사람으로 하여금 스스로를 바라볼 수 있도록 하기 위해서 가까운 사람으로서 말하고, 친구로서 말한다면 판단의 권리를 가진다고 주장한다.

죄책의식에 기반해 있는 실존은 죄책의 문제와 관련하여 공격을 받았을 때 반격하지 않는다. 죄책의식을 가지지 않을 때 인간은 타인의 공격에 대해 반격으로 대응한다. 그러나 진실로 죄책의식을 가지고 있다면 외부의 공격은 그리 큰 문제가 되지 않는다. 야스퍼스는 "내적인 동요가 우리를 사로잡는다면 외적인 공격은 표면적으로만 우리를 스쳐 지나갈 뿐"[24]이라고 말한다. 죄책의식을 자기화하고 나면 잘못되고 부당한 비난도 평화롭게 받아 넘기게 된다. 자부심과 고집이 녹아 없어지기 때문이라는 것이 야스퍼스의 설명이다.

야스퍼스는 자신의 존재의식이 변화할 정도로 진실하게 죄책의식을 느끼는 경우, 그래서 자기의식이 강제적으로 새로운 형태의 자기의식으로 되는 경우에는 비난을 받으면서도 오히려 그 비난을 하는 사람을 걱정한다고 말한다.[25] 자기의식이 강제적으로 새로운 형태의 자기의식으로 된다는 것은 죄책의식을 통해

---

24) Karl Jaspers, *Schuldfrage*, S.104.
25) 같은 책, S.105.

존재의 내적 전환을 하게 된다는 의미이다. 죄책의식을 짊어지지 않은 경우에는 자신은 죄책과 무관하다고 생각하기 때문에 쉽게 비난의 말을 던지게 되는데 죄책의식을 가진 사람은 그렇게 쉽게 비난하는 사람을 보고 그 비난하는 사람이 죄책의식을 가지고 있지 않음을 걱정하게 된다는 것이다. 그 사람이 비난하는 것을 보면 그 사람이 자기 자신은 그 비난의 내용과 무관하다고 느끼고 있다는 것을 의미하는데, 이는 그가 죄책의식을 짊어지지 않고 있다는 것을 의미하고 결국 그렇게 죄책의식을 회피하는 만큼 그 사람은 자기 자신일 수 없을 것이기 때문이다.

　야스퍼스는 "죄책은 죄책을 가진 사람이 스스로 죄책이 있음을 알든 모르든 간에 외부적으로 현존재에 영향을 끼치고 내부적으로는 죄책 안에서 자신을 통찰해 볼 때 자기의식에 영향을 끼친다."[26]고 한다. 죄책은 자신이 의식하고 있든 의식하지 못하고 있든 간에, 의식적, 무의식적으로 자신에게 영향을 끼친다는 것이다. 죄책을 무의식적 부담으로 가지고 있을 경우에 자기 자신이 되는 과정이 더욱 지난해질 것이다. 오히려 죄책을 의식하고 죄책을 질 때에 죄책으로 인한 과도한 부담에서 벗어날 수 있게 된다. 그래서 야스퍼스는 "우리에게 비난을 하도록 놔둘 준비가 되어 있어야 하고 비난을 듣고 난 후에 그 비난을 검증할 준비가 되어 있어야 한다."[27]고 말한다. 그래서 야스퍼스는 자신에 대한 공격을 피할 것이 아니라 오히려 찾아야 한다는 입장을 취한다. 이를 야스퍼스는 공격이 자신의 사유를 조절해 주기 때문이라는 말로 설명한다.[28] 야스퍼스에 따르면 그 대신 우리의 내

---

26) 같은 책, S.34.
27) 같은 책, S.106.

적인 태도가 우리를 지키게 된다.29) 이렇게 내적 태도가 변하는 것이 정화이다.

야스퍼스는 인간존재의 내적 변화가 문제해결의 출발점이라고 본다. 그러나 이러한 야스퍼스의 태도가 인간이 처한 현존재적 조건의 문제를 도외시하고자 하는 것은 아니다. 야스퍼스가 보기에는 현존재적 조건을 구축하는 것이 인간이고 인간의 내면이 현존재적 조건을 형성하는 기본바탕이 되기 때문에 인간의 내적 변화가 중요하다. 야스퍼스의 철학이 지향하는 바는 "개인의 사고방식의 변화에 근거를 둔 우리 공동의지의 변화"30)이다.

왜 내적 변화가 요구되는가? 인간사회에서 드러나는 모든 문제는 인간의 내면과 연관되어 있기 때문이다. 우리는 자신도 모르게 한 행위가 자신의 무의식을 반영하고 있음을 느끼곤 한다. 자신의 행위에 반영된 자신의 무의식을 보며 괴로워하지 않는 사람은 없을 것이다. 야스퍼스는 인간의 행동이 인간의 표상, 형상, 방향설정의 결과라고 본다. 행동은 인간의 방향설정의 결과인데 인간행위의 결과가 항상 의도에 부합되게 나타나는 것은 아니다. 야스퍼스는 이러한 의도하지 않은 인간행위의 결과, 즉 기술적, 경제적, 사회적, 정치적 결과는 "항상 인간행위의 바탕이

---

28) 이러한 공격의 주고받음이 사랑하면서의 투쟁의 형태로 이루어져야 하는 것은 물론이다. 사랑하면서의 투쟁에 대한 설명은 박은미, 「사회적 실존의 가능성: 야스퍼스 실존개념의 재해석」, 100-110쪽 참조.

29) Karl Jaspers, *Schuldfrage*, S.105.

30) Karl Jaspers, *Die Atombombe und die Zukunft des Menschen-Politisches Bewußtsein in unsere Zeit*, R. Piper & Co. Verlag, München, 1960, S.458; 김종호 · 최동희 옮김, 『원자탄과 인류의 미래』, 문명사, 1972, 235쪽.

되는 인간의 마음자세(Gesinnungen)의 무의식적인 결과들"[31]임을 주장한다. 그렇기 때문에 야스퍼스 철학에서는 인간의 마음자세를 가다듬는 것이 바람직한 현존재적 조건을 만들기 위해서도 꼭 요구되는 일이다. 잘라문 역시 야스퍼스가 나치정권을 가능하게 했던 사회적, 경제적, 정신적인 전제를 검토하고 철저하게 반성하지 않으면 안 된다고 보았음을 지적한다.[32]

인간의 내면에 없는 것은 행위로 드러나지 않는다. 이러한 인간 내면의 어떠한 결여가 집약적으로 분출되면 그것이 사회문제로 드러나게 된다. 인간이 겪는 문제의 근원은 항상 외부에도 있지만 내면에도 있다. 내면에는 문제가 없다는 인식으로는 실질적으로 문제를 해결하기가 힘들다. 내면에는 문제가 없다는 인식은 자신의 내면의 문제를 보지 못하고 자기정당화에 빠져 있을 때 하게 되는 인식이다. 자신의 내면의 문제를 외면하는 것은 문제해결에 필요한 태도를 가지지 못하게 하고 외부로 비난의 화살을 돌리도록 하는 결과를 초래한다.

지금까지 본 바와 같이 이러한 내적 변화는 죄책을 질 때에 일어나게 된다. 야스퍼스의 말대로 "죄책은 자기정당화를 가장 극단적인 방식으로 부순다."[33] 마음자세를 가다듬는 데에는 죄책을 지느냐 지지 않느냐가 굉장히 중요하다. 죄책을 지지 않으려고 하는 경우에는 인간의 근본현실인 죄책을 피하기 위해 너무나 많은 정신적 에너지를 소모하게 되기 때문에 마음자세를 가

---

31) 칼 야스퍼스, 신옥희 · 변선환 옮김, 『계시에 직면한 철학적 신앙』, 분도출판사, 1989, 320쪽.
32) 쿠르트 잘라문, 정영도 옮김, 『칼 야스퍼스』, 121쪽.
33) Karl Jaspers, *Philosophie II: Existenzerhellung*, S.247.

다듬을 수 없다. 마음은 아무것도 방어하지 않을 수 있을 때 평정을 찾게 되고 그때서야 외부환경을 자기 방식으로 왜곡시켜[34] 받아들이지 않게 된다. 자신의 경향성상 어떤 것을 왜곡하게 되는지 파악하게 될 때 인간은 자신의 현존재적 경향성을 극복할 수 있는 힘을 가지게 된다. 이러한 과정이 바로 정화(Reinigung)이다.

> "정화는 인간으로서의 인간이 가야 할 길이다. 죄책에 대한 사유의 전개에서의 정화는 그 안에서의 한 계기일 뿐이다. 정화는 외적인 행위나 마법에 의해서 일어나는 것이 아니다. 오히려 **정화는 결코 끝나지 않는 지속적인 자기됨의 내적인 과정이다.** 정화는 우리의 자유의 문제이다. 각 개인은 언제나 다시 정화되느냐 그렇지 않느냐 하는 갈림길에 서 있게 된다."[35]

---

34) 이러한 왜곡이 철학의 영역에서도 일어나는 것을 야스퍼스는 다음과 같이 지적한다. "철학들은 표상과 사유방식들을 산출해 내고 있다. 그러나 그것들이 세계를 움직이는 것이 아니라 오히려 그것들을 받아들이거나 건성으로 듣거나 오해하는 가운데 왜곡시키는 인간들이 세계를 움직인다. 인간들이 그러한 사유로부터 무엇이 결과될 것인지를 결정한다. 실제로 인간사유의 역사는 진리를 왜곡시키는 불행한 과정인 것처럼 나타난다. 즉 역사의 과정에서 위대한 진리들은 개별적으로 분출되어 나타났다가도 곧 왜곡의 조류에 휩쓸려버리게 됨을 볼 수 있는 것이다."(칼 야스퍼스, 신옥희·변선환 옮김, 『계시에 직면한 철학적 신앙』, 320쪽) 건성으로 듣거나 오해하는 것은 자신에게 유리한 방향으로 전유하고자 하는 욕구 때문에 일어나는 일이다. 철학의 영역에서도 특정의 이론을 타당하다고 여기게 되는 철학자 개인의 경향성이 있다. 철학의 영역에서든 사회문제를 논의하는 영역에서든 인간은 왜곡을 하게 되고, 자신의 경향성에 입각해 판단하게 되므로 자신의 경향성을 아는 것, 자신이 어떠한 방식으로 왜곡하는 경향이 있는지를 아는 것은 매우 중요하다. 죄책을 져야 한다는 야스퍼스의 주장이 가치 있게 여겨지는 것은 이러한 경향성을 파악하는 것은 죄책을 짊어지는 것에서부터 시작되기 때문이다.

죄책을 짊어지는 것과 정화되는 것은 상호 공속적인 관계이다. 죄책을 져야 정화가 되고 정화가 되어야 죄책을 제대로 질 수 있다. 1946년 야스퍼스의 저작 『죄책문제』는 인간에게는 "인생이 지속되는 한 언제나 가능한 것을 포착하는 진실한 사려 깊음과 겸허와 절제가 필요하다."[36)는 언급으로 끝난다. 진실한 사려 깊음과 겸허와 절제는 정화된 실존의 표징이라고 해야 할 것이다.

4. 죄책을 짊어지는 실존

야스퍼스의 실존개념에 대한 설명은 우리에게 지나치게 이상적으로 보이기도 한다. '그렇게만 될 수 있다면 좋겠지만 그것이 실현 가능할 것인가?'의 의문이 사람들을 지배하곤 한다. 그러나 야스퍼스의 철학은 우리에게 어떻게 그렇게 될 수 있는가의 방법을 제시한다는 의의를 지닌다. 설사 야스퍼스가 말하는 죄책을 짊어지는 실존이 되는 것이 현실적이지 못하고 그래서 죄책을 짊어지는 실존이 되는 조건이 사실은 반사실적 조건에 불과하더라도 야스퍼스 철학은 그 출발점을 우리에게 알려주고 있는 것이다.

사실 죄책은 너무나 무겁다. 죄책에 대해서는 가능한 한 의식하지 않고 질끈 눈을 감아버리고 싶어진다. 그러나 죄책에 대한 긴장을 늦출 때 새로운 죄책이 생겨난다. 새로운 죄를 짓게 되는 것이다. 죄책을 진다는 것은 자책감으로 우울해진다는 것을 의미하지 않는다. 죄책을 진다는 것은 과거의 실수에서 배울 것을 배

---

35) 강조는 필자. Karl Jaspers, *Schuldfrage*, S.103.
36) Karl Jaspers, *Schuldfrage*, S.106.

워서 그 교훈을 미래를 위해 생산적으로 사용한다는 것을 의미한다. 야스퍼스는 이를 "죄책을 밝히는 것은 우리의 새로운 삶과 그 가능성을 밝히는 것이다. 이로부터 진지함과 결단이 나온다."[37]는 말로 표현했다. 죄책의 한계상황을 한계상황으로 수용한다는 것은 역으로 생각하면 인간존재는 죄책을 피할 수 없기 때문에 자신의 죄책에 지나치게 죄의식을 가지지 말아야 한다는 함축을 줄 수도 있다. 죄책의식이 지나쳐서 아무 행위도 할 수 없다거나 지나치게 괴로워하게 된다는 것은 죄책의 한계상황을 한계상황으로 수용하지 못했기 때문에 일어나는 일이기도 하다. 죄책의식이 지나쳐서 아무 행위도 할 수 없거나 지나치게 괴로워하게 된다는 것(이를 '죄책의 지나친 자기화'라 칭할 수 있겠다)은 그러지 말았어야 한다는 생각에 압도된다는 것인데, 인간이 죄책의 한계상황을 피할 수 없다면 '그러지 말았어야 하지만 인간의 한계상 그렇게 될 수밖에 없다'는 측면도 받아들이게 될 것이기 때문이다. 죄책의 지나친 자기화는 다르게 보면 교만이나 자만의 일환이기도 하다. 자신이 그렇게까지 죄책을 질 정도의 인간이라는 전제가 그를 지나치게 죄책으로 몰아넣는다. 그의 무의식에는 자기는 다른 사람들과는 차원이 다르다는 생각이 숨어 있다. 다른 사람들과 차원이 다르기 위해서 그는 자신을 지나친 죄책으로 몰아넣는다. 이렇게 보면 죄책의 한계상황을 한계상황으로 받아들인다는 것은 죄책을 지면서도 죄책을 지나치게 자기화하지 않고 앞으로 죄책을 만들지 않을 수 있는 방법이 무엇인가를 고민할 수 있게 된다는 것을 의미하게 된다.

---

37) 같은 책, S.102.

어느 시대, 어느 지역에서든 죄책을 짊어지는 실존이 필요하다. 인간의 역사는 인간을 인간답게 하는 것을 방해하는 현존재적 조건과의 투쟁의 역사였다. 이러한 투쟁에서 가장 문제가 되어 왔던 것은 현존재적 조건과의 싸움이 자칫하면 그 현존재적 조건에서 이득을 보는 집단들과의 싸움으로 환원된다는 것이었다. 우리에게는 현존재적 조건과의 투쟁이 요구되는데, 실질적으로 이 투쟁이 자주 그 현존재적 조건에서 이득을 보는 사람들과의 이익투쟁으로 저열화되는 문제를 겪게 된다. 이러한 문제를 피하면서 실질적으로 문제를 해결할 수 있도록 하는 출발점은 내부의 문제 근원과 외부의 문제 근원을 파악하여 없애고자 하는 노력, 죄책의식을 짊어지고 스스로를 정화하고자 하는 노력이다. 정화되지 않은 결과 자기 내면의 문제를 보지 못하면 외부 문제와의 싸움이 한계에 부닥치게 된다. 내면의 문제가 외부의 문제와 무관하지 않고 일상생활에서의 폭력이 사회의 폭력과 무관하지 않기 때문이다. 야스퍼스는 다음과 같이 일상의 폭력이 정치의 폭력으로 되는 문제를 지적한다.

"일상생활에서는 폭력이 언제나 자유로운 이성과 투쟁한다. 설명을 중단시키는 명령적인 말, 반항심을 도발하는 말, 이성적 자의, 일방적인 결정, 계약이나 계약에 해당하는 일정한 영역에 한정되지 않는 명령 등은 가정의 개인적인 분위기 속에서 또 사무실의 공동작업 중에서 폭력을 시도한다. 그러한 폭력성은 결국 전쟁으로 터지고 만다."[38]

<hr>

38) Karl Jaspers, *Vom Ursprung und Ziel der Geschichte*, R. Piper & Co. Verlag, München, Dritte Auflage, 1949, S.215; 백승균 옮김, 『역사의 기원과 목표』, 이화여대 출판부, 1987, 278쪽. 야스퍼스는 다음과 같이

자기 내면의 문제를 보지 못하면 생산적인 분노를 하지 못하고 상대방을 적으로만 규정해 버리는 파괴적인 분노를 하게 된다. 그렇게 되면 상대방을 배제하고 억압하는 방식으로 문제를 해결하려고 하게 되기 때문에 한계에 부닥치게 되는 것이다. 이러한 한계를 피할 수 있게 하는 것은 죄책을 짊어지는 것으로부터 시작될 수 있다.

선한 의도가 항상 선한 결과를 가져오지는 않는다. 이것이 인간의 현실이다. 우리가 고민해야 할 것은 선한 의도가 선한 결과를 가져올 수 있도록 하려면 어떤 조건을 지켜야 하는가를 밝히는 것이다. 선한 의도가 선한 결과를 가져오도록 하려면 인간들의 무의식적인 방향설정이나 그로 인한 결과들을 모두 고려해야 한다. 그러나 이는 불가능하다. 그러나 이러한 고려를 위한 출발은 죄책을 짊어지는 것으로부터 시작해야 한다는 것이 우리가

"개인적인 것은 정치적인 것이다."라는 명제를 선취하고 있다. "변화는 모든 사람들에 의해 그가 살아가는 방식에 따라 일어날 수 있을 뿐이다. 처음에는 오직 그 사람 자체가 문제이다. 수없이 많은 사람들의 모든 소소한 행동, 모든 말, 모든 태도가 본질적이다. 전체적으로 일어나는 일은 다수라는 익명성 안에서 행해지는 것의 징후일 뿐이다. 이웃과 평화롭게 살지 못하는 사람, 나쁜 행동으로 다른 사람의 인생을 어렵게 만드는 사람, 남몰래 남의 불행을 기원하는 사람, 중상모략하는 사람, 거짓말하는 사람, 결혼생활에서 바람을 피우거나 부모님을 공경하지 않거나 자녀양육에 책임을 지지 않는 사람, 그리고 법을 어기는 사람들은 자신들의 행위를 통하여 – 이러한 행위들은 닫힌 지하실에서 행해질지라도 결코 개인적일 수는 없다 – 세계의 평화를 방해한다. 이들은 대규모로 확장해서 보았을 때 인류의 자기파멸을 가져올 일들을 소규모로 행하는 것이다. 인간의 존재와 행위에는 정치적인 의미를 가지지 않은 것이 없다." Karl Jaspers, *Die Atombombe und die Zukunft des Menschen-Politisches Bewußtsein in unsere Zeit*, S.50.

야스퍼스 철학에서 얻어낼 수 있는 바이다.

죄책을 짊어지는 태도를 가질 때 용서도 받을 수 있다. 미움은 인간에게 굉장한 심리적 부담을 주고 또 삶에의 의지를 꺾는 작용을 하기 때문에 미워하는 사람도 미움으로 인해 고통받는다. 그래서 미워하는 사람도 미움을 버리고 용서하고 싶어지는데, 이때 용서의 가장 기본적인 조건은 잘못을 한 사람이 죄책을 짊어지는 것이다. 야스퍼스는 독일 국민들이 죄책을 지지 않는다고 비판했지만 전후 독일의 태도와 일본의 태도를 비교해 보면 그래도 독일이 죄책을 짊어지는 태도를 가졌음을 알 수 있다. 어느 쪽이 바람직한가는 말할 필요가 없을 것이다.

죄책을 짊어지는 태도는 우리 모두에게 필요하지만 특히 정치인들에게 요구된다.[39] 정치인들의 결정에 전쟁이 일어날 수도 있고 일어나지 않을 수도 있고, 사회구성원들이 자살을 할 수도 있고 자살하지 않을 수도 있기 때문이다. 야스퍼스는 핵전쟁의 위험을 지적하면서 정치지도자 개인의 성향이 엄청난 결과를 초래할 수 있음을 경고했다. 사람들은 흔히들 핵전쟁이 일어나면 핵전쟁을 결정한 정치지도자도 공멸할 것이 자명한데 핵전쟁이 일어나겠느냐는 생각을 하지만 그런 생각만으로는 핵전쟁의 위험에 제대로 대처할 수 없다는 것이 야스퍼스의 생각이다.

어떠한 정치지도자를 선택하느냐의 문제와 관련해서도 정화의 문제를 생각해 볼 수 있다. 정치지도자를 선택하는 데에도 투표

---

39) Krystina Gorniak-Kocikowska 역시 이러한 입장에 서 있다. Krystina Gorniak-Kocikowska, "Freedom and Responsibility in Jaspers and Nietzsche", Leornard Ehrlich and Richard Wisser eds., *Karl Jaspers: Philosopher among Philosophers*, Königshausen & Neumann, 1993.

에 참여하는 사람들의 내면의 문제가 연관된다. 투표에 참여하는 사람들이 죄책을 짊어지는 태도로 정화의 방향으로 가고 있지 못하면 정화의 방향으로 가고 있는 사람을 정치지도자로 뽑지 못하게 된다. 어떤 지도자를 선택할 것인지, 우리가 원하는 지도자를 선택할 수 있는 시스템을 어떻게 구축할 것인지의 문제를 포함하여 우리는 많은 문제를 고민해야 한다. "모든 인간은 자신이 어떻게 통치되는지에 대해 책임이 있다."40)는 야스퍼스의 말은 지금 이 시대 우리에게도 필요한 말이다.

죄책을 짊어지는 실존은 현대의 생태학적 위기와 관련해서도 힘을 발휘할 수 있다. 지구가 견딜 수 없는 수준의 무한정한 소비를 함으로써 생태시계가 9시 20분을 가리키고 있는 현실은 죄책을 지지 않는 태도 때문에 나타난다. 우리 각자가 생태학적 위기에 책임을 져야 하고 이 위기의 근본적인 원인을 제거하는 책임을 져야 하는데, 이러한 책임의 감당은 야스퍼스가 말하는 죄책의 한계상황을 한계상황으로 받아들일 때, 그리고 이 죄책의 대상을 비인류로까지 확대할 때 가능해진다. 죄책을 짊어지는 태도는 생태학적 책임을 자신의 책임으로 받아들이는 것을 가능하게 한다. 책임의 윤리를 주장하는 요나스 역시 "인간을 의무지음으로 불러내는 인간 내면성"41)에 기대는데, 이 내면성의 문제를 야스퍼스는 죄책을 짊어지는 태도, 정화의 개념을 통해 잘 설명하고 있다.

죄책을 짊어지는 실존과 관련하여 몇 가지 의문이 가능하다.

---

40) Karl Jaspers, *Schuldfrage*, S.31.
41) 한스 요나스, 한정선 옮김, 『생명의 원리: 철학적 생물학을 위한 접근』, 아카넷, 2001, 541쪽, 「옮긴이의 해제」.

실존의 본래적인 선택이 진정으로 본래적인 선택이 되도록 하려면 자기 안의 정화가 요구되고 정화는 죄책을 짊어지는 것으로부터 시작된다. 그런데 완전히 정화되고 나서야 어떠한 선택을 할 수 있다고 한다면 이는 어느 누구도 본래적인 선택을 하지 못한다는 주장이 될 것이다. 실존은 정화하려고 노력하면서 정화되지 않은 자신에 입각하여 선택을 하고 그 선택이 본래적 선택으로서는 어떤 측면에서 미흡했는지를 살펴봐야 하는 부담을 가진다. 이러한 부담을 견딜 수 있는 힘을 우리는 가져야 한다.

이와 연관하여 죄책을 짊어지는 실존이 얼마나 적극적으로 행위할 수 있는가도 의문으로 남을 수 있다. 죄책을 지다가 죄책의식에 압도당해서 자기 자신을 유지하지 못할 정도가 되어서는 안 될 것이다. 야스퍼스도 "책임 때문에 실존은 지양할 수 없는 중압하에 서 있다."[42]고 말한다. 이러한 중압의 긴장을 견디고 유지할 수 있는 것은 정화를 통해서만 가능할 것이다. 그리고 죄책의식을 지면서도 그것이 자신의 존재를 유지하지 못할 정도가 되지 않도록 정화하는 것은 상당히 지난한 과정을 통해서 가능할 것이다. 이 지난한 과정에는 무의식의 의식화라는 어려운 작업이 포함되어야 한다. 무의식적 작용에 입각한 언어의 기만적 사용이나 자기정당화를 피할 수 있어야만 정화가 이루어질 수 있을 것이기 때문이다. 그리고 타자와 자기 자신의, 집단과 집단 간의 엇갈림이 어떠한 무의식적 지형에서 이루어지는지까지도 파악할 때에야 죄책을 짊어지는 실존이 그 힘을 발휘할 수 있을 것이다.

---

42) Karl Jaspers, *Philosophie II: Existenzerhellung*, S.248.

야스퍼스의 비극이해

홍경자

1. 들어가는 말

야스퍼스는 허구에 바탕을 둔 비극(Tragödie)을 동아시아에서
는 볼 수 없고 서구에서만 존재하는 중요한 특징 중의 하나로 규
정하고 있다.[1] 동아시아에서의 문학의 대상은 허구가 아닌 사실
에 근거를 두고 있기 때문에 변형을 기피하는 일상성에 충실한
실천적 정신을 중시한다. 이러한 실천적 정신에서는 비극의 근본
요소가 되는 "모든 불행, 재난 그리고 악은 존재할 필요가 없는
일시적인 장애에 지나지 않는다. 세계에 대한 정당화나 존재와
신에 대한 고발은 없고 오직 탄식만이 있을 뿐이며, 절망으로 인

---

1) H. Gross는 그의 논문 「일본에서의 비극」(in: *Hochland 61*, 1981, S.
373-378)에서 야스퍼스의 이러한 입장을 강하게 비판한다. 그에 따르면,
야스퍼스는 사무라이 에토스(Ethos)가 비극적인 특성을 지녔음에도 불구
하고 일본의 문학작품 안에 나타난 비극성은 전혀 고려하지 않는 실수를
범했다고 주장하고 있다.

한 염세도 없고 태연한 인내와 죽음만이 있을 뿐이다. 해소할 수 없는 갈등이나 어두운 전도는 없고 근본적으로 모든 것들은 원래 밝고 아름답고 참되다."²⁾ 무서운 것과 놀라운 것이 경험되고, 비극적 의식에 의해 해명된 문화, 즉 서구에서와 마찬가지로 두려운 것과 놀라운 것을 알고 있기는 하지만 동양의 생활감정은 서구에 비해 훨씬 밝다는 점에서 비극을 발생시키는 근거인 투쟁도 반항도 일어나지 않는다.³⁾

이와는 달리 그리스에 기반을 두고 있는 서구에서는 동아시아에서 볼 수 있었던 "비극이 없는 안전감, 자연스럽고 숭고한 인간성, 세계에 안주하는 마음, 구체적인 직관의 풍요함"⁴⁾ 등은 상실된다. 그로 인해 서구에서는 일상성에 충실하기보다는 피안에 대한 생각, 신과 본질, 운명과 인간의 취약성을 초월한 영웅주의, 고통의 고결한 역할, 기이한 사건, 절대성의 성격, 디오니소스적 열광, 전체를 위한 개인의 희생, 비극적 긍정의 초월적 성격 등 보통 사람들의 일상성을 초월하는 곳에서 비극적인 것을 추구하고 있다. 이러한 비일상성에 대한 추구에서 차안과 피안, 시간적인 것과 영원한 것, 유한한 것과 무한한 것 등이 서로 만나게 됨으로써 인간들은 존재와 가상, 자아와 세계의 분열이라는 세계 그 자체의 불일치와 모순을 체험하기에 이른다. 이러한 체험을 통해 비극적 대립(der tragische Gegensatz)이 성립되며, 이러한 대립이 비극을 결정짓는 중요한 근본요인이 된다.

비극의 개념을 최초로 정의한 아리스토텔레스(Aristoteles)는

---

2) K. Jaspers, *Von der Wahrheit*, München, 1947, S.921.
3) 같은 책, 같은 곳.
4) 같은 책, 같은 곳.

그의 저서 『시학(*Poetik*)』에서 비극에 대해 설명하면서도 파괴와 죽음과 재난에 대해서는 거의 언급하지 않고 있으며, 비극의 개념을 정의하고는 있으나 비극을 단지 문학 장르의 하나로서, 즉 진지한 극적인 문학으로서만 간주하고 있을 뿐, 후대에 논의되고 있는 본질적인 철학적 물음과는 상당한 거리가 있다.[5] 그럼에도 불구하고 아리스토텔레스의 비극론은 근대의 라신(J. Racine), 코르네유(P. Corneille)와 같은 사상가들에게 커다란 영향을 미쳤으며, 더 나아가 그의 비극론을 정확히 해석해 냄으로써 자신의 독창적인 비극론을 이끌어내는 데 성공한 레싱(G. E. Lessing)에게도 아리스토텔레스의 영향력은 작지 않다.[6]

그러나 원칙적으로 비극(Tragödie)은 비극적인 것(das Tragische)의 철학과 구분된다. 비극은 문학의 근본형태인 데 반해, 비극적인 것은 비극의 의식형태, 비극의 경험, 비극의 구조성분 혹은 비극의 인식원천으로서 이해되기 때문이다.[7] 이러한 점을 강조하는 비극적인 것은 셸링(F. W. J. Schelling) 이래로 문학적인 범주로 이해되기보다는 미학적 형상 밖에 있는 범주로 이해된다. 특히 18세기 이후의 철학은 비극을 개인의 삶과 사고의 본질 속에 근거하는 것으로 파악함으로써 비극성(Tragik)의 구조와 차원을 규정짓고 있다.

이러한 변화된 의식 속에서 레싱 이래로 오늘날에 이르기까지

---

5) J. Körner, "Tragik und Tragödie", *Preußische Jahrbücher*, Bd. 225, S. 59-60 참조.

6) H. Wagner, *Ästhetik der Tragödie von Aristoteles bis Schiller*, Königshausen Neumann, 1987, S.13 참조.

7) Dietrich Mack, *Ansichten zum Tragischen und zur Tragödie*, München, 1970, S.11 참조.

비극적인 것에 대한 정의는 오랫동안의 철학적 논의를 거치면서 다양한 물음들을 제기한다. 이는 비극적인 것이 행위의 법칙, 원리, 규범, 직관 그리고 판단인지 혹은 존재론, 형이상학적, 도덕적 그리고 미학적 현상인지에 대해 다각적인 차원에서 비극적인 것의 문제들을 논의하게 되었다는 것이다. 그러나 이러한 다양한 논의에도 불구하고 실제적으로 비극적인 것의 개념을 명확하게 규정하기란 매우 어렵다. 왜냐하면 비극적인 것의 개념은 다분히 개인적이며, 표현하기 힘든 개개인의 사적 경험에서 출발하고 있다는 점에서 비극적인 것 자체를 하나의 개념으로서 규정짓기란 부적당하기 때문이다. 더구나 시대가 지남에 따라 비극적인 것의 개념 또한 끊임없이 변한다는 이유도 비극적인 것의 전체를 규정짓는 일정한 형식이나 내용을 어렵게 만드는 중요한 요인이 되고 있다.

이러한 논의가 정당화된다면 비극적인 것의 개념을 하나의 보편타당한 개념으로 규정짓는 일은 실제로 용이하지 않다. 그러나 이러한 어려움에도 불구하고 제2차 세계대전 이래로 비극의 사멸론을 주장하는 포스트모더니즘 시대에 이르기까지 독일의 지적 전통에서는 여전히 비극성에 대한 주제에 지속적인 관심을 보이며 비극적인 것의 본질을 규명하고자 한다. 그 이유는 무엇일까? 단적으로 말한다면 비극성이라는 주제가 인간 현존재의 물음과 밀접하게 연관되어 있으며, 비극적인 것의 개념을 단순히 비극과 예술 사이를 지배하는 미학적 형상이 아니라 삶의 현실성으로 이해하고 있기 때문이다. 다시 말해 비극적인 것은 인간의 가장 심오한 가치를 드러내는 개념이라는 점에서 인간실존에 대한 해명이면서 동시에 삶과 화해하는 정신이 된다.

이러한 논의와 밀접하게 연관된 철학자가 바로 실존철학자인 칼 야스퍼스이다. 야스퍼스는 비극을 서구철학의 근본적 특징인 대립이나 혹은 갈등욕구에 근거하는 범비극주의적 세계관으로서의 문화현상으로 바라보는 것이 아니라, 인간학적이고 윤리학적 차원에서 해석해 내고 있다. 이때 비극적인 것의 인간학적이고 윤리학적 차원이란 '개인(Individualität)'의 에토스(ethos)를 해명할 때 확실하게 드러난다. 왜냐하면 비극성은 "불행하고 운명적 숙명의 전체성에 반대하는 기본 틀로부터 개인과 그 개인이 추구하는 의미요구의 우월성을 … 강조하는 것"8)으로 이해되기 때문이다. 따라서 야스퍼스에게 있어서 비극적 실존은 바로 이러한 개인으로부터 인류 전체를 대표하는 보편적 인간상의 본질을 실현하고자 할 때 구체화된다.

따라서 개인은 비극적인 것의 원리에 대한 배경이자 근거가되며, 절대적인 당위성의 지평 속에서 결단의 근거와 최종적 원리로서, 자유의 작용중심으로서 그리고 모든 당위 관계의 총개념으로서 이해되는 '인격(Personalität)'으로 규정된다.9) 야스퍼스는 이러한 개인을 비극적 실존으로 고양시키기 위하여 칸트(I. Kant), 헤겔(G. W. F. Hegel), 키에르케고르(S. Kierkegaard) 등의 연관 속에서 새로운 사유 가능성을 모색한다. 야스퍼스에게 있어서 비극적인 것은 넓은 의미에서는 인간실존을 드러내는 개념이며, 좁은 의미에서는 인간이 진리와 자유 그리고 더 고귀한 자아실현을 추구하여 필연적으로 난파(Scheitern)될 때 형성되는 의식이다. 이러한 난파를 통해 인간은 비극적인 것을 체험함과

8) H. Holz, *Mensch und Menschheit*, Bonn, 1973, S.146.
9) 같은 책, S.165 참조.

동시에 존재 그 자체를 자각하게 된다. 따라서 이 글은 실존의 근본특성과 그 탁월한 목적론이 역사적으로 잘 드러나 있는 야스퍼스의 비극이론을 심도 있게 다룸으로써 현대비극론에서 제시하는 비극성의 구조와 차원을 이해하는 데 중요한 실마리를 제공하게 될 것이다.

2. 비극적인 것의 개념과 본질

야스퍼스의 비극론을 해명하기에 앞서 비극적인 것의 개념과 본질에 대해 전반적인 논의를 규명해 볼 필요가 있다. 비극적인 것의 선-개념 속에는 인류의 아픔과 인간의 근본체험으로 표현되는 여러 상황들이 존재한다. 인간행복의 파괴, 인간적인 모든 노력들의 상대성과 우연성, 의지의 실현과 목표설정에 끊임없이 고착된 불확실성과 실존의 한계로 인한 고통과 몰락, 영웅적 반항, 희생, 운명 등으로 규정되는 이러한 근본체험들은 비극적인 것의 개념과 본질을 규명하는 데 있어서 매우 중요한 역할을 수행한다. 이러한 근본체험들을 바탕으로 하여 형성되는 비극은 한 인간이 명백한 원인에 의해서 경험할 수 있는 '사건' 혹은 '상황'으로 이해된다. 이때 사건은 지각변동과 재앙이라는 의미가 들어있으며, 상황은 한 인간이 어떤 의도로 인해서 특정세계에 연루되고, 그로 인해 상당히 심각하고 중대한 행위를 한 결과, 그 세계에 지배되는 의도나 행동 때문에 필연적으로 겪게 되는 정신적 혹은 육체적 고통으로 인해 좌절되는 참담한 상태를 의미하게 된다.

여기서 주목해야 할 점은 전통비극에서나 현대비극에서도 고통받는 인간은 언제나 남달리 탁월한 품격을 지닌 고귀한 인간이라는 공통점을 지니고 있다는 것이다. 물론 고귀한 인간의 고통은 부분적으로는 자신의 책임이어야 하지만, 때로는 자신이 저지르지도 않은 행위나 혹은 무의식적으로 저지른 행위로 인하여 죄과를 받아야 하는 부당함을 감수하게 함으로써 인간을 초월하는 세계를 보여주고 있다. 이때 고통받는 한 인간은 자신이 처한 한계에 굴복하여 스스로 좌절하지 않고 오히려 승리감에 가득 차서 자신의 운명을 긍정해야 하며, 그로 인해 자신의 인식에 도움을 주어야 한다. 즉 자신의 인식에 도움을 준다는 말은 비극적인 것이 인간 자신에게 무한한 무엇인가를 암시하면서 삶을 영원성에 직면하게 하며, 자신이 스스로 해결할 수 없는 문제가 존재한다는 사실을 절감하게 해주는 그러한 힘으로 작용한다는 뜻이다.

그러나 여기서 주의해야 할 점은 비극적인 것이 모든 한계경험들, 즉 단순한 실패나 그저 슬프거나 불쌍한 사건들과는 명백하게 구별된다는 데 있다. 왜냐하면 비극적인 것의 본래적 의식은 단순한 고통, 죽음 그리고 유한성과 무상함보다 훨씬 더 많은 것을 요구하고 있기 때문이다.10) 그러한 측면에서 보면 좌절과 고뇌에의 충동이나 한계경험 그 자체는 단지 동정과 연민만을 자극하여 특별히 비극적 성격을 지니지 않는다. 예컨대 인간의 일반적 죽음에 대한 운명은 누구든지 자신의 죽음을 수동적으로 기다리거나 두려움에 떨면서 자신의 죽음에 직면한다는 데 있다. 이에 반해 비극적인 것은 경악의 체험에 의해 드러나는 '존재'를

---

10) K. Jaspers, *Von der Wahrheit*, S.925 참조.

바라보는 것이며, 더 나아가 우리의 시야를 비좁고 맹목적인 것으로 만드는 현존재의 경험을 제거함으로써 진리를 획득한다는 점이 단순한 한계경험과는 분명한 차이가 있다.[11] 바로 그러한 차이에서 드러나는 비극적인 것의 성격은 자신의 행위를 근거로 한 사건의 적극적 개입 없이 그저 방관자로서 구경하는 데 그치는 비참한 사건들과는 본질적으로 다르다. 비극적인 것이 되기 위해서는 반드시 인간이 자신의 자유를 무제한 사용하여 행동해야만 한다는 데 있다. 즉 한 인간이 자기행위로 인해 초래될 수 있는 사회적, 도덕적 결과에 결코 연연하지 않으면서 자기존재를 절대적으로 주장하게 될 때 비극적인 것은 성립된다. 다시 말해 적극적 행위를 통해서만이 인간은 어떤 불가피한 상황에 연루되고, 그 결과 엄청난 파멸과 난파에 직면하게 됨으로써 비극적인 것이 발생하게 된다는 것이다.

결국 자신의 욕구와 절대적인 힘 사이에서 좌절하는 한 인간의 행위로 인해 야기된 처참한 삶에 공감하는 바로 그 자리에 비극적인 것은 존재한다.[12] 이때 간과해서는 안 되는 중요한 점은 비극적 인간의 외적인 파멸에도 불구하고 내적으로 파괴될 수 없는 인간의 용기와 고귀함이라는 고유한 가치가 남겨진다는 사실이다. 비극에서 보여주는 고유한 가치란 부조리와 대결하여 결국에는 부조리 속에 삼켜지는 운명에 빠지면서도 자신의 가능성을 극단적인 데까지 추진해 나갈 수 있는 힘이며,[13] 더 나아가

---

11) 같은 책, S.923 참조.

12) E. G. Rüsch, "Das Problem des Tragishen in christlicher Sicht", in: *Theologische Zeitschrift*, 10 Jg, 1954, S.340 참조.

13) K. Jaspers, *Von der Wahrheit*, S.933 참조.

우리 존재 안에 있는 무한성을 추구할 수 있는 힘을 의미한다. 이러한 힘은 특권적 인식양식으로서 형이상학적 정신을 지닌 인류 전체를 대표할 수 있는 비극적 실존에게만 주어지는 특별한 정신적 경험으로 규정될 수 있다.

이처럼 비극적 인간은 자신의 불완전성, 현존재의 일시성, 본성의 단편성을 의식하게 될 때 비로소 비극적인 것을 체험하게 된다. 이때 인간이 체험하는 의식은 자신이 '죄'에 연루되어 있음을 깨달을 때 획득된다. 그러나 여기서 의미하는 죄는 일상적 의미가 아닌, 즉 도덕적 결함과는 본질적으로 다르다. 물론 비극이론의 주요사상가로 꼽히는 쉴러(F. Schiller)와 세네카(Seneca) 등은 비극적 죄야말로 필연적으로 도덕적이어야만 하며, 도덕적 선은 어디에서든 가장 높은 목적으로 추구되어야 함을 강조하고 있다. 다시 말해 비극적 인간은 자유로우며 선과 악을 선택할 수 있는, 즉 스스로 가치를 결정하는 자유의지를 가짐으로써 죄를 짓게 되며, 그 죄로 인해 고통이 따르는 것은 지극히 당연한 결과라는 것이다. 따라서 그들에게 있어서 비극적 죄의 도덕적 이해는 비극적 고뇌가 명백한 자기 죄로 인해 형성된다는 결론을 내림으로써 자신들의 주장을 정당화하고 있다.

그러나 비극적 죄를 쉴러나 세네카 등이 이해하듯이 이처럼 단순하게 기술한다면, 이는 비극적 현상의 일면만을 파악하는 우를 범할 수 있다. 프리츠(Kurt von Fritz)는 도덕성을 강조하는 그들과는 달리 비극적 죄를 단순한 '결함(Fehl, amartia)'으로 규정하며, 도덕적으로 결코 전가될 수 없는 죄임을 주장한다.14) 그

---

14) Kurt von Fritz, *Antike und moderene Tragödie*, Berlin, 1969, S.1-8 참조.

는 전통적 의미에서의 도덕적 죄에 대한 해석과는 달리 인간은 갈등상황 속에서 어떤 것을 선택하는 것이 아니라, 이미 한 인간의 선택은 예정되어 있다는 셸러(M. Scheler)의 죄 해석에 동의함으로써 자신의 주장을 전개하고 있다. 즉 죄 아닌 죄, 본래적인 비극적 죄는 '선택행위' 속에 존재하지 않고 '선택범위' 속에 이미 존재하고 있다는 점에서 인간의 자유는 필연의 인식, 자유로운 결정을 통한 피할 수 없는 필연성을 수용하고 있다는 사실을 그는 강조하고 있다. 이러한 점에 근거한다면 비극적 인간이 겪는 고통은 당연한 인과응보가 아니라 오히려 독립된 현상으로서 맹목적이기보다는 의식적이며 실재적으로 존재하는 것으로 이해된다.

이러한 주장이 적극적으로 수용된다면 비극에서 드러나는 죄란 도덕법칙에 의한 지시로서, 선과 악 사이에 존재하는 개인의 의지로 인한 결정으로서, 윤리적인 과실행위 혹은 X의 임의적인 또 다른 합리적 원인의 결과로서 이해될 수 없다는 결론을 내릴 수 있다. 이러한 결론에 바탕을 둔 비극적인 것의 개념은 결국 인간의 결함 그 자체로 인해 초래되는 몰락(Verfallen)이며, 이로 인해 성립되는 비극적 죄는 자유의지의 실현에 따른 당연한 결과가 아니라 피할 수 없는 필연성이라는 점에서 죄라기보다는 오히려 과실이나 허물에 더 가깝다. 따라서 비극적인 것의 원인이 되는 한 개인의 도덕적 결함은 인간실존에 고정적으로 존재하는 보편적 특징이라는 점에서 실존과 결함은 동일하다는 논리에 의존하게 된다.

3. 야스퍼스에 있어서 비극적인 것의 근본특징들

야스퍼스는 후기 저서 『진리에 관하여(*Von der Wahrheit*)』에서 비극적인 것(das Tragische)의 개념과 이론을 실존적이고 분석적인 방법으로 전개시키고 있다. 홀츠(H. Holz)는 야스퍼스에게 있어서 비극성(die Tragik)은 난파(das Scheitern)의 일반적 과정이 어떻게 실행될 수 있는지를 설명하는 가장 객관적이고 탁월한 방법[15]이라고 주장한다. 난파하면서 생기는 비극적인 것은 잘 알려진 바처럼 야스퍼스 철학에서는 상당히 중요한 개념이다. 그 이유는 비극적인 것의 개념 속에는 인간의 참모습인 실존의 근본적 특성이 잘 드러나 있기 때문이다.[16] 난파는 인간의 비본래성이라는 폐쇄성으로부터 모든 실존적 일시성을 극복하고 초월자에게로 이르는 가능성을 열어주는 유일한 방법이다. 그러나 여기서 주목해야 할 점은 실존이 초월자에게 이르는 길이 그 자체로는 불가능하며 단지 암호(die Chiffren)라는 매개를 통해서만 가능하다는 것이다.

이때 야스퍼스가 제시하는 암호는 대상으로 파악할 수 없는 초월자의 현상을 나타내는 최소한의 부동적 대상성을 의미한다. 그러한 의미에서 비극적인 것은 실존함의 심연(der Abgrund)으로 계시된 모든 것을 포괄하는 매개이며 형이상학적 암호문자이다. 더 나아가 비극적인 것은 알고자 하는 인간의 욕구가 산산조각이 나는 난파를 통해 한계에 직면하게 될 때 획득되는 지식이다. 이러한 지식은 가장 극단적인 자기한계 속에서 자신이 경험

---

15) H. Holz, *Mensch und Menschheit*, S.127 참조.
16) 같은 책, 같은 곳.

하는 암호가 된다. 그러한 근거에서 비극적 지식은 모든 암호들 중의 암호가 된다. 따라서 "비극적 지식의 근본상태"17)는 "진리의 분열됨"18)을 의미하며, 그 결과 야스퍼스의 비극적인 것은 진리의 문제와 밀접하게 연관되어 있음을 확인할 수 있다.

이때 진리란 지금까지 우리들이 알고 있는 바처럼 모든 의심스러움에 대한 초연한 '확실함'이 아니다. 야스퍼스에 따르면 유일한 진리란 우리에게 결코 명확하고 확실하게 주어지는 것이 아니라 단지 포괄자의 방식에 따라 찢겨져 분열되어 나타난다는 것이다. 즉 본질적으로 구별될 수 있는 진리의 의미란 포괄자의 상이한 방식에 상응한다는 뜻이다. 결국 야스퍼스에게 있어서 진리란 우리에게 직접적으로 드러나는 것이 아니라 세계, 실존 그리고 초월자의 분열된 상태로 우리에게 드러난다. 이러한 점에 주목한다면 야스퍼스 철학에서의 비극적인 것의 이론적 해명은 비극적 특성을 지니고 있는 포괄자의 존재론(die Perieontologie)과의 연관성 속에서 논의되어야 한다. 왜냐하면 야스퍼스의 주장대로 포괄자의 다양한 방식이 비극적 지식의 해석을 위한 공간을 제공하기 때문이다.19)

1) 비극적 지식

야스퍼스에 따르면 비극적인 것은 앎에 대한 욕구의 고통스런 난파에 의해서 생기는 지식이며, 나아가 인간이성이 한계를 자각

---

17) K. Jaspers, *Von der Wahrheit*, S.960.
18) 같은 책, 같은 곳.
19) 같은 책, 같은 곳.

하는 인식에 의해서 생기는 지식이다. 세계정위(Weltorientierung) 속에서 앎에 대한 욕구는 그의 가능성과 의미의 비판적 한계 속에서 자신의 파토스를 지니고 있다. 인간이 지니는 앎에 대한 욕구 일반은 어떠한 한계도 없으며, 바로 그 점 때문에 모든 한계는 난파된다. 이는 난파하고자 하는 것이 아니라 필연적으로 난파되어야만 한다.[20] 이때 난파는 좌초와 파멸을 의미하는 것이 아니라, 허위의 완전성을 반성하게 하고 인간으로 하여금 초월자가 있다는 사실을 의식하게 함으로써 그 위력의 인식에 도달하게 하는 것이다. 난파 위에서 모든 것들은 돌진한다. 이러한 의식이야말로 실존조명을 위한 실현이다. 야스퍼스에 따르면 실존은 언제나 마지막 난파로까지 발전하는 자기초월함의 테두리 속에서 움직이며 존재한다. 이러한 난파는 하나의 인식되는 본질로서 인간의 존엄성을 추구하게 하며, 모든 실존의 개인적 능력이 가장 극단적인 자기한계 속에서 스스로 경험하는 유일한 암호를 형성하는 계기를 제공하게 한다.

이때 실존조명은 가장 극단적인 한계상황 속에 내동댕이쳐진 인간의 존엄성을 위한 당연한 보답이 되며, 여기서 드러나는 인간의 존엄성은 비극적 원리로서 작용하게 된다. 왜냐하면 인간의 존엄성은 가장 솔직하고 숨김없는 한계경험들의 의식에 내재하기 때문이다. 따라서 비극적 지식은 하나의 순수한 주관적 용무이며 개인적 경험이라는 점에서 어떠한 것도 대신할 수 없으며 또한 매개할 수 없는 지식이다. 야스퍼스는 이러한 지식을 특별히 중요한 것으로 인식한다. 왜냐하면 시대의 특징을 지닌 역사

---

20) K. Jaspers, *Philosophie II*, München, 1932, S.262.

적 형상들 내에 비극적 지식의 위대한 현상들이 존재하기 때문이다. "외적인 사건들뿐만 아니라 인간존재 자체의 깊이에서 일어나는 역사적 운동은 비극적 지식과 함께 시작된다."21) 비극은 시대의 변화 속에서 동요와 한계상황, 그리고 세계의 근본적 불일치로 인하여 발생하기 때문이다. 따라서 "역사성은 비극적 지식에 속한다. … 본래적인 것은 일회적이며 앞으로 전진하는 운동을 지속적으로 수행한다. 본래적인 것은 결정된 후에는 다시는 반복하지 않는다."22)

이처럼 야스퍼스는 비극적 지식을 운동, 감동, 물음 그리고 경악의 실존적 진지함 속에서 환상 없는 참된 인간의 태도23)로 규정한다. 또한 그는 인간이 참된 행위를 파악하고 무엇인가를 실현해 나가는 과정에서 위험을 떠맡고, 그 결과 죄로부터 벗어날 수 없을 뿐만 아니라 죄에 따르는 파멸로부터도 결코 벗어날 수 없다는 사실을 인식하게 될 때 비로소 성립되는 것을 비극적 지식으로 규정한다.24) 야스퍼스는 이러한 비극적 지식을 기독교의 구원믿음과 계몽주의적 세계전망(die aufklärerische Weltsicht)과 확실하게 구분하고 있다. 첫째, 야스퍼스에 따르면 비극적 지식은 극단적인 모순들의 무방책과 불화해라는 특성으로 인하여 기독교의 구원믿음과 구별된다는 것이다. 왜냐하면 기독교에서는 은총을 통한 구원의 신비로 인해 결코 벗어날 길 없는 비극적 특성을 아예 소멸시켜 버리기 때문이다.25) 물론 기독교의 해방과는

---

21) K. Jaspers, *Von der Wahrheit*, S.920.
22) 같은 책, 같은 곳.
23) 같은 책, 같은 곳.
24) 같은 책, S.956 참조.

다르지만 비극적 지식도 나름대로 초월성의 한 양식이며 고유한 해방이라는 점을 야스퍼스는 부인하지 않는다. 비극적 지식에서도 인간이 현존재로서 소멸하면서 자기존재의 행위 가운데 구원적인 해방을 발견하기 때문이다. 그러나 이러한 해방은 은총을 통한 구원의 신비에 의해서가 아니라 무지, 순수한 인내력, 확고부동한 의지로서 감당해 가는 힘에 의해 생기며, 비극적인 것을 비극적인 것으로 직시할 때 생기게 되는 것이라고 야스퍼스는 밝히고 있다. 때때로 해방에 대한 이러한 논의가 기독교적 측면에서 오해되는 부분이기는 하지만 기독교의 구원믿음과는 분명히 구별된다.

둘째, 비극적 지식은 비극적인 근본적 불일치를 상대적 부조화로서 이해하는 계몽주의적 세계전망과도 구별된다는 점을 야스퍼스는 분명히 하고 있다. 왜냐하면 계몽주의적 세계전망은 비극적 지식에서 중시하는 영웅적 항거와 세계에 관심을 두는 영혼의 카타르시스를 무감정(Apathie)으로, 기껏해야 교육의 진지함(Bildungsernst)으로 고양하는 미학적 불구속(ästhetische Unverbindlichkeit)으로 대체하기 때문이다.[26] 그러한 근거로부터 비극적 지식의 개방적이며 미완성적인 성격은 계몽주의적 세계전망의 모든 종류와 모든 폐쇄된 체계와 명백하게 구분된다고 야스퍼스는 주장한다. 다시 말해 계몽주의적 세계전망에서 말하는 철학적 무감정이란 단순한 인내이며, 내용이 빈약할 뿐만 아니라 내용 없는 자기주장에 불과하다는 점에서 참된 인간의 태도를 갈구하는 비극적 지식과는 확연히 구분된다는 것이다.[27]

---

25) 같은 책, S.924 참조.
26) 같은 책, S.923 참조.

야스퍼스에 따르면 확실성에 도달하기 위한 이러한 계몽주의적 세계전망은 연역과 추론의 도상에서 불행과 좌절을 절대적으로 필요불가결한 것으로 간주하기 때문에 형이상학적인 반면에, 비극적 지식은 현상의 해명에 의해 획득된 열린 체계이기 때문에 해석학적 지식이라는 것이다.[28] 비극적 지식은 시간의 현상에서 해석학적 통일의 불일치를 통해 발생한다는 점에서 비극성이란 보편적으로 존재하는 것이 아니라 단지 세계를 추론하는 부분에서만 해석학적으로 비극성에 대해 언급할 수 있을 뿐이다. 이것이 바로 진정한 의미에서의 비극성이 지니는 원천이다. 따라서 진리와 파멸이 하나로 묶여 있는 이와 같은 비극적 지식은 존재의 근거에 존재하거나 절대적인 것 안에 존재하는 것이 아니라, 진리의 분열이라는 존재의 현상에 존재한다.

2) 비극적 대상들

이제까지 논의에서 확인된 바처럼 야스퍼스에게 있어서 비극적인 것은 인간의 앎에 대한 욕구, 난파 그리고 인간이성의 한계라는 인식에 의해서 성립되는 지식이다. 이처럼 비극적인 것을 야스퍼스의 주장대로 지식으로 규정한다면, 비극적 지식이 드러나는 현상이 무엇인지에 대해 규명해 볼 필요가 있다. 비극에서 묘사되고 형상화되어 나타나는 비극적 대상들에 대해 야스퍼스는 전통비극에서 볼 수 있는 바와 같이 비극적 분위기, 투쟁, 승리와 패배 그리고 죄 등을 제시하고 있다. '비극적 분위기'는 "모

---

27) 같은 책, 같은 곳.
28) 같은 책, S.960 참조.

든 특정한 행동이나 결과에 앞서서 모든 것을 간파하고 암시하는 긴장"29)을 조성한다는 점에서 비극을 구성하는 중요한 첫 번째 대상이 된다.

또 다른 비극적 대상으로 야스퍼스는 '투쟁'을 들고 있다. 투쟁은 삶의 가능한 지평 속에 한계 지어진 현존재의 조건들로 인하여 불가피하게 발생하며, 진리와 현실 사이의 분열이 계기가 되어 발생한다. 이러한 투쟁은 "인간들 간의 투쟁이거나 혹은 자기 자신 스스로의 투쟁"이 된다. 이러한 투쟁 안에는 소외된 현존재에 대한 관심, 의무, 성격 그리고 충동 등이 존재한다.30) 야스퍼스는 비극에서 묘사되는 투쟁을 내재적 투쟁과 초월적 투쟁, 두 가지 계기로 구분하여 설명하고 있다. 이때 내재적 투쟁은 '보편적인 것과 개별적인 것 간의 투쟁'과 '시간적 결과로 교체되는 역사적 생존원칙 상호간의 투쟁'으로 요약된다. 보편적인 것과 개별적인 것 간의 투쟁은 "개별자가 보편적 법칙, 규범들, 필연성 등에 반항함으로써 발생하게 되며, 여기서 인간은 단순한 자의로서 보편적 법칙이나 규범 등에 반항하는 것이 아니라 그 자체가 참된 예외로서 보편적 규범에 스스로 반항함으로써 비극적인 것을 성립시킨다."31) 또 다른 측면의 투쟁, 즉 역사적 생존원칙 상호간의 투쟁은 낡은 것에서 새로운 것으로 교체되는 과도기에 형성되며, 이러한 과도기에서 비극적인 것이 발생하게 된다고 야스퍼스는 주장한다.32)

---

29) 같은 책, S.927.
30) 같은 책, S.928 참조.
31) 같은 책, 같은 곳.
32) 같은 책, 같은 곳.

다음으로 초월적 투쟁은 개별적 인간과 신적인 힘 사이에서 혹은 신들 상호간에 발생한다.33) 인간과 신적인 힘 사이에서 발생하는 초월적 투쟁은 아무것도 알지 못하는 인간이 자신을 지배하는 힘으로부터 벗어나고자 발버둥치면서도 자신도 모르는 사이에 벗어나고자 하는 그 강력한 힘의 손아귀에 떨어짐으로써 비극적인 상황에 처하게 된다. 또 다른 초월적 투쟁은 신들 상호간의 알력으로서 규정되며, 여기서는 인간이 한갓 투쟁의 노리갯감, 유희장소, 혹은 매개물에 지나지 않는다.34) 그러나 이때 인간은 자신에게 던져진 이러한 처지를 결코 방치하지 않는다. 오히려 인간은 신에게조차 반항하며, 그의 가능성을 극단적인 데까지 추구하여 모든 일이 불가능해진 상황에서 자신의 파멸을 알면서도 기꺼이 스스로의 몰락을 자초할 수 있다. 이러한 영웅적 반항이야말로 인간의 위대함이며, 이러한 위대함은 인간의 힘을 신의 힘들과 일체를 이루게 하거나 생명을 불어넣어 주는 중요한 매개체로 작용하게 된다.

이때 야스퍼스가 중요하게 지적하는 점은 이러한 투쟁이 결코 정의로움과 부당함 사이에서 발생하거나, 참과 거짓 사이에서 발생하는 것이 아니라, 오히려 참과 참 사이에서 발생하며, 특히 정의로움과 정의로움 사이에서 발생한다는 사실이다. 왜냐하면 비극에서 정의로움과 부당함을 따지는 일은 조잡한 도덕주의에 불과하기 때문이며, 이는 비극을 질병, 절망, 악덕 그리고 죽음과 같은 세속적 문제들과 혼동하고 있기 때문이다. 그러므로 비극적 인간은 자신이 처한 비극적 상황에서 스스로 투쟁하는 가운데

---

33) 같은 책, 같은 곳.
34) 같은 책, 같은 곳.

진리가 무엇인지를 묻고, 그 결과 진리를 완전히 의식한 상태에서 승리와 패배의 의미를 행동으로 옮기게 된다.[35]

세 번째 비극적 대상인 '승리와 패배' 속에서 야스퍼스는 세계질서, 도덕적 질서 그리고 보편적 삶에 반항하는 인간의 위대함을 보여줌으로써 비극적인 것의 본질을 규명하고자 한다. 개별적인 것과 일반적인 것, 예외와 질서 등 모든 것은 초월자와의 대립 속에서는 유한하고 상대적인 것에 지나지 않는다. 그러한 점에서 보면 비범한 인간과 고양된 질서는 결국 난파되는 필연적 한계를 지닐 수밖에 없다. 그러나 선악의 피안에 서 있는 인간은 세속적 차원에서는 마치 패배하고 좌절한 영웅처럼 보이지만 오래지 않아 진정한 의미의 실질적인 승리자가 되며, 반대로 외견상의 승리자는 잠시 동안의 승리는 맛보지만 오히려 열등한 자가 되고 만다는 사실을 통해 비극적 인간에게 숭고한 존엄성이 부여되고 있다.[36] 그러므로 승리와 패배의 해결과정에서는 불가해한 법칙이나 무조건적인 윤리적 명령에 순응하는 것이 아니라 비극적 지식에 타당성을 가지는 새로운 담론체계를 건설하여 역사적 질서를 이루는 지속적인 운동과 연속성을 강조하게 된다.[37]

마지막으로 거론되는 비극적 대상이 '죄'이다. 야스퍼스에게 있어서 몰락은 죄의 보상으로 인식되며, 비극적 지식에서는 중요한 대상이다. 비극적 죄는 스스로 자각하는 인간과 강력한 익명적 힘으로서의 운명 간의 갈등에서 비롯된다. 야스퍼스에게 있어서의 죄는 체험이나 느낌이 아니라 행위로 야기되는 인간존재의

---

35) 같은 책, S.945 참조.
36) 같은 책, S.930 참조.
37) 같은 책, 같은 곳.

한계상황으로 규정되며, 죄의 형태는 다양한 관점에서 드러나지만 원칙적으로 죄는 두 가지 의미를 지닌다.38) 즉 넓은 의미에서는 현존재의 죄로, 좁은 의미에서는 행위의 죄로 야스퍼스는 규정하고 있다.

이 가운데 현존재의 죄는 아낙시만드로스(Anaximandros)와 칼데론(P. Calderon)이 주장하는 바와 같이 태어남 그 자체가 되며, 이는 혈통의 죄와 본체(Sosein)의 죄로 다시 구분된다. 혈통의 죄는 오이디푸스와 그의 어머니 이오카스테 사이에서 태어난 안티고네가 대표적인 예로 제시되며, 본체의 죄는 내가 비천한 태생이든, 사악한 욕구의 근원이든, 혹은 반항의 근원이든, 내 스스로가 원하지 않았고 행하지는 않았지만 그에 대한 모든 책임을 스스로 떠맡아야 하는 죄를 의미한다. 다음으로 제시되는 행위의 죄는 인간이 선에 반한 적극적 결정과 그 결정에 따른 행위로 인해 성립된다. 행위로 인해 성립되는 이러한 죄는 의식적으로 선에 반한 행위를 통해, 즉 법률을 위반함으로써 생기는 죄와 어떤 행위가 도덕적으로 좋은 의식으로부터 발원되었다고 하더라도 행위의 결과가 예고도 없이 돌연 자신의 의지와는 반대가 됨으로써 성립되는 죄로 나누어지게 된다.

첫 번째 경우의 죄는 그 자체가 사악한 의지의 표현이 되며, 두 번째 경우의 죄는 인간이 실존적 자기존재로 되돌아감으로써 자신의 죄를 피하지 않고 떠맡게 될 때 획득되는 죄로 규정된다. 여기서 인간은 어떠한 죄에 대한 표준이나 기준을 스스로에게 전가하지 않고 자신의 근원을 의식하고 스스로에게 부과된 책임

---

38) 같은 책, S.930-931 참조.

을 다하여 스스로에게 주어진 진정한 자유 안에서 진실을 끝끝내 밝히고자 한다. 이때 인간은 선에 대한 투쟁을 수용하는 태도를 비로소 확보하게 된다. 그리하여 좋은 의지로부터 스스로 몰락을 자초하는 난파로의 이행이 바로 비극적인 것의 지향성(die Intentionalität)이 되며, 모든 비극적 형상들은 그 자체 선을 위해 투쟁함으로써 그 모습을 극명하게 드러낸다. 결국 비극적인 것은 비극적 영웅이 자신의 파멸을 이미 알고 인정함에도 불구하고 몰락하는 한 인간의 지칠 줄 모르고 줄어들 줄 모르는 반항에 의해 성립되는 것이다. 그러므로 비극적 영웅은 "희생하는 가운데 좌절할 수밖에 없는 진리를 바탕으로 해서 자신의 죄를 감당하게 된다."[39]

4. 비극적 지식의 해석을 위한 공간: 포괄자의 다양한 방식

앞서 제시된 바와 같이 야스퍼스는 비극적 지식의 해석을 위한 공간으로 포괄자의 다양한 방식을 제시하고 있다. 이때 포괄자(das Umgreifende)는 무형적 존재를 지칭하기 위해 야스퍼스가 만들어낸 특수한 유형적 개념으로서의 존재를 의미한다. 야스퍼스에게 있어서 존재는 모든 존재자를 초월해 있다는 점에서 주관도 아니며 객관도 아니다. 존재 자체는 존재자의 영역에 속하는 '분열' 속에 있는 것이 아니라 분열이라는 용어 자체가 지시하는 바로 그 지점, 즉 하나로 통일되어 있는 바로 그 지점에서 분열된 것을 포괄하는 어떤 것으로 존재한다. 그러므로 포괄

---

39) 같은 책, S.933.

자는 분열을 포괄하고 있다는 점에서 분열 속에 있는 대상과는 달리 그 자체로는 대상으로 인식될 수 없다. 이러한 점에서 포괄자는 인식될 수 없는 무규정적 일자로 이해된다.

이때 무규정적 일자는 인식의 차원이 아니라 해명의 차원과 연관되어 있다. 야스퍼스의 표현을 빌리면 해명은 설명하지 않아도 밝혀지는 것이며, 규정하지 않아도 사유하게 된다는 뜻으로서 분명히 알지 못해도 확신하게 되는 그러한 의미를 지닌다. 그러나 여기서 야스퍼스의 관점에서는 무규정적 일자 자체를 해명하는 것이 아니라 무규정적 일자의 존재양식, 즉 포괄자의 다양한 방식에 관해 해명함으로써 포괄자의 존재를 밝힐 수 있다. 이처럼 야스퍼스가 제시하는 포괄자의 다양한 존재양식은 현존, 의식일반, 정신을 포함한 실존, 세계, 초월자 그리고 이성의 방식으로 갈기갈기 찢겨 분열되면서 서로 간에 대립적 상태로 존재한다. 이때 분열은 진리의 다양한 분열을 의미하는 것으로서 "진리는 진리에 대립해 있고 자신의 정의에 입각하여 불의에 대항하여 싸울 뿐 아니라 다른 진리에 입각한 다른 정의에 대항해서 싸우기도 한다."[40] 이처럼 진리 안에 다양한 분열의 해소할 수 없는 대립적 상태가 비극성을 발생시키는 근거가 된다는 점에서 포괄자의 다양한 방식 가운데 비극적인 것의 해석을 위한 공간이 형성된다. 이러한 논의에 근거하여 이제 인간, 세계, 초월자 그리고 이성의 존재방식 속에 드러나는 비극성을 확인해 보고자 한다.

---

40) 같은 책, S.918 참조.

1) 비극적 실존의 이율배반

인간의 현존재적 특성, 의식일반, 정신, 실존은 연대적 공동성을 지니고 있을 뿐만 아니라 동시에 상호 해석하는 투쟁관계에 있다는 점에서 비극적 특성을 지닌다. 비극적인 것을 해명하고자 하는 본래적 물음은 그러한 근거에서 인간존재의 물음과 밀접하게 연관된다. 야스퍼스에 따르면 인간은 주관적 존재방식으로 나타나는 현존, 의식일반, 정신 그리고 실존으로 사유된다는 점에서 주관이며, 동시에 세계 속에 존재하는 객관이기도 하다. 여기서 인간을 주관이라고 할 경우 인간은 현존, 의식일반, 정신 그리고 실존 등의 존재방식을 모두 감싸는 포괄자로 규정된다. 이때 인간은 자기 자신을 사유하는 곳에서 스스로를 각각의 존재방식으로 사유할 뿐만 아니라 동시에 각각의 존재방식을 포괄하는 전체로서 사유하지 않으면 안 된다. 그러나 인간을 전체적으로 사유해야 함에도 불구하고 자신이 사유하는 것 이상의 존재라는 사실을 자각하게 될 때 인간은 절망한다. 왜냐하면 인간은 그 모든 사유를 다시 분열시킬 수 있는 포괄자이기 때문이다. 결국 인간의 본래적 존재는 인간이 자기 자신을 일방적으로 사유함으로써 경험되는 것이 아니라 자기존재를 경험하는 과정에서 획득된다. 이러한 자기존재를 야스퍼스는 '실존'으로 규정한다.

야스퍼스에게 있어서 실존이란 마치 존재하거나 존재하지 않는 현존과 같은 항구적인 의미로 존재하는 것이 아니라 오히려 가능성으로서 존재하며, 생성하고 스스로를 밝히면서 동시에 스스로를 상실하는 존재이다. 개별적 인간의 자기존재로서의 실존은 누구도 대신하거나 대신할 수 없는 존재로 규정됨으로써 절대적으로 역사적인 특성을 지닌다.[41] 야스퍼스의 표현대로라면 인간존재의 본래적 임무는 인간 스스로의 발전, 즉 인간의 자기됨(das Selbstwerden)을 지향하는 것이다. 이때 인간의 자기됨은 야스퍼스에게 있어서 비극적 의식의 해명을 위한 조건과 과정으로 이해되며, 나아가 비극철학의 근본물음 가운데 가장 중요한 문제로 발전하게 되는 계기가 된다. 결국 인간의 자기됨은 비극적 의식을 전개하는 방법을 통해서 해명되며, 이러한 비극적 의식은 참된 행위를 파악하고 무엇인가를 실현해 가는 과정에서 성공이냐 좌절이냐라는 이분법적 사고에 의해 성립되는 것이 아니라, 최고의 성공에서도 본래적인 좌절을 볼 수 있는 그와 같은 사고를 통해 형성되는 것이다.

　야스퍼스에게 있어서 인간은 두 개의 극과 극 사이를 유랑자처럼 움직이는 존재로 규정된다. 즉 가능성과 실현이라는 끊임없는 긴장관계 속에 존재하는 것으로서 인간은 결코 시간 속에 완성될 수 없고 다만 초월자와의 관계 속에서 완성되고 실현된다. 이때 초월자는 자유 안에서 선사하는 자이며, 실존은 이러한 자유로부터 선사되는 자이다.[42] 그러므로 야스퍼스에게 있어서 인간은 자신 속에 대립하는 동시성으로 인하여 동요하는 가운데 존재하는 현존이다.[43] 이처럼 이율배반에 근거한 인간은 자신의 본래적 존재로서 결코 완성되지 못할 뿐 아니라 스스로 도달하

41) K. Jaspers, "Der philosophiesche Glaube angesichts der christlichen Offenbarung", in: *Philosophie und christliche Existenz*, Hg. von G. Huber, Basel-Stuttgart, 1960, S.29 참조.
42) K. Jaspers, *Existenzphilosophie, Drei Vorlesungen*, Berlin/Leipzig, 1938, S.17 참조.
43) K. Jaspers, *Von der Wahrheit*, S.860 참조.

지도 못하며, 그로 인해 인간은 전체를 위해 움직이는 도상 위에 존재할 뿐이다. 그런 점에서 인간은 언제나 부유(Schweben)하는 가운데 존재하며, 이러한 부유 속에 존재하는 인간의 삶은 결국 모험이 된다. "개별적 인간은 결코 완전하지도 않으며, 결코 이상적이지도 않다. 원칙적으로 완전한 인간이란 존재할 수 없다. 왜냐하면 인간이 존재하고 실현하는 모든 것은 다시 난파될 수 있고 난파되면서 개방되어 있기 때문에 인간은 완성될 수 없는 존재가 된다."[44]

야스퍼스는 이러한 이율배반에 근거하여 인간존재의 찢어짐과 깨어짐에 대한 마지막 논증을 발견한다. 인간은 결코 전체가 되지 못하기 때문에 자기존재의 본래성에서 결국 난파되고야 만다. "이율배반은 초월자 안에서 자유의지와 필연성의 의지가 하나됨을 표현하는"[45] 것이기 때문에, 비극적 인간의 본질은 바로 이러한 이율배반에 기초하여 확립된다. 따라서 비극적 인간은 결코 지칠 줄 모르는 진리에의 추구에서 표면적인 자기정당화나 타인에게 죄를 전가하지 않고 일체의 책임을 의식적으로 자신이 떠맡는 자유의 독립성을 요구하게 된다. 이러한 요구에서 드러나는 중요한 사실은 인간실존이 초월자와의 관계 속에서만 자신이 짊어질 책임에 대한 호소를 인식할 수 있으며, 그에 상응하는 개별적이고 역사적인 본체에 대한 죄의식을 획득할 수 있다는 것이다.

---

44) K. Jaspers, *Vom Ursprung und Ziel der Geschichte*, München, 1949, S. 309.
45) K. Jaspers, *Philosophie III*, München, 1932, S.90.

2) 세계의 비극성: 비극적 운명

야스퍼스에 따르면 세계는 신비적 직관 속에 존재하는 신적인 힘과 악마적 힘 등의 활동공간(Wirkungsraum)으로 규정된다. 익명적 힘들의 영향 속에 서로 얽혀 있는 이러한 활동공간은 인간, 인간의 사건들, 인간행위 등에서 드러난다. 이러한 활동공간은 바로 그 점에서 인간에 의해서만 이해될 수 있는 공간이다.[46) 야스퍼스에게 있어서 세계비극은 보편적 부정성의 현상 속에 존재한다. 이때 보편적 부정성의 현상이란 "모든 사물의 유한성, 분열된 것의 다양성, 존립과 우월(Übermacht)을 위해 다른 현존과 대항하여 싸우는 모든 현존의 투쟁과 우연성"[47) 등으로 요약된다. 그러므로 일어나는 세계의 모든 사건들은 이러한 부정성을 통해 파괴된다는 점에서 비극성을 지닌다.

야스퍼스에 따르면 포괄자로서의 세계는 실재하는 모든 존재의 근원이 되는 무한히 개방된 영역으로서 인간에게 대립된 존재구조에서만 파악되는 원천으로 이해되며, 그 자체는 결코 대상화되지 않는 원천으로 간주된다. 이때 세계에 속한 존재로서의 인간은 세계와 대면하면서 자기실현을 위해 자기를 포괄하는 세계에서 무엇인가를 선택해야만 한다. 이러한 선택은 인간의 자기실현에의 가능성을 깨닫게 해주는 전제가 된다는 점에서 인간의 운명을 결정짓는 중요한 요인이 된다. 그러나 그렇다고 해서 인간의 운명을 조야한 의미의 필연성이나 의무 혹은 당위 등의 차원에서 이해하는 것이 아니라 해야만 하는 항변 없는 내적 필연

---

46) K. Jaspers, *Von der Wahrheit*, S.955.
47) 같은 책, 같은 곳.

성으로 야스퍼스는 이해한다. 이제 운명은 더 이상 내가 부딪치는, 나를 덮치는 위협적인 방해물로 작용하지 않는다는 것이다. 그런 점에서 내가 무엇인가를 선택하게 될 때 나의 가장 내면적 근거에 자리 잡고 있는 것은 다름 아닌 자유이다. 그러나 야스퍼스에게 있어서 이러한 자유는 liberum arbitrium, 즉 선택의 자유 속에 존재하는 것이 아니라, 내가 원하는 것이기는 하지만 내가 해야만 하는 필연성 속에 존재한다.

이러한 논의의 기초 위에서 야스퍼스는 운명을 amor fati, 즉 운명애로 이해한다. 이때 극복된 계기와 조화를 이루는 안식은 결코 일어날 수 없는 항구적인 반대자로서의 운명애는 개별적 현존재의 조건들과 나의 전체적 운명의 거부, 자살의 가능성, 다툼과 반항의 가능성 등을 그 자체 안에 지니고 있다.[48] 이처럼 운명은 "지식욕구의 기능, 선택의 기능, 행위를 위한 용기, 행위를 위한 선택, 용감함, 희생을 위한 준비됨, 인간의 존엄성 그리고 희망의 기능"[49] 등을 수행한다. 왜냐하면 진리를 추구하는 인간의 본질적 특성이 이러한 모든 것들로부터 형성된다는 점에서 이러한 특성 자체가 운명으로 규정되기 때문이다. 여기서 더 나아가 야스퍼스는 인간의 운명을 영원히 자기 자신 스스로 각성하는 '선택된 사고'로 이해한다.

결국 인간의 운명은 행위하는 가운데 난파함을 의미하며, 자신의 역사성의 한계상황에 대한 경험을 의미하며, 나아가 인간 현존의 유한하고 일시적인 성격이 저주에 빠지게 되는 것을 의미한다. 결국 난파 전이나 이후의 인간의 태도는 자신의 비극적 운

---

48) K, Jaspers, *Philosophie II*, S.219.
49) D. Georgovassilis, *Über das Tragische*, München, 1979, S.89.

야스퍼스의 비극이해 | 175

명과 단단하게 결속되어 있다. 이때 모든 행위는 죄와 밀접하게 관련된다. 비극적 인간은 자신의 죄를 자신에게 할당된 운명으로 감수하면서 침묵이 가져다 준 모든 반항과 스스로 화해한다. 물론 이러한 태도는 복종, 헌신 또는 체념으로 간주될 수 있다. 그러나 야스퍼스는 인간의 운명을 죄로 인하여 불가시성으로 떨어지는 세계를 구하고 다시 제작하는 것으로서 보며, 또한 그는 인간의 임무를 존재의 구제에 있다고 본다. 그 결과 요구되는 것은 초월성이라는 차원이며, 이러한 차원을 위해 인간은 실존 안에 신적인 공간을 마련해야 한다. 왜냐하면 초월자라는 언어의 청취는 비극적 지식을 완성하는 데 있어서 중요하고 결정적인 사건이기 때문이다. 따라서 비극적 인간은 어려운 운명을 선택하고 암호문자를 해독함으로써 존재에 더 가까이 다가가게 된다.

결국 암호문자의 해독은 지식에 대한 욕구에 의존하기 때문에 비극적 인간의 운명은 초월자의 언어 자체가 된다는 결론이 여기서 도출된다. 이때 야스퍼스에게 있어서 운명에 대한 철학적 반성은 인간에게 해결할 수 없는 운명이 주어진다는 점에서 인간의 운명은 절대적 고독이다. 따라서 비극적 인간은 스스로 그 자신의 힘들의 전개, 즉 운명 속에서 전통이라는 모든 근본파일을 절멸시키게 하는 가장 적합한 기초가 되며, 그러한 기초 위에서 지금까지 우리에게 결코 알려지지 않았던 새로운 세계로 인도한다는 점에서 비극적 인간은 숭고하다.[50]

---

50) 같은 책, S.95 참조.

3) 초월하는 사유의 비극성

비극적 지식의 가장 극단적 물음은 암호의 소리를 경청하는 초월하는 사유의 힘을 통해서 획득된다. 이때 초월하는 사유는 "사유하면서도 그러한 사유를 넘어서고자 끊임없이 좌절하는 가운데 다시금 사유해 나가는 사유의 시도"[51]를 가리킨다. 여기서 비극적 지식과 초월하는 사유가 연관되는 이유는 비극적인 것에는 고난과 경악을 넘어서서 사물의 근거로 나아가는 초월작용이 일어나기 때문이다.[52] 가장 극단적 경험으로서의 비극적인 것은 암호를 해독하고자 하는 의식이 한계상황에 부딪칠 때 성립된다. 따라서 비극은 언제나 비극적 의식의 영원한 암호이며, 이때 철학은 난파에서 경험할 수 있는 인식을 통해서는 결코 해소될 수 없는 비극적 에로스로 규정된다. 그러므로 초월하는 사유는 비극적인 것의 모든 특징들을 영원한 세계 안에 전개하고 함유하고 있다는 점에서 야스퍼스에게 있어서 초월성이 없는 비극은 존재하지 않는다.

야스퍼스가 규정하는 초월자의 개념은 형식적, 실존적 그리고 종교적 의미를 지닌다. 우선 초월자는 의식일반의 감각적 경험 및 경험되는 영역을 넘어서는 것으로 이해된다. 왜냐하면 야스퍼스는 주관-객관-분열의 극복을 통해서 초월자의 개념을 확보하고 있기 때문이다. 이때 초월자는 실존의 내적 행위를 통해 나에게 나를 선사해 주는 타자로서 말을 건네주는 존재이며, 내가 암호를 해독함으로써 투명해지는 그와 같은 존재이다. 이러한 초월자

---

51) H. Saner, *Jaspers*, Hamburg, 1970, S.173.
52) K. Jaspers, *Von der Wahrheit*, S.947 참조.

만이 단적으로 일자이며, 포괄자 그 자체로 이해된다. 그런 점에서 초월자는 본래 포괄자의 한 방식이 아니라 포괄자의 방식들이 전개되어 나오는 본질적 근원인 셈이다. 그러나 초월자는 인간의 사유와 마주 서 있는 것이 아니라 인간의 사고 속에 존재한다는 점에서 초월자를 사유하고자 하는 노력은 좌초되어 난파된다. 이러한 난파를 통해 성립되는 비극적인 것은 초월자에게서 그 절정에 이른다.

왜냐하면 진리에 대한 모든 물음은 신심에 대한 형이상학적 근본물음이기 때문이다. 야스퍼스에 따르면 "형이상학의 근거 없이는 단지 역경과 고뇌, 불행과 과실 그리고 실패만이 있을 뿐이며, 초월적 지식에 있어서만 비로소 비극적인 것이 드러난다."[53]는 사실에서 확인된다. 이처럼 초월적 지식은 실존과 초월자 사이의 대립적 구도에서 진리의 분열에 의해 성립된다. 이러한 근거를 바탕으로 비극은 진리를 인간의 일부로 만들어버림으로써 초월하는 사유의 비극성과 구원에 대한 철학적 희망을 야스퍼스는 확신하게 된다. 물론 이러한 희망은 종교적 의미가 아님에도 불구하고 종교적 구원의 유사성으로 오해되고 있다.

4) 이성의 비극성

야스퍼스에게 있어서 이성은 하나의 포괄자이지만 자립적 근원이 아니라 모든 것을 결속시키는 근원으로 규정된다. 이성은 사유, 감정 그리고 행위에서 모든 것을 결속시키는 보편적 의지

---

53) 같은 책, S.944 참조.

라는 점에서 이성은 고립을 막고 진리 속에서 상호 소통의 공간을 창조한다. 그런 점에서 이성은 개방을 특징으로 하며, 포괄자의 모든 양태의 재결합을 강요한다. 또한 이성은 상호 소통적, 보편적, 포괄적인 움직임의 동요 속에서 고요함을 특징으로 하는 사랑을 통해 모든 것을 그 자신 안에 감싸 안는다. 따라서 사랑 안에서 통일이 실현될 때 사랑이 곧 이성이 된다. 이때 이성은 세계에서, 의식일반에서 하나의 질서를 창조할 수 있다.

그런데 여기서 야스퍼스가 제시하는 질서란 찢긴 존재의 재통일을 의미한다. 논리적 자기의식으로서의 이성은 사랑의 근본특징으로서 일자의 계시로 이끌어진다. 그런 한에서 사랑으로부터 창조된 질서는 선-경험적이며 형이상학적이다. 이러한 사실은 이성을 통해 작용하는 인간의 비극성을 조명한다. 왜냐하면 질서는 결정되고 고정되며 제한적인 오성과 개방되고 역동적이며 어떠한 휴식도 알지 못하는 이성과의 공존과 협력으로부터 성립되기 때문이다. 요약한다면 이성은 오성, 즉 의식일반 없이는 한 걸음도 앞으로 나아가지 못하며, 이성은 의식일반의 부단한 확대를 원함으로써 질서가 확립된다는 것이다. 야스퍼스에 따르면 이러한 개념들은 질서의 관계 속에서 서로 의존하게 된다. 결국 질서 없는 사유는 불명확하다는 점에서 질서는 포괄자의 모든 양태들의 가능성에 대한 조건이 된다.

여기서 야스퍼스는 질서지어진 사유를 벗어날 길 없는 비극성과 연관하여 해명하고 있다. 질서는 사유를 포괄하며, 사유는 질서를 자유롭게 한다. 질서는 그 자신의 입법에 맞게 사유를 조정하며, 사유는 질서를 자유롭게 하고 질서를 통해 사유의 방향을 제시하고자 한다. 이러한 점에 근거하여 질서와 사유는 서로에게 반대자들이며 영원히 중재자 없는 대결의 양상을 보이게 됨으로써 비극적인 것이 성립된다. 왜냐하면 질서와 사유의 투쟁이 이성의 영역 속에서는 사랑의 투쟁으로서 전개되기 때문이다. 결국 비극적인 것의 문제를 매우 열려 있는 지평으로 주시하고 있는 야스퍼스는 세계 내의 투쟁, 죄, 고뇌, 우연 그리고 죽음의 한계 상황을 의식에 대한 자각으로 이해함으로써 비극적인 것의 가장 명확한 특징을 존재의 분열 속에서 현존하는 질서를 통해 확보하고 있다.

5. 맺는 말: 비극적인 것의 극복 가능성

지금까지 포괄자의 연관 속에서 비극적인 것의 근본적 성격과 이론적 논의들에 주목했다. 여기서는 극복될 수 없는 대립을 근거로 성립된 비극적인 것이 과연 그 성격상 극복될 수 있는 대상인지에 대해 고찰해 봄으로써 야스퍼스의 비극론에 대한 마지막 논의를 전개시켜 보고자 한다. 괴테에 따르면 "비극적인 것은 극복될 수 없는 대립에 기인한다. 극복이 되거나 혹은 그것이 가능하다면, 비극적인 것은 사라져버리고 만다."[54] 괴테가 제시하는 첫 문장과 관련해서 보면 모든 대립들로 인해 생기는 모순은 항상 현재적이며, 그로 인해 비극적 충돌의 극복은 허용되지 않는다는 것이다. 그러나 극복이 가능하다면, 완전히 조화로운 세계 해석을 생각할 수 있다. 이러한 경우, 비극적인 것은 충돌층과 화해층이라는 이중구조를 동시에 가진다. 이러한 이중구조는 모

---

54) E. Grumach, *Unterhaltung mit Goethe*, 1956, S.118.

든 비극성이 반드시 극복되어야 하는 것은 아니지만 극복될 수 있음을 암시한다. 실제로 비극적인 것의 극복을 위해 계몽주의로부터 성장한 보편철학과 종교적 계시를 통한 두 가지 방향이 제시되고 있다. 보편철학의 경우, 비극을 성립시키는 모든 대립과 모순은 오직 상대적인 부조화에 지나지 않는다는 점에서 전체의 조화를 구상하며, 종교적 계시의 경우, 구원의 은총을 통해 비극적 대립이 지양됨으로써 비극적인 것의 해방이 충족되고 완성된다.55)

그러나 야스퍼스는 조화롭고 완전한 통일적 세계해석을 위해 위에서 언급된 두 가지 방향 모두 불충분하다고 지적한다. 오히려 야스퍼스는 이성의 무제한성과 오성의 제한성을 해명함으로써 비극적인 것의 극복 가능성에 대해 논의하고 있다. 비극적 의식은 순수오성의 후천적이며 경험적인 주관적 힘들의 의식과 순수이성의 선천적이며 형이상학적 가능성 사이에서 성립되는 의식으로 간주된다. 왜냐하면 주관적 힘들의 유한성과 가능성의 무한성 사이에서 이율배반이라는 비극적 긴장이 발생하기 때문이다. 다시 말해 인간오성의 비극적 제한성과 모든 한계를 넘어서고자 하는 이성의 사변적 힘들로부터 비극적 판단들이 성립되는 전제와 조건 등이 비극적 경험들을 요구하게 된다는 것이다. 그러나 이러한 요구는 이성의 무기력에 근거하여 확립됨으로써 실현되지 않은 채 존재하며, 그로 인해 대립은 제거될 수 없고 존재의 근원적 통일 또한 그 실현이 불가능하다. 이러한 논리를 바탕으로 한다면 비극을 성립시키는 대립들 간의 화해는 불가능하

---

55) K. Jaspers, *Von der Wahrheit*, S.923 참조.

다는 결론이 도출된다. 이러한 결론에 동의하는 야스퍼스는 이성의 빈곤과 무기력 때문에 가능한 실존을 구제할 수 없다고 본다. 바로 그 점에서 비극적 절망의 극복은 완성될 수 없다고 야스퍼스는 주장한다.[56]

이러한 점에서 보면 야스퍼스의 비극적인 것은 반젠 식의 '세계법칙'[57]이나 우나무노 식의 '생명'[58]이라는 존재의 지배적 양상으로서가 아니라 실존조명의 영원한 빛 안에서 가장 순수한 철학적 인식으로서 해명된다.[59] 비극적인 것은 지양되거나 극복되는 차원이 아니라 야스퍼스에게 있어서는 단지 최종적 지식으로 확립될 뿐이기 때문이다. 비극적 지식은 개별적이고 직접적이며 또한 명백하기는 하지만, 이러한 비극적 지식을 소유할 수 있는 인간들은 제한되어 있다. 이 점이 야스퍼스가 정신적 귀족주의를 옹호하고 있다는 비판을 면하기 어려운 부분이기도 하지만, 실존의 근본적 특성을 고려한다면 충분히 이해될 수 있는 부분이다.

야스퍼스에게는 순수한 철학적 인식으로 간주되는 비극적인 것은 모든 이론적 개념성에 앞서며, 또한 가능한 경험의 전체와의 연관 속에서 모든 경험적 의미질에 앞서는 근원적 직관으로 이해된다. 그러한 근거에서 "비극적 지식은 사변적 연역을 통해서 체계화하거나, 양극성이 없는 하나의 비극적 세계관으로 절대

56) D. Georgovassilis, *Über das Tragische*, S.193 참조.

57) J. Bahnsen, *Das Tragische als Weltgesetz und der Humor als ästhetische Gestalt des Metaphysischen*, Berlin, 1995 참조.

58) M. Unamuno, *Das Tragische Lebensgefühl*, München, 1925 참조.

59) K. Jaspers, *Von der Wahrheit*, S.958 참조.

화하지 않고 오히려 비극적 지식을 근원적 지식으로서 보존하는
해석이 바람직하다."60)고 야스퍼스는 강조한다. 이때 "근원적인
철학적 직관작용이란 형태를 통해 묻고 사색하는 것이다."61) 이
처럼 근원적 지식으로서의 비극적 지식에는 항상 비극적인 것의
극복이 포함되어 있음을 야스퍼스는 배제하지 않는다. 그러나 야
스퍼스가 주장하는 극복은 "계몽주의적 보편철학의 학설과 종교
적 계시에 의한 극복이 아니라 질서, 정의 그리고 인간애에 대한
직시와 신뢰에 있어서의 극복"62)이다. 따라서 "비극적인 것은 모
순 속에서 고양되지만 모순을 해결하지는 못하며, 그렇다고 해서
모순을 해결할 수 없다고 확정하지도 않는다. 비극적 지식은 원
래 미완성적인 것이며 오직 직관 그 자체, 즉 물음의 운동만이
완성적이기 때문이다."63)

이처럼 야스퍼스는 비극적인 것을 이성을 통해서, 사랑 안에서
그리고 암호해독으로 인도되는 철학에의 길로 이해한다. 철학함
은 "비극적인 것을 절대화하는 것이 아니라 실재성의 암호화된
텍스트에 존재하고 있는 상징을 통해 초월자를 읽어내는 것을
뜻한다."64) 바로 이러한 점에서 비극적인 것에 대한 모든 합리적
고정화와 독단은 배제된다. 따라서 야스퍼스의 비극적인 것의 철
학적 의미는 절대적인 것이 아니라 현상을 해명한다는 점에서
표면적(vordergründig)이다.65) 따라서 야스퍼스에게 있어서 비극

---

60) 같은 책, S.960.
61) 같은 책, 같은 곳.
62) 같은 책, 같은 곳.
63) 같은 책, 같은 곳.
64) P. Ricoeur, "Philosophie und Religion bei Karl Jaspers", in: *Karl Jaspers in der Diskussion*, München, 1973, S.365.

적인 것의 본질적 특성은 초월자 혹은 존재의 근거 속에 있다기 보다는 시간의 현상 속에 있다고 볼 수 있다. 일자는 시간의 현상 속에서 난파하기 때문에 비극적인 것의 형태로 드러날 수밖에 없다.66)

---

65) K. Jaspers, *Von der Wahrheit*, S.960.
66) 같은 책, 같은 곳.

세계철학의 두 유형

플로티노스와 야스퍼스

최양석

1. 들어가는 말

19세기의 시인 키플링(Kipling)은 "동은 동이요 서는 서, 이 둘은 서로 결코 만나지 못하리라."고 노래하였다. 그는 이 구절에서 동서 간의 단절을 잘 표현하고 있다. 그러나 우리가 동과 서 내지 동서철학을 이야기할 때, 동양과 서양 사이에 어떤 명백한 선이 있는 것일까? 동서 간에 확실한 지리적, 문화적 경계선을 긋기란 쉽지 않다. 그리고 동양과 서양이 초기부터 아주 확실하게 분리되어 있었고, 이 둘이 독립적으로 발전되어 왔다고 볼 수도 없다. 동양과 서양이란 말은 지리적, 문화적, 정치적 측면에서 단지 상대적인 의미만을 지니고 있다. 그러므로 동양과 서양의 개념은 지역과 시대별로 유동적인 것이 될 수 있다.[1]

---

1) 이 논문에서 동서의 개념은 현재 한국에서 통용되는 개념을 기초로 전개될 것이다. 이렇게 볼 때 동양은 인도와 중국 그리고 대한민국이 될 것

인도와 그리스의 접촉은 매우 오래 전부터 있어 왔던 것으로 보인다. 인도의 몇몇 학자들은 실제로 아테네를 방문하여 소크라테스와 이야기를 나누었다는 정보가 있다.[2] 산스크리트 문법의 창시자인 파니니(기원전 8세기경)는 그리스 사람을 야야나스(yayanas: 이오니아 사람이란 뜻)라고 지칭하면서, 그리스 알파벳을 이야기하고 있다. 이 시대에 페르시아제국은 인도와 그리스를 매개하는 중간지역이었다. 알렉산더 대왕이 페르시아를 정복한 사실에서, 우리는 아리스토텔레스가 인도사상에 대해 전혀 알지 못했다고 믿기는 어려울 것이다. 알렉산더 대왕이 죽은 뒤 외교적, 문화적 변화가 한편에서는 인도, 다른 한편에서는 그리스, 이집트, 로마 사이에 계속되었다. 회의론, 신플라톤주의, 신비적 직관주의, 그리고 몇몇 정통 기독교 및 이단적 기독교의 신비주의 형태 등은 이란과 서아시아로부터 인도사상에 이르기까지 직접·간접으로 의존해 있거나 최소한 그것들에 의해 뒷받침 또는 강화되었다. 따라서 오르페우스 종교, 피타고라스학파 등이 지닌 영혼의 불멸성이나 윤회에 대한 소크라테스나 플라톤의 믿음은 동양적 영향력에 기인한 것이라 여겨진다. 그리고 신플라톤주의도 동양적이라면, 그것은 아우구스티누스주의에 영향을 주었고 그를 통해 기독교 철학의 분파에 영향을 주었을 것이다.

우리는 동양의 사상이 서양에 얼마나 많이 유입되었는지 훨씬 많은 증거를 찾아낼 수 있다. 그런데 16세기에 이르러 그 흐름은 역전되었다. 동양에서 전개되고 형성되어 체계화된 사상의 상당

이고, 서양은 유럽이 될 것이다.

2) S. Radhakrishnan, *Eastern Religions and Western Thought*, Oxford, 1939, p.151.

부분이 동양으로 역수입된 것이다. 여기서 우리가 알 수 있는 것은 동양인과 서양인의 의식 속에는 동서양의 모든 요소가 일정 부분 있어서 동과 서는 서로를 이해할 수 있다는 사실이다. 그러므로 동서양 철학의 만남의 장인 '세계철학'이란 이념은 야스퍼스가 창안한 개념이지만, 그것은 과거의 많은 철학자들이 분명하게 파악하고 있지 못했다 하더라도 오랜 역사를 가지고 있음을 알 수 있다. 이러한 관점에서 동서철학의 만남과 세계철학이라는 주제가 등장한다.

지금 우리 시대는 상품이 지배하고 있으며, 기술이 우리를 강요하고, 공간은 단일화되고, 시간은 수축하고 있다. 이 세계의 현재 상황, 즉 소련 붕괴 이후 동일한 경제 모델 중심으로의 통합, 정보기술혁명에 의해 야기된 통합의 가속화 등은 '세계화(Globalisation)'라고 표현되고 있다. '세계화'는 돈과 경제, 순응주의와 동의, 자본과 사람과 이념의 유동성 등이 결국 국가경제의 틀을 벗어나는 고유의 논리를 세계경제에 부여한다. 우리는 그것으로부터 지적이고 정치적인 위기, 사유와 행동상의 위기를 겪고 있다. 지금 우리에게 불어 닥치고 있는 '세계화'의 바람은 진정한 의미에서 세계화이며 지구화인가? 오히려 그것은 단지 서구화에 지나지 않는 것은 아닐까? 세계화의 진통은 서양에 의해 시작된 서세동점의 지구촌 대개발 사이클의 완결과 그에 따른 위기를 겪고 있는 것은 아닐까? 만약 그렇다면 '세계화'란 서구세계의 물질적 기준들이 전 지구로 침투하는 과정을 나타내는 사이클의 완성판이라 할 수 있다.

우리는 세계화의 추세 속에서 진보와 퇴보, 부자와 빈자, 새로운 호기심과 망각된 다수라는 자신의 모순적인 몫을 지닌 채 앞으로 나아가고 있다. 그리하여 우리는 예견되지도 않았고 예견될 수도 없는 새로운 현실 앞에서 새로운 패러다임과 개념을 기다리고 있다. 새로운 것을 찾기 위해서는 과거를 살펴볼 필요가 있다. 과거를 이해한다는 것은 그것이 실제로 전개된 대로 인식하는 것을 의미하지는 않는다. 그것은 어떤 위기의 순간에 문득 환히 나타나는 어떤 추억을 인식한다는 것을 의미한다. 역사적 연구에서 우리는 뜻밖의 풍경을 바라보고, 다른 가능성이 끼어들고, 다른 출구들이 문득 환히 드러나는, 과거와 현재가 서로 교차하는 샛길을 발견할 것이다.

이 글에서는 플로티노스와 야스퍼스의 사상에 나타난 세계철학의 문제를 고찰하려고 한다. 그렇다면 왜 플로티노스와 야스퍼스를 함께 다루는가 하는 문제가 제기된다. 일반적으로 보면 플로티노스와 야스퍼스 사이에는 역사적이고 철학적으로 건널 수 없는 심연이 가로놓여 있어서 전혀 연관이 없어 보인다. 그러나 철학에 있어 시대적 기준은 중요한 것 중 하나가 될 수 있지만 유일한 것은 아니다. 더 중요한 것은 철학적 사유의 특징이다. 두 사상가의 삶과 사유의 형태는 서로 연결점을 가지고 있다. 푸거(F. Fuger)는 야스퍼스와 플로티노스의 관계를 다음과 같이 언급했다. "야스퍼스가 칸트의 영향을 받은 실존철학자라는 것은 의심의 여지가 없다. 그는 또한— 아마 누구보다도 더 — 신플라톤주의자이다."3) 그리고 보헨스키는 야스퍼스를 '플로티노스의 제자'라고 불렀다.4) 야스퍼스는 '세계철학'의 해명을 위해 그 어

---

3) F. Furger, "Struktureinheit der Wahrheit bei Jaspers", in: *Salzburger Jahrbuch fuer Philosophie*, Salzburg, 4/1960, S.116.

4) J. M. Bochenski, *Europaeische Philosophie der Gegenwart*, 1951, S.192.

떤 철학자보다도 더 깊이 연구한 철학자이다. 그에게서 '세계철학'이라는 근본적 문제는 전통과의 동화에 의해 현대적 얼굴을 하고 새롭게 나타났다. 그러므로 우리는 야스퍼스와 플로티노스의 비교를 통해 세계철학의 근본특징을 파악할 수 있을 것이다.

야스퍼스와 플로티노스의 세계철학을 논하는 데는 몇 가지 문제가 있다. 첫째는 야스퍼스와 플로티노스 모두 닫힌 체계를 세우지 않고 열린 사유를 하고 있다는 것이다. 그들에게 있어 모든 사유는 끊임없이 움직이고 있지만, 여기서는 세계철학의 본질을 해명하기 위해 체계적으로 논술하였다. 또 다른 문제는 그들의 저서에는 다양한 주제들이 다루어지고 있고, 시간이 지나면서 그들의 사유가 발전하고 개념이 변화되고 있다는 것이다. 그러나 여기서는 그들의 중요한 개념들의 발전은 다루지 않고, 다만 일반적으로 인정되는 관점을 취하였다.

세계철학을 이해하기 위해 야스퍼스를 플로티노스보다 먼저 다루었다. 왜냐하면 야스퍼스의 입장이 플로티노스보다 더 분명하기 때문이다. 2절에서는 야스퍼스의 세계철학을 다루고, 3절에서 플로티노스의 철학을 다루며, 결론에서 연구의 결과를 제시할 것이다.

2. 야스퍼스의 철학

1) 현대의 정신적 상황

우리는 하나이며 언제나 존재하는 영원의 철학(philosophia perennis)을 추구하지만, 진리는 언제나 상황 속에서 운동 중에 있으므로 진리 자체를 인식하지는 못한다. 그러므로 영원의 철학은 절대적이고 배타적으로 존재하지 않고 다양한 형태로 나타나게 된다. 이에 야스퍼스는 자신의 철학적 사유의 이해공간을 확보하기 위해 끊임없이 현대의 상황을 이해하려고 했다. 야스퍼스에 있어 철학적 사유는 상황해명에 의해 가능하며, 상황해명은 오늘날 철학적 과제가 무엇인지 파악하기 위해 필연적으로 요청되는 것이다. 이러한 그의 개인적 태도는 다음 문장에서 명백해진다. "내가 '존재란 무엇인가? — 왜 무엇인가 존재하며, 왜 무는 존재하지 않는가?'라는 질문을 할 때, 나는 그러한 물음의 시원에 서 있지 않다. 나는 그러한 물음을, 그 속에서 과거로부터 내가 나 자신을 발견하는 상황 가운데 서 있다."5) 그러므로 야스퍼스는 자신의 본래적 사유의 과제를 영원의 철학의 한 표현형태로 나타난 과거의 위대한 철학자들의 도움을 받아 현대의 상황에 알맞게 재구성하여 다시 파악하려고 한다.

야스퍼스는 현대의 상황을 파악할 때 무엇보다도 정신적 상황으로 파악하려고 했다. 왜냐하면 인간은 정신이며 본래적 인간의 상황은 정신적 상황이라고 생각했기 때문이었다. 그에 의하면 현대의 정신적 상황은 어두운 시대의식을 살펴봐야 알 수 있다. 우리는 새로운 사유의 한계에 서 있다. 왜냐하면 서구인들의 실재에서 조용한 가운데 어떤 무서운 것, 모든 권위의 파멸, 이성의 권위에 대한 완전한 실망, 모든 것을 가능케 하는 모든 조건들의 해체6)를 경험하기 때문이다. 야스퍼스는 어두운 시대의식의 원

---

5) K. Jaspers, *Philosophie I*, Berlin, 1973, 3. Aufl., S.1. 이하 Ph I로 약칭하여 표기함.

6) K. Jaspers, *Vernunft und Existenz*, Groeningen, 1984, 3. Aufl., S.10. 이

인을 오늘날 개인에게서 찾아볼 수 있는 믿음의 상실(Glaubens-losigkeit)에서 찾았다. 현대는 믿음의 상실이 어느 시대에도 볼 수 없을 정도로 성취되었다. 우리는 우리 시대의 믿음의 상실에서 현존재의 황량함을 느낀다. 오늘날 믿음의 상실을 고찰하려면 먼저 교회의 무기력과 영향력 감소에서 찾을 수 있다. 과거에 종교는 삶의 전체 영역과 연관되어 있어서, 종교가 출생에서 죽음까지 일상의 삶 전체에 파고 들어가 모든 것이 일어나는 공간이었지만, 그에 비해 오늘날 종교는 일요일에는 삶의 영역에 들어오지만 평일에는 삶의 영역 밖에 놓이게 되었다. 그리고 오늘날 믿음의 상실은 개인의 무 신앙에서 유래한 것이 아니고 유럽의 정신적 발전이 이끄는 결과로 파악하였다. 그는 그 이유로 계몽주의, 프랑스혁명, 독일의 철학적 관념론을 예로 들었다.

야스퍼스는 현대를 과학과 기술의 시대라 규정했다. 과학은 산업혁명 이후 우리의 삶을 점점 더 규정해 왔고 세계의 면모를 일신시켜 왔다. 그러므로 과학은 우리들에게 정신적, 물질적으로 피할 수 없는 운명이며 동시에 기회가 되었다. 그러나 그에 의하면 과학의 의미는 충분하게 탐구되지 않았을 뿐만 아니라 전체적으로 커다란 수수께끼가 되어 과학에 대한 미신이 자라나게 되었다. 데카르트가 철학과 근대과학을 동일시한 것에 의해 또한 분명히 그 당시의 정신과 일치하는 데카르트의 오류에 의해, 과학을 전체지라고 잘못 생각하는 견해가 생겨났고, 철학은 아주 타락해 버렸다.[7] 철학은 과학과 연결되어 있으며 과학을 매개하여 사유한다. 그러나 새로운 진리관의 출현은 지난 19세기의 과

하 VE로 약칭하여 표기함.

7) K. Jaspers, *Der philosophische Glaube*, Zürich, 1948, S.132.

학을 기초로 하여 비로소 가능하였지만 아직 완성되지 못하였다. 철학은 방법적으로 다시 새롭게 해명되어야 한다.

야스퍼스는 키에르케고르와 니체에 의해 초래된 정신적 상황을 이야기한다. 이 두 사람은 오늘날 철학적 상황에 새로운 분위기를 창조했고, 서양철학의 새로운 전환을 일으켰다. 이 두 사람에 의해 형성된 상황에 의해 새롭게 형성된 철학적 과제는 다음과 같다.8) 첫째로, 이성의 가능성이 가장 광범위한 영역에서 방법적으로 자각되어야 한다. 둘째로, 우리는 자기기만 없이 우리들이 다시 변화시켜야 할 철학사에서 보편적인 존재로 돌아가야 한다. 셋째로, 철학은 계시신앙과 무신앙 이 두 가능성 사이에서 움직이고 있다는 것을 의식해야 한다. 넷째로, 철학적 사유는 고유하며 본래적인 철학적 신앙의 근거를 새롭게 확인하지 않으면 안 된다.

현대의 모든 인간생활은 총체적이고 극심한 변화로 말미암아 지금까지와는 완전히 다른 의미를 지니게 되었다. 인류는 교통의 발달로 상호 교류하기 시작하였으며, 오늘날 정보통신기술의 눈부신 발전은 신속한 교류를 가능케 함으로써 전 지구를 하나의 네트워크로 묶어놓았다. 이에 하나의 동일한 역사가 시작되어 인류는 같은 운명을 짊어지고 가게 되었다. 이렇게 극단적으로 변화된 조건하에서 철학하기 위해서는 정신의 새로운 형식이 필연적이다. 그것은 고대로부터 내려오는 영원한 것을 시대상황에 알맞게 우리 자신의 그릇에 담기 위해 새로운 것을 요구하는 일이다. 야스퍼스는 이러한 새로운 사상을 세계철학이라 불렀다. 세

---

8) VE, S.104.

계철학이란 이성의 기관이 되는 것이며 사유의 가능성을 포괄하는 체계학이 되는 것이다. 세계철학은 이해 속에 작용하는 한계 없는 개방성이어서 최고로 함축된 가능성을 전달할 수 있다. 따라서 세계철학은 하나로서의 인류를 위해 보편적인 교제영역을 마련하려는 사상이다.9) 그러므로 세계철학은 누구에게나 이해 가능한 것이어야 하며, 세계 전체의 철학이 아닌 민주적인 철학함이 되어야 한다.10)

2) 나 자신으로서의 실존과 실존의 각성

야스퍼스에 의하면, 우리는 타자인 세계에서 포근히 우리를 감싸주는 고향이 아니라 삶의 위협을 느낀다고 한다. 그러므로 나는 세계 내에서 안정을 느끼지 못하고 있다. 고향상실의 쇼크는 나를 나 자신으로 이끈다. 그리하여 나는 내가 단지 존재하고만 있다면 나 자신은 무와 같다는 것을 안다. 나는 일반적인 나가 아니고 나 자신11)이기 때문이다. 이러한 근거에서 나는 단순히

---

9) 하버마스는 이러한 야스퍼스 철학의 의의에 대해 다음과 같이 말한다. "막스 베버가 자신의 유명한 시대 진단에서 언급했던 신앙세력들 간의 투쟁은 오늘날 문화들 사이의 갈등에서 직접적으로 정치적인 변모를 취하게 되었다. 이런 세계정세는 야스퍼스 철학에서 큰 의미를 지니는 한 주제에 놀라울 만한 시의성을 부여한다." 위르겐 하버마스, 홍윤기 옮김, 『의사소통의 철학』, 민음사, 2004

10) 야스퍼스의 세계철학에 대해서는, 리하르트 비서, 정영도 외 옮김, 『카를 야스퍼스』, 문예출판사, 1999, 149-162쪽, '제5절 야스퍼스의 기본구상의 결과로서의 철학의 세계사와 세계철학에 대한 기획과 전망' 참조.

11) K. Jaspers, *Philosophie II*, Berlin, 1973, S.44. 이하 Ph II로 약칭하여 표기함.

삶을 지속시키는 것에 만족하지 못하고, 본래적 나 자신이 되려고 한다. 그래서 나는 나 자신에 대한 염려에서 나 자신을 추구한다. 나 자신에 대한 추구에서 나는 생명적 현존재에 불만을 느끼고, 내가 생명적인 현존재일 뿐이라면 나 자신은 무 속에서 사라져버리게 된다는 불안감에 사로잡히게 된다. 나는 이러한 나 자신을 알려고 의욕한다. 그러나 나는 나 자신을 알 수 없으며 오히려 잘못된 지식에 빠져 오히려 나를 잃을 수 있다. 그래서 나 자신이 무엇인지는 언제나 의문으로 남는다. 나는 본래적 나가 나에게로 오는지 오지 않는지 객관적으로 알 수 없다. 내가 나 자신을 추구하면서 나는 나 자신을 찾을 수 없다는 것을 알고 놀란다. 왜 내가 나 자신을 알려고 해도 알 수 없는가? 도대체 나 자신이란 무엇인가?

내가 대상인 한 나 자신이 무엇인지 모른다. 나는 나 자신을 지식이 아닌 다른 방식으로 내성해야 한다.12) 나는 자유에서만 나 자신을 발견할 수 있다. 자유로서의 인간에 대한 야스퍼스의 탐구는 실존으로서의 인간에서 찾아볼 수 있다. 왜냐하면 대상화된 것은 나 자신과 절대적 동일성을 갖지 못하기 때문이다. 실존은 대상이 되지 않는 내가 사유하고 행위하는 근원이다. 나는 사색의 과정에서 인식할 수 없는 것에 대해 말한다.13) 실존은 이중의 관계 속에 있다. 그것은 먼저 나 자신의 관계 속에 있으며 두 번째로 초월자와의 관계 속에 있다. 실존은 자기 자신과 관계하며 그 속에서 초월자와 관계한다.14) 그것은 시간성과 영원, 고독

---

12) Ph I, S.5.
13) Ph I, S.15.
14) Ph I, S.15.

과 상호 소통, 자유와 구속의 합일이라는 의미에서 역설적으로 설명되는 이중의 위치를 갖는다. 이러한 실존의 성격은 실존이 보편적인 범주로는 알맞게 개념화될 수 없음을 보여준다. 그러면 실존에 대해 어떻게 이야기할 수 있는가?

실존은 먼저 단순한 현존재에 대한 불안에서 자신을 나타내 보인다. 실존해명이 의식일반에 대해 말하는 것은 단지 부정적으로 획득된 대상에 대한 불만족에서이다. 현존재에 대한 불만은 충분하게 증명될 수 없는 것이기는 하지만 가능적 실존의 표시이기 때문이다. 이러한 불안은 세계존재를 돌파해 자신으로 하여금 근원으로 돌아가게 한다. 그러나 나에게 다가오는 불만은 다만 부정적인 근원일 뿐이다. 세계존재를 돌파하는 것을 긍정적으로 사유하는 확신은 실존해명이다. 나는 나의 불만을 단순히 지양하지 않고 설명하려 한다. 왜 그것이 여기서 중요한지 긍정적으로 사유하면 실존해명에 이른다.[15]

인간의 실존은 실재적 실존이 아닌 가능적 실존이라는 것을 아는 것이 중요하다. 실존해명적 사유는 위에서 말한 바와 같이 대상적 사유를 넘어서서 실존 자체의 근원적인 초월함으로 나아간다. 만약 그것이 초월하면서 사유된다면, 그것은 실존적 실재성이 아니고 실존적 가능성이다. 실존은 그 자체가 현존하는 것이 아니고, 현존재로서 가능적 실존에 있어서 나타난다.[16] 자기반성에서 자기 자신으로 고양하면서 가능적 실존은 실재적 실존이 된다. 이러한 사실은 지금의 논의를 위해서 중요하다. 왜냐하면 자기확신이 무엇이냐는 것은 실존이 무엇이냐는 것에 달렸기

15) Ph II, S.8.
16) Ph I, S.17.

때문이다. 가능적 실존으로서의 내가 여기에 있을 때 나는 자기 확신을 의미 있게 추구할 수 있다. 현존재에서의 인간은 가능적 실존이다. 즉 언제나 결단하여야 할 존재이다. 이러한 의미에서 실존의 존재는 고정적이 아니라 존재 가능이다. 이러한 실존의 특징은 다음 문장에서 확실히 드러난다. "내가 나를 만날 때 이미 나 자신으로 여기 있지 않다. 철학하면서 가능성으로서의 내가 되어 간다."17) 여기서 야스퍼스는 나는 실재적 실존이 아니고 가능적 실존이라고 분명히 말한다. 나는 나 자신을 본래부터 가지고 있는 것이 아니라 나에게로 오는 것이다.

나는 현존재로서 언제나 하나의 특수한 상황에 놓여 있다. 우리는 상황 내 존재이다. 상황은 변하며, 또한 나의 행위에 의해 상황을 변화시키기도 하고 새로 만들기도 한다. 그러나 누구도 상황을 떠나서 존재할 수 없다. 상황이 없는 인간이란 공허나 무의미로 떨어진다. 상황은 자연법칙적인 것이 아니고, 물리적이나 심리적인 것이 아닌 나의 현존재에 이익이나 손해를 가져다주거나 기회나 한계를 의미하는 구체적 실재로서 동시에 둘 모두인 의미연관적인 실체이기 때문이다.18) 야스퍼스에 의하면 순간적으로는 다른 것이 되는 듯이 보여도 결코 변화하지 않는 상황이 있다. 이것이 한계상황이다. 그는 네 가지 근본적인 한계상황, 죽음, 투쟁, 고통 그리고 죄를 지적하고 있다. 한계상황은 내가 더 이상 단순한 현존재가 아닐 때 느끼게 된다. 현존재의 동요는 현존재의 상황에서 한계상황으로 이끈다. 다시 말하면 상황이 주체를 급격한 동요에 의해 실존으로 각성시킬 때 상황은 한계상황

17) Ph I, S.27.
18) Ph II, S.202.

196

이 된다. 한계상황은 상황이 현존재에 속하듯이 실존에 속한다. 현존재에 주어지는 한계상황에서 도약함으로써 현존재에서 실존으로 되며, 나는 새롭게 태어나는 것을 의식한다. 한계상황은 자기존재를 각성시키며 그리고 그것에 의해 한계상황에서 열린 눈이 생긴다. 그러므로 한계상황을 경험하는 것은 실존함과 동일하다.[19]

이제 현존재를 실존으로 이끄는 네 개의 개별적인 한계상황을 설명해 보자. 첫 번째의 한계상황은 죽음이다. 야스퍼스에 의하면 죽음에 대한 물음은 잘못된 물음인 사이비 물음이 아니라 철학적인 사유에 속하며, 철학자는 이에 대해 진지하게 대답해야 한다. 왜냐하면 철학적 사유는 철학자에게 지식이 아니라 실천이며, 참된 삶의 연구 자체이기 때문이다. 나 자신의 것으로서의 나의 죽음은 전혀 객관적이나 보편적으로 파악할 수 없다. 그러므로 현존재의 객관적 사실로서의 죽음은 한계상황이 아니다. 나의 죽음은 이웃의 구체적인 죽음에 대한 지식에서, 특히 내가 가장 사랑하는 죽음과 나의 죽음, 우리들에게 실재가 된다. 그러면 그것이 한계상황이 된다. 그러나 내가 죽음에 직면해서 중요한 것을 아무것도 발견하지 못하고 허무주의적으로 절망한다면, 죽음은 더 이상 한계상황이 아니다.[20] 이때 실존은 가능적 심연의 각성 없이 잠자고 있다. 죽음에 대한 나의 태도가, 삶에 의한 새로운 각성에서 변한다. 내가 현존재를 마치 존재 자체인 것처럼 절대적으로 받아들이고 현존재에 사로잡히면 나는 실존을 잃어버린다. 죽음이 아니었다면, 끝없는 영속하는 존재는 될지언정,

19) Ph II, S.204.
20) Ph II, S.223.

실존하지는 않을 것이다.21)

　고통은 두 번째 한계상황이다. 고통은 현존재의 제약이며 부분적인 소멸이며, 모든 고통 뒤에는 죽음이 있다. 나는 마치 죽음을 극복할 수 있는 듯이 고통을 이기려고 싸운다. 그러나 고통을 극복하려는 모든 노력은 언제나 제약되어 있으며 고통은 피할 수 없다. 고통은 겉으로 보기에는 행복과 모순관계에 있는 듯이 보인다. 그러므로 우리는 일상생활에서 고통은 부정적으로, 행복은 긍정적으로 본다. 그러나 현존재의 행복은 우리의 실존을 위태롭게 한다. 현존재의 행운만이 있다면 가능적 실존은 잠자고 있다. 순수한 행운이 아무런 성취도 없다는 것은 놀랍다. 고통이 실재적 현존재를 파멸시키듯이 행운은 본래적 존재를 위협한다. 고통의 한계상황에서 우리는 긍정적 측면을 발견할 수 있다. 능동적이고 수동적인 체념의 양극이라는 고통에 대한 태도에서, 가능적 실존은 한계상황에서 사유될 수 있는 근원에서 초월자와 하나 되는 경험으로 도약한다.22) 고통에 대한 의식에서 우리는 다른 사람에 대한 동정심을 느낀다. 내가 다른 사람의 고통을 보면, 그것을 마치 나를 대리해서 고통당하는 것으로 여기며 세계의 고통을 자신의 고통으로 지닌다.

　개별적 한계상황의 세 번째는 투쟁이다. 지금까지 설명한 죽음과 고통은 내가 행위를 하지 않아도 생기는 한계상황이다. 이에 비해 투쟁과 죄는 내가 행위함으로써 생기고 적극적으로 내가 초래한 것이다. 현존재로서의 나는 타인과 투쟁하고 있다. 수동적으로는 존재의 가상의 안정 속에서 단순한 현존재를 위한 투

---

21) Ph II, S.229.
22) Ph II, S.232.

쟁이며, 능동적으로는 성장과 자신의 힘을 증대하기 위한 투쟁이다. 내가 획득한 모든 지위는 그 위치에 있을 다른 사람을 몰아내고 차지한 것이며, 나의 성공은 타인의 성공을 제한하고 얻은 것이다. 야스퍼스는 이러한 냉혹한 현존재의 투쟁의 성격을 잘 파악하고 있다. 유기체적인 삶은 투쟁 없이 생존할 수 없기 때문에 투쟁이 없는 천국은 불가능하다. 지금까지 설명한 현존재의 투쟁 이외에 정신적 이념과 실존의 사랑의 투쟁이 있다. 그것에는 어느 한쪽의 승리와 패배가 없으며, 아무런 폭력 없이 전개된다. 이러한 투쟁은 실존의 현상에서 자기실현의 조건이며, 폭력 없이 실존의 근거에까지 들어간다. 사람의 투쟁에서 자기존재의 현상의 근원인 나의 실존적 자기확실성을 얻게 된다.

마지막으로 네 번째 한계상황은 죄이다. 나의 현존재는 나의 의지와 무관하게 죄를 짓고 있다. 내가 삶을 영위하기 위한 노동에서 고통이나 비참함이라는 대가를 치렀다 하더라도, 더 나아가 파멸했다 하더라도, 착취에 의해 살아가는 내 죄가 소멸되는 것은 아니다. 좁은 의미에서 죄는 행동에서 나온다. 그렇다면 나는 행동하지 않음으로써 죄에서 벗어날 수 있는 듯이 보인다. 그러나 야스퍼스에 의하면 행동하지 않는 것 자체가 하나의 행동, 즉 태만이기 때문에 행동하든 행동하지 않든 간에 나는 죄에서 벗어날 수 없다. 그러므로 죄 없이 살 수 있는 사람은 없다. 죄 속에서 나는 살아가고 살아갈 수 있다. 그러므로 아낙시만드로스의 비극적 명제 "인간의 가장 큰 죄는 그가 태어났다는 것이다."[23] 는 설득력을 갖는다. 죄의 한계상황에서 우리에게 중요한 것은

---

23) K. Jaspers, *Von der Wahrheit*, München, 1983, S.932. 이하 VdW로 약칭하여 표기함.

죄 없이 되는 것이 아니라, 피할 수 있는 죄를 실제적으로 피하는 것이며, 그것을 극복하려는 긴장 속에서 타인이 짓는 모든 죄에 대해 동정심을 가져야 한다.

죽음과 삶, 고통과 행운, 투쟁과 상호 협조, 죄와 속죄의식은 서로 연관되어 있으며, 하나는 다른 하나 없이는 존재하지 않는다. 그러므로 지금까지 설명한 네 가지 각각의 한계상황은 이율배반적이다. 한계상황에 의해 삶은 깊어지고 나는 나 자신으로 돌아오게 된다. 그러나 동시에 삶은 위기에 처하며, 공허 가운데 자신을 잃어버릴지 모른다는 불안에 휩싸인다. 한계상황은 나에게 좌절을 제시한다. 절대적 좌절의 한계상황에서 나는 어떻게 할 것인가? 야스퍼스에 의하면 한계상황의 모든 파멸에서도 자기확신의 길이 보인다. 그것은 나 자신의 자유에 의해 가능하다. 한계상황에서 도출된 자기확신은 그러므로 자유를 필요로 한다.

자유로서의 인간에 대한 사유에서 자기확신은 획득된다. 왜냐하면 자기확신은 근원적으로 자유에서 나온 것이기 때문이다. 그러므로 자유는 자기확신의 문제를 연구하는 데 중심적인 위치를 차지하고 있다. 자유와 자기확신의 믿음은 절대적이거나 공허한 자유가 아닌 자기상실과 자기를 획득하는 가능성을 경험하는 자유의 길에서 발견된다. 자유의 길에서 초월자와 자기 자신을 경험하는 사람은, 그러한 길이 불가능하다고 믿을 수 없다. 자신의 본래적 삶 자체는 그에게 자유가 가능하다는 모험이다.[24] 이러한 의미에서 실존과 자유는 서로 다른 것이 아니다. 만약 자유를 부정하면 인간에 대한 신뢰를 잃어버리게 된다. 자유는 실존해명의

---

24) K. Jaspers, *Der philosophische Glaube der Offenbarung*, München, 1984, S.462. 이하 PGO로 약칭하여 표기함.

최초이자 마지막 기호가 된다. 만약 자유가 기호로 생각된다면, 자유에 대한 질문은 의식일반의 질문이 아니고, 실존의 자기존재에 대한 질문이다.

야스퍼스가 자유의 필연성을 말한다면 자유는 초월자의 선물로서만 가능하다. 그러면 필연성은 경험적 사건이나 논리적 사유의 귀결이 아니고 초월자에 의해 선사됨 속에서 완성된 자유이다. 이러한 사실에서 다음과 같이 물을 수 있다. 우리가 자유로우면 우리 자신에 의해 자유를 획득하는가? 우리는 이미 나는 실존으로서 나를 만든 것이 아니고, 내가 본래적 나 자신인 한 나는 초월자에 의해 선사받았다는 것을 안다. 초월자와의 관계에서 나는 처음으로 자유로운 본질을 의식한다. 그러므로 자유는 실존과 같이 우리가 그것을 스스로 만든 것이 아니고 그것에는 한계가 있다. 우리가 본래적 자유를 확신하려면 우리는 동시에 초월자를 확신하여야 한다. 왜냐하면 인간의 자유는 초월자에 의해 선사된 자유이기 때문이다. 그러나 초월자의 도움은 인간이 그 자신일 수 있을 때만 나타난다.

가능적 실존으로서의 나는 초월자에 의해 존재하며, 나는 나의 자유가 실재함을 초월자와의 관계 속에서 확신한다. 실제로 자기의 자유를 확신하는 사람은 동시에 신을 확신한다. 자유와 신은 떼어놓을 수 없다. 이러한 사실은 자유의 근원이 무엇인지 우리에게 제시한다. 자유는 그 자체가 자기근원이 아닌 다른 것으로 향하게 한다. 우리는 자유에서의 자기 자신을 논구했다. 그러나 나 자신이 무엇이라는 것은 실존해명에서 좌절된다. 왜냐하면 나 자신은 초월자 없이는 지탱될 수 없으며, 초월자에 직면하여 본래적 의식을 가지기 때문이다. 자유에 의해 나는 세계에서 독립된 한 점을 갖는다. 그러나 바로 동시에 초월자와의 근원적인 관련의식을 획득한다. 왜냐하면 나는 나 자신에 의해 존재하지 않기 때문이다. 그러므로 나 자신의 본래적 모습을 획득하기 위해서는 초월자와의 관련을 다루어야 한다.

3) 초월자의 암호

야스퍼스는 초월자를 존재, 실재, 신성, 신 등 여러 가지 이름으로 불렀다. 그에 의하면 우리가 초월자를 포괄자로 생각하면 그것을 존재라 부른다. 그리고 우리가 초월자와 함께 하는 삶을 살 때, 그것은 본래적으로 실재이다. 이러한 실재에서 우리에게 요구되는 것, 그리고 그 실재의 포괄적인 것을 이야기할 때, 우리는 초월자를 신성이라 부른다. 개별자로서의 우리가 인격적인 초월자와 관계를 획득하면, 우리는 그것을 신이라 부른다.[25] 야스퍼스에 의하면 초월자만이 절대적 의미에서 존재이지만, 그것은 세계 내의 존재와 같은 실재로서는 검증할 수 없는 것이므로 마치 없는 것과 같은 무존재같이 보인다. 그러면 어떻게 초월자를 경험하는 일은 가능한 것일까? 야스퍼스에 있어 철학적 사유는 언제나 초월하는 것이며, 좌절 속에서 초월자의 실재로 다가설 수 있다.

초월하는 사유라는 특별한 영역에서 어떤 방식으로 초월자에 이를 수 있는지 살펴보자. 야스퍼스에게는 칸트의 세 가지 이념과 연관된 세 가지 실재가 있다. 첫 번째 실재는 세계이다. 세계

---

25) VdW, S.111 참조.

는 우리가 객관적으로 탐구할 수 있는 존재이며, 경험적 실재라고도 한다. 두 번째는 우리들의 실재인 실존이며, 마지막으로 세 번째 실재는 초월자 자체이다. 이러한 세 실재와 연관하여 초월자에 이르는 세 가지 단계가 있다. 첫 번째 단계의 초월함은 세계가 경험적 현존재의 현상임을 인식할 때 일어난다. 이러한 초월함과 함께 우리는 경험적 실재에 대한 속박에서 벗어나며, 세계존재를 돌파함으로써 나는 가능적 실존으로 돌아오게 된다. 두 번째 단계의 초월함은 실존이 되려는 데서 일어난다. 이 단계에서 우리는 현재적인 자기존재의 의식으로 육박해 들어간다. 실존의 존재는 경험적 실재의 한계에서 나타나는데, 그것은 의식일반에게는 부정적으로 보인다. 그러나 실존의 존재도 그 자체로 충분한 것은 아니다. 존재 자체는 자유의 다른 존재와 함께 그리고 그것에 의해서 있는 것이 아니고, 그 자체는 실존이 아닌 초월자와 연관하여 있다.[26] 우리는 우리 자신일 수 있는 실존의 길 위에서 그리고 이러한 길 위에서만 초월자에 도달할 수 있다. 마지막으로 초월자 자체에 도달하려는 초월함이다. 이 세 번째 단계에서는 내가 파악할 수 있는 세계 내의 존재자나, 나 자신인 존재인 구체적 실존에 관계하지 않고, 초월자의 실재에 관계한다. 이러한 삼중의 초월함에서 우리는, 존재는 세계정위에서와 같이 역사적이지 않음을 알게 되고, 실존해명에서의 나 자신과 같이 그것을 내성하지 않으며, 단지 내적인 행위와 좌절 속에서 이러한 본래적인 존재에 머무르고 있음을 안다.

　야스퍼스는 형식적 초월함에서는 존재를 파악하는 것이 좌절

---

26) K. Jaspers, *Philosophie III*, Berlin, 1973, S.2. 이하 Ph III로 약칭하여 표기함.

되지만, 소위 초월자의 실존적 연관에서는 초월자가 경험될 수 있음을 가르치고 있다. 형식적 초월함은 존재 자체를 향하고 있다. 철학적 사유의 각 단계가 제기하는 초월자에 관한 물음은 여기서 종말에 도달한다.[27] 그러나 이것은 최종적인 대답은 아니다. 대답이 불가능하다는 것은 철학적 사유에서 단지 대상적으로 공허한 사유에 적용되며, 실존적 연관에서는 그 대답이 가능하다. 실존에 의해 존재로서의 존재인 초월자에 관한 물음이 수행되어야 한다. 가능적 실존이 처음으로 초월자와 관계하고 또 그것을 찾는다. 왜냐하면 현존재와 의식일반은 초월자의 존재를 경험하지 못하기 때문이다. 여기서 우리는 인식으로는 존재를 파악하지 못하지만, 가능적 실존으로는 존재를 파악할 수 있다는 사실을 알게 된다. 의식일반인 나에게 있어서는 경험적 대상이 실재적이다. 모든 다른 대상은 비실재적이다. 실존으로서의 나에게 있어서는 경험적인 것은 비실재적이며 초월자는 본질적인 실재성이다. 유한한 사물은 그 존재를 확인하기 위해 증거를 요구한다. 그러나 무한한 존재인 초월자에게는 그것을 요구할 수 없다. 우리는 우리의 반성을 그 근거이며 근원인 실존으로 되돌릴 때, 초월자를 분명히 통찰할 수 있다. 가능적 실존만이 절대적 실재에 관해 질문할 수 있기 때문에, 초월자는 초월자의 실존연관에서 확신된다.

초월자에 대한 추구에서 우리는 분명히 잡을 수 있는 객관적인 보증을 원한다. 그리하여 신화, 신학, 철학에서 초월자의 존재를 분명하고 객관적으로 언명하고 표현하기 위해 노력했다. 그러

---

27) Ph III, S.37.

나 우리가 초월자와 직접적 경험을 원한다 해도, 초월자는 언제나 우리에게서 멀리 떨어져 있다. 초월자는 은폐되어 있으므로 그것과 직접적 만남은 불가능하다. 초월자 그 자체는 직접적으로 사유에 의해 파악 가능한 것이 아니고 암호라는 매개에 의해 사유될 뿐이므로 암호에 의해 초월자의 존재로 육박해 들어갈 수 있다. 암호는 초월자를 현재화할 수 있는 유일한 존재이다. 왜냐하면 초월자의 현실성은 대상성인 초월자의 언어인 암호에서 나타나기 때문이다.

암호가 될 수 있는 것은 무엇인가? 실존에 있어서는 근본적으로 세계에서 우리가 경험할 수 있는 사물, 존재하는 모든 것, 인간에 의해 만들어진 것, 실재적인 것, 표상된 것, 사유된 것이 암호가 될 수 있다. 그것은 신비적이고, 제의적이며, 교의적이고, 시적이고, 예술적인 전통과 철학에서 발생된 것이다.[28] 우리는 어떤 계획에 의해 암호를 해독하지 못한다. 그것은 존재의 근원에서 오는 하나의 선물과 같다. 그러므로 암호해독에 있어서는 아무런 방법도 없다. 무한히 다양한 암호의 해석 가능성은 유일한 암호의 체계를 반대한다. 왜냐하면 암호해독에 있어서 하나의 해석은 유한성을 가지며 유일한 초월자의 담지자로서 받아들여질 수 없기 때문이다. 물론 체계도 그 자체가 하나의 암호가 될 수 있다. 그러나 참된 암호의 기획으로서의 체계는 (초월자를) 의미 있게 포괄하지 않는다.[29]

야스퍼스에 의하면 암호는 존재 자체인 초월자를 향한 운동의 자유로운 영역을 열어주고, 초월자에 대한 철학적 접근은 암호문

---

28) PGO, S.193 참조.
29) Ph III, S.150.

자의 해독에 있다. 그러므로 초월자의 암호를 밝혀 드러내는 것은 그의 철학에 있어 철학적 사유의 가장 높은 단계가 된다. 여기서 야스퍼스가 제시하고 있는 초월자의 근본암호를 파악하는 것이 중요하다. 암호의 세계에는 수없이 많은 암호가 있다. 우리는 암호를 자의적으로 만들지 못하고 우리 주위를 맴도는 여러 상이한 암호의 영역으로부터 암호를 듣는다. 우리는 새롭게 등장한 역사적 근원에서, 각각의 암호의 영역에서 전개된 암호를 듣는다.

우리는 무엇보다 무제약적인 것의 변화와 힘, 진실성 가운데서 듣는다. 우리가 암호를 들으면 각각의 암호는 다의적이고 비규정적으로 말한다. 암호의 왕국은 존재의 충만을 일의적으로 제공하는 조화로운 왕국이 아니다.[30] 왜냐하면 암호 자체는 절대적이지 않으며, 하나의 암호는 다른 암호에 대해 배타적으로 있기 때문이다. 암호들은 운동 속에서 그 내용이 빈약하거나 결핍되어 있기도 하며, 풍부하거나 힘이 넘치기도 한다. 그것들은 우리들의 존재의식과 자기의식에 있어서 운동을 상승시키거나 흐리게 한다. 암호들은 실존적으로 우리를 고양시키거나 혹은 초월자가 없다는 반역을 말하거나 혹은 무에의 파멸로 악마적으로 유혹한다.[31] 다양한 암호 중에서 근본암호는 무엇인지 살펴보자. 야스퍼스는 세 가지 근본암호를 들고 있는데, 이는 그리스적이고 성서적인 근거에서 나온 것이다. 근본암호는 "첫째, 하나의 신이다. 다음에는 인격적 신이다. 세 번째는 신이 인간이 되었다."이다.[32]

---

30) VdW, S.204.
31) PGO, S.155.
32) PGO, S.214 이하.

이러한 근본암호는 사유 없이는 들을 수 없다. 왜냐하면 그것들은 전승된 것과 접하면서 완전한 변화와 동화가 있어서만 진실하기 때문이다.

4) 동서철학의 만남과 세계철학의 이념

우리는 앞에서 야스퍼스의 실존과 초월자에 대해 고찰했다. 이러한 야스퍼스의 사상이 동양의 사상과 어떤 점에서 만날 수 있을 것인가? 이러한 문제에 일찍이 천착한 사람은 신옥희 교수이다. 신 교수는 원효(617-686)의 불교적 사상과 야스퍼스의 실존철학 사이에 존재하는 1,200여년의 시간적 거리와 생의 양식과 사고방식을 달리하는 동서의 전통적 차이라고 하는 엄연한 공간적 거리에도 불구하고 많은 공통점이 있음을 발견하였다. 그리고 원효와 야스퍼스의 이 같은 사상의 유사성에서 우리는 인류의 공통된 근원에 있어서의 동과 서의 만남을 추구하는 세계철학의 가능성에 대한 암시 같은 것을 발견하게 된다고 피력하였다.

야스퍼스 사상과 원효 사상의 동일성과 차이성을 살펴보자. 먼저 동일성을 살펴본다.

첫째로 야스퍼스와 원효는 공통적으로 인간의 현실존재를 넘어서는 더 근원적이며 본래적인 자기를 철저히 규명하려고 했다. 인간의 본래적 자기, 즉 경험적 현존재를 넘어서는 근원적 자기를 원효는 여래장이라 하였고, 야스퍼스는 가능적 실존이라 하였다.[33]

---

33) 신옥희, 『실존 · 윤리 · 신앙』, 한울아카데미, 1995, 241쪽.

둘째로 야스퍼스와 원효는 공통적으로 인간의 본래적 자기존재를 객관적 대상존재가 아닌 비대상적, 실존적 가능존재로서 이해하고 있다는 점이다. 원효의 여래장이나 야스퍼스의 실존은 객관적 인식작용의 대상으로서는 절대로 파악될 수 없으며 단지 인간의 내면적, 주체적 자기실현 속에서만 현성되는 무제약적 자유의 주체이다.[34]

셋째로 인간은 자기 자신과 세계의 유한성과 제한성에서 어떻게 구원받을 수 있을까라는 실존적, 종교적 물음과 그 대답에서 야스퍼스와 원효는 만난다. 그 이유는 야스퍼스에서 '모든 대상과 지평을 넘어서 주객도식을 초월하는 포괄자의 근본체험'은 무한히 주객도식을 넘어서 주객합일에 이르는 열반의 무체험과 너무도 유사하기 때문이다.[35]

넷째로 야스퍼스의 실존철학에 있어서 초월자의 암호해독을 통한 존재체험은 사고와 언어를 초월하는 이언절려(離言絶慮)의 차원에서의 존재체험을 말하는 불교의 신비주의와 너무나도 흡사한 일면을 나타내고 있다.

물론 신 교수는 원효와 야스퍼스 사이에 시간과 공간을 넘는 상호 공통성과 동시에 근본적인 이질성을 발견한다.

첫째로 야스퍼스에게 있어서 인간의 본래적이며 근원적인 자기존재로서의 실존 또는 가능적 실존은 특별히 인간만의 고유한 존재양식이다. 인간만이 실존적이며 인간 이하의 동식물이나 무생물은 물론 인간 이상의 존재인 초월자도 실존적 존재가 아니다. 마찬가지로 야스퍼스에 있어서 자유는 어디까지나 인간적인

---

34) 같은 책, 242쪽.
35) 같은 책, 249쪽.

자유일 뿐이다. 자유로서의 인간과 자유는 없고 필연성만이 존재하는 자연과의 이원론은 자명적인 것으로 간주되고 있다.[36] 원효의 여래장은 인간에게만 해당하는 인간만의 특유한 가능성을 지시하는 것은 아니다. 오히려 여래장은 인간뿐 아니라 인간을 포함한 모든 존재일반의 가능성이다. 여래장은 모든 존재의 본래적인 모습이며 본래적 존재 가능성이다

둘째로 야스퍼스의 자유는 어디까지나 의지의 자유, 선택과 결단의 자유를 의미한다. 대체 불가능한 개체존재로서의 자기의 존재를 스스로 선택하고 결단하는 역사적, 유일회적인 개인의 존재와 자기를 결단하는 개인의 자유의지가 결정적인 요인으로 중시된다.[37] 원효의 원융무애의 불교철학에서는 개인의 실존적 역사의식의 강조보다는 그것의 부정이 강조되며 의지보다는 지혜가 강조된다. 원효에게 있어서 역사적 개인의 인격적 주체성은 더 큰 우주적 주체성인 진여(眞如)의 빛 속에 용해되어 버리기 때문이다.

셋째로 한계상황에서 무를 읽으며 자기상실, 세계상실에 빠지고 무역사성에 빠진 일체 무득애인(一切 無得碍人) 원효와는 달리 야스퍼스는 한계상황이라는 역사적 현실에서 자유정신, 엄숙한 결단, 세계로부터 구별되고 독립한 실존과 만난다.[38]

넷째로 야스퍼스는 초월자의 직접적이며 이해 불가능한 순수체험으로서의 초월자의 제1언어를 가장 근원적인 존재체험으로 중시한다. 그러나 불립문자를 주장하고 체험에만 치중하는 선

---

36) 같은 책, 244쪽.
37) 같은 책, 245쪽.
38) 같은 책, 253쪽.

(禪)이나 언어와 문자와는 달리 가명무실한 것으로 소극적으로밖에 평가하지 않은 원효의 기신론과는 다르다. 야스퍼스는 전달 불가능한 존재와의 직접적 해후로서의 제1언어와 함께 제1언어의 일반화 또는 대상화로서의 제2언어(신화, 종교)가 제3언어(철학, 형이상학)의 중대한 의미를 강조한다.[39]

마지막으로 야스퍼스의 경우 암호 안에서 체험되는 실존과 초월자의 합일은 불교적 실존과 초월자가 동일성 속에서 해소되는 불교적, 신비적 합일이 아니라, 실존과 초월자의 변증법적 통일 곧 '동일성 없는 통일(Einheit ohne Identitaet)'이다.[40]

우리는 야스퍼스와 불교에서 동서사상의 넘을 수 없는 상호 이질성을 발견하였다. 이는 무엇을 지시하고 있는가? 신 교수는 이러한 차이점이 우리를 좌절시키지 않는다고 주장한다. 오히려 그는 바로 이러한 사상의 차이성에서 동서사상의 만남의 의의를 발견한다. 왜냐하면 동서사상이 같은 것이기만 하다면 그들 사이의 만남은 무의미할 것이며, 그들이 같으면서 같지 않다는 점에서 동과 서의 만남은 상호의 창조적 변혁과 더 나은 미래의 전개를 위하여 바람직한 것이 될 수 있기 때문이라는 것이다.

우리는 지금까지 야스퍼스의 실존과 초월자의 철학에서 동양 사상과 만날 수 있는 지점을 고찰하였다. 야스퍼스가 실존과 초월자를 다룬 초기철학은 개체적인 자기존재로서의 실존을 현실성의 중심문제로 삼은 것이다. 그 징표로서 초월자의 무한성과 관계하는 한편 그때마다 고유한 자기 자신의 절대성과 관계했던 것이다. 그는 정신을 단순한 현존의 목적으로 대중화하고 평준화

---

39) 같은 책, 259쪽.
40) 같은 책, 261쪽.

하여 현존하는 질서의 위기를 궤변으로 이끄는 현대의 여러 현상을 목격하면서 실존을 깨우고자 노력하였다. 이후 그는 세계의 정신적, 정치적 실재를 문제 삼아 세계에서 공동체를 가능하게 하는 모든 조건을 탐구했다. 실존의 징표는 세계에의 연관을 지니게 되었다. 상호 소통은 세계를 포괄하는 보편적 이성의 공동체로 확장되었고, 자유는 실존적이며 정치적인 자유의 긴밀한 유대관계로 확장되었다. 그리고 신앙은 이성적 세계를 위하여 초월자에 대한 신앙으로 확장되었던 것이다. 세계 자체는 현실성의 중심문제로 부각되었다. 야스퍼스는 이렇게 극단적으로 변화된 조건하에서 철학하기 위해 정신의 새로운 형식들이 필연적이라고 주장한다. 그에 의하면 이 형식들은 은밀하게 형성된다. 우리의 시대를 일으킬 수 있는 것은 태고의 영원한 것을 우리 자신의 그릇에 담기 위해 새로운 것을 요구하는 일이다. 이러한 새로운 사상을 야스퍼스는 '세계철학'이라 불렀다.

3. 플로티노스의 철학

1) 그의 시대와 사상

플로티노스는 205년 이집트 북부 리코폴리스에서 태어나 40세부터 로마에서 활동하였다. 그는 신플라톤주의를 창설하였지만, 중세 1천 년 동안 그의 저서는 거의 알려지지 않았다. 그럼에도 불구하고 아우구스티누스와 위디오니시우스(Pseudo-Dionysius)를 매개로 그 영향력을 지속시켰다. 아우구스티누스는 빅토리누스가 그리스어에서 라틴어로 번역한 플라톤학파의 책을 몇 권

읽었다고 한다. 여기서 플라톤학파는 플로티노스와 그의 제자 포르피리오스를 가리킨다. 아우구스티누스는 그리스어 원전을 읽을 만한 어학능력이 없었고 또한 플라톤과 신플라톤학파를 구분하지 않았다. 플로티노스는 르네상스 시대에 와서야 재발견되었고, 그의 사상이 플라톤과 다른 측면이 부각되어 신플라톤주의란 이름을 얻게 되었다.

플로티노스 자신은 플라톤의 이론을 새롭게 하려는 것이 아니고 플라톤의 순수한 이론을 옹호하려고 한다고 말하였다. 그러나 플라톤의 시대와 플로티노스의 시대는 600년 이상이나 차이가 나고 시대상황이 많이 변하였기 때문에 두 사람의 사상은 차이가 있을 수밖에 없었다.

알렉산더의 동방원정 이후 헬레니즘 세계의 급진적인 변화는 놀라운 것이었다. 지리학은 헬레니즘 시대에 가장 인기 있는 학문들 중 하나였다. 이 분야에서 가장 위대한 학자는 키레네의 에라토스테네스(Eratosthenes, 기원전 275-195)였다. 그는 아주 독창적인 방법으로 수백 마일의 오차만으로 지구의 원주를 계산할 수 있었다. 그의 세계지도는 당대에 매우 정확했다. 조수에 관한 연구 결과, 그는 서쪽으로 계속 항해하면 결국 인도에 도착할 것이라고 발표했다. 사모스의 아리스타르쿠스(Aristarchus, 기원전 310-230)는 태양이 지구보다 몇 배나 크다는 사실을 발견하였으며 그것이 우주의 중심이라는 결론을 내렸다. 만물의 척도인 인간이 거주하는 지구가 단지 보잘것없는 우주의 일부분에 불과하다는 사실은 헬레니즘 시대의 정신으로서는 믿기 어려웠다. 그래서 니카이아의 히파르쿠스(Hipparchus, 기원전 190년경 출생)의 지구중심설이 쉽게 받아들여졌다.

알렉산드리아, 안티오크, 페르가뭄 등과 같은 새로운 대도시들은 그리스 도시에 머물지 않고 세계적인 중심지로 부상하였다. 그 결과 비록 유구하지만 협소한 도시국가란 개념은 세계적인 범위로 확대되었다. 아탈루스 왕조나 프톨레미 왕조와 같은 왕들의 보호 아래에서 페르가뭄의 도서관과 알렉산드리아의 박물관을 포함한 매우 뛰어난 문화적인 공공시설이 건립되었으며, 그것은 당대의 유명한 학자들이 주관했던 학교건물과 과학진열관 및 그리스인들이 과거에는 볼 수 없었던 가장 거대한 도서관 등을 포함했다. 도시생활은 인간과 우주에 대하여 새롭게 인식한 문화를 창조하였다. 많은 경우에 있어서 헬레니즘 사상은 심오한 신학적인 이해에 도달했다. 그러나 실제적인 응용은 결코 이루어지지 않았다.

폴리스를 넘어서서 세계가 넓어지자 철학에서는 코스모폴리타니즘이 나타나게 되었다. 헬레니즘 시대의 보편주의를 코스모폴리타니즘(Cosmopolitanism)이라 칭하는데, 이것은 그리스인들이 폴리스를 대신하여 나타난 범민족적 혹은 초민족적 국가의 등장이라는 환경의 영향을 받으면서 가지게 된 사고의 경향이었다. 이러한 사고의 경향으로 인하여 그리스인들은 개인주의적이며 상대주의적인 생활방식과 취향을 가지게 되었으므로 이 시기의 문화 전반에서 그 특성이 발견되는 것이다.

기원전 4세기경의 폴리스에서는 시민공동체 의식이 쇠퇴하면서 개인주의가 싹텄다. 그리고 폴리스의 쇠퇴와 더불어 그런 경향은 더욱 강해졌다. 폴리스라는 공동체를 떠나서 개인의 문제를 생각하는 경향이 강해졌고, 철학은 자유롭기는 하지만 고립된 인간의 상태를 주제로 삼았다. 여기서 인생철학과 처세철학이 생기게 되었고, 종교에 기반을 두고 있었던 철학은 이제 윤리와 밀접한 관계를 맺게 되었다.

이러한 개인주의는 코스모폴리타니즘과 연결되어 있었다. 알렉산더나 그의 후계자들의 국가이념도 마찬가지로 어느 특정한 지역 또는 민족을 초월한 것이었지만, 이 경우의 코스모폴리타니즘은 개인주의에 기초를 둔 것이었으므로 소극적인 편이었다고 할 것이다. 로마세계에서도 마찬가지였지만 소규모 사회의 전통적인 신들은 복합적인 제국에 있어서는 그들의 본래적인 목적에 도달하지 못하였다. 지적인 사람들은 더욱더 철학이 가져다주는 안락과 즐거움으로 기울어졌다. 대중들은 전통적인 그리스 종교, 동방종교의 의식들, 점성술 등의 신비적인 측면으로 이끌렸다. 이 시대에 성행된 많은 유형들 중에서 초기의 견유학파 외에 에피쿠로스학파, 스토아학파 등이 가장 중요하였다.

플로티노스는 기존의 학파를 비판하면서, 플라톤과 아리스토텔레스 그리고 스토아철학을 종합하여 신플라톤주의를 창설하였다. 그때부터 신플라톤주의는 일체의 철학적 사상, 또는 후기 고대의 모든 종교적인 특성이 융합되는 거대한 용광로 역할을 하였다. 플로티노스의 사상에는 유럽의 사상뿐만이 아니라 아프리카와 인도의 사상도 들어가 있는 듯이 보인다. 그의 스승인 암모니우스 삭카스는 알렉산드리아 불교 공동체의 대표였으리라는 설이 줄곧 전해져 내려오고 있다.[41]

---

41) 프레데릭 르누아르, 양영란 옮김, 『불교와 서양의 만남』, 세종서적, 2002, 38쪽.

2) 일자와 일자의 유출

플로티노스는 세계를 단계별로 나누었다. 그에게 있어 제1원리는 일자(to hen)이다. 일자는 자신의 무한한 힘을 만물에게 내보내 만물을 생성케 하는 자이다. 이러한 의미에서 일자는 모든 것의 근원이긴 하지만 유일한 것은 아니다. 만물의 근원은 전체가 아니며, 만물이 그것에서 나온다. 일자에서 나온 처음의 것은 정신(nous)이며 이는 제2원리가 된다. 정신에서 제3원리인 영혼(psyche)이 나온다. 영혼이 자연(psysis)을, 자연이 물질(hyle)을 산출한다. 이리하여 일자, 정신, 영혼, 자연, 물질의 다섯 단계가 나타난다.

플로티노스에 의하면 일자는 초존재이고, 물질은 비존재이며, 존재자는 가운데 있는 세 단계인 정신, 영혼 자연을 포함한다. 일자는 근본적으로 정신계를 초월해 있지만 플로티노스는 일자를 정신, 영혼과 함께 정신계로 묶었다. 그리고 감각계는 영혼과 물질을 포함한다. 그리하여 정신계를 구성하는 세 가지 기본원리는 일자, 정신, 영혼이다. 여기서 일자는 본래적인 의미에서 하나이며, 정신은 하나 여럿이며, 영혼은 하나와 여럿이다.[42] 플로티노스는 이 세 기본원리를 우라누스, 크로누스, 제우스에 각각 배당시켰다. 플로티노스의 존재구조는 그 추상성에 있지 않고, 각각의 구체적인 고양의 힘에 있다. 그러므로 이 세 가지 기본원리는 공간적인 의미에서가 아니고, 위계와 힘 그리고 구분에 의해 이해되어야 한다. 플로티노스는 플라톤과 같이 감각계와 정신계

---

42) 『에네아데스』, V, 1, 8. 이후로는 플로티노스의 저서인 『에네아데스』는 생략하고 권, 장, 절만 표시함.

를 나누었다. 그러나 이러한 두 세계의 구분은 그노시스파의 엄격한 이원론과는 다르다. 플로티노스 철학의 목표는 두 세계의 대립을 극복해서 감각계에서 정신계로 나아가는 데 있다. 그는 언제나 이원론을 배격하고 일원론으로 환원시키려고 한다. 그의 철학적 사유는 두 세계가 완전히 떨어져 있지 않고 강한 유대를 가지고 있다.

플로티노스의 철학은 이중운동을 보여주고 있다. 일자에서 물질로 내려오는 하강운동과 물질에서 일자로 올라가는 상향운동이 그것이다. 하강운동은 실재의 구조에 대한 형이상학적 분석이며, 이것은 나중에 유출설이라 불리게 되었다. 상향운동은 도덕적, 종교적, 철학적 관점에서 실재의 최정점에 있는 최고선에 도달하려는 철학적 시도이다. 일자에서 유출된 만물은 그것이 이성적인 것이든 비이성적인 것이든, 그 자신의 필요에 의하여 다시 일자로 되돌아가려고 한다. 인간에게 있어서 이러한 목적은 정화의 오랜 과정을 거쳐 도달하게 된다. 여기서 존재의 하강운동은 상향운동의 존재론적 조건이며, 두 가지 운동은 동일한 사태에 대한 서로 다른 설명이다. 플로티노스에 있어서 일자로 되돌아가는 것은 유출의 다른 측면에 지나지 않는다. 원래 문제시되고 있는 것은 두 가지 과정이 아니라, 두 가지 측면에서 보인 존재의 선험적인 사태일 뿐이다.

플로티노스의 철학체계에서는 모든 것이 일자에서 흘러나오며, 또한 모든 것이 일자로 되돌아간다. 그에게서 일자는 모든 존재의 근거이며 모든 운동의 마지막 목표, 모든 빛의 근원 그리고 만물의 제1원인이다. 플로티노스는 일자의 개념을 중심으로 그의 세계관, 우주론, 윤리학 및 미학을 설명한다. 그러므로 일자에 대한 분명한 이해는 그의 사상을 이해하는 데 중요하다.

플로티노스의 일자는 모든 것을 초월한다.[43] 그러므로 일자는 존재와 사고를 초월해 있다. 일자는 존재와 사고를 초월하므로 그 자체를 알 수도 없고, 그 자체가 알려지지도 않는다.[44] 일자는 형상을 갖지 않는다. 형상을 갖는 것은 존재를 의미하고, 존재는 한계를 갖는데 일자는 한계를 갖지 않기 때문이다. 그것에 적합한 이름은 아무것도 없다. 일자는 설명할 수 없는 진리 속에 있다. 우리는 일자에 대해 아무런 언급도 할 수 없지만, 그것이 존재한다는 것은 알고 있다. 그래서 일자가 무엇이라고 말할 수는 없어도 무엇이 아니라고 말할 수는 있다.[45] 그러면 플로티노스는 어떠한 의미로 그것을 일자라고 하는가? 그것은 단순하며 나눌 수 없기 때문이다.[46] 그리고 또 다른 이유는 그것이 무한하다고 할 수 있기 때문이다. 그것은 우리의 지식을 초월하여 있지만 어떤 종류의 이름을 붙여야 한다. 그래서 어쩔 수 없이 일자라는 이름을 부여한 것이다. 일자에 대한 분명한 이해는 일자와의 합일에서나 가능한 일일 것이다.

우리는 앞에서 일자에서 정신이, 정신에서 영혼이, 영혼에서 자연이, 자연에서 물질이 산출된다고 하였다. 그런데 일자는 아무것도 구하지 않으며, 아무것도 소유하지 않으며, 어느 것 하나 부족함이 없으면서, 모든 것을 초월해 있는 단순하며 완전한 것이다. 이와 같이 완전한 일자가 어떻게 불완전한 존재를 산출할

---

43) I, 7, 1.
44) V, 3, 13.
45) V, 3, 14.
46) VI, 9, 6.

수 있을까? 플로티노스에 의하면 일자가 무엇인가를 산출하는 것은 우연에 의한 것도 도태에 의한 것도 아니라고 한다.[47] 그는 이것을 유출이라는 개념으로 설명한다. 플로티노스는 유출을 설명하기 위해 태양과 빛, 불과 그 열, 눈과 냉의 비유를 사용한다. 유출설은 "더 높은 존재는 낮은 존재에 의존하지 않는다는 원리"[48]와 "자신에게는 아무런 영향도 끼치지 않으면서 다른 것을 산출하는 원리"[49]에 의해 발전되었다. 플로티노스의 유출설은 논리적 성격을 지닐 뿐만 아니라 종교적인 성격까지 지니고 있다. 플로티노스는 유출을 설명하기 위해 일자를 모든 빛이 흘러나오는 중심인 태양에 비유한다.[50] 태양은 그 자신이 빛의 원인이며 또한 그 결과와 완전히 분리된 것으로 생각할 수 없다. 태양의 결과로서 나타난 빛은 태양이 존재한다는 증거가 된다. 이것은 근원에서 유출된 것이 근원과 내적으로 결합하여 있다는 말이다. 그러나 본질에서 유출된 것은 그 본질과는 다르다.

일자가 왜 다른 것을 유출하는지 알기 위해서는 일자의 성질을 알아야 한다. 즉 일자 자신의 성질에 의해 유출이 설명된다. 일자는 자신을 나누어 주는 존재이다. 일자와 마찬가지로 생명이 없는 사물까지도 자신을 발산한다. 불은 열을, 눈은 냉을, 그리고 약품도 다른 사물에 영향을 끼친다.[51] 이들은 모두 그들 능력의 정도에 따라 일자를 닮아서 그렇게 된 것이다. 또 다른 일자의

---

47) V, 3, 15.
48) II, 9, 4.
49) IV, 8, 6.
50) I, 7, 1.
51) V, 4, 1.

특성은 일자가 만물의 배후에 있는 힘으로 기술된다.[52] 이러한 일자의 성질을 잘 설명해 주는 한 쌍의 비유가 있다. 샘과 나무의 비유가 그것이다.[53] 플로티노스는 일자의 유출을 설명하기 위해 비유를 사용했다. 그러나 일자가 모든 존재를 초월해 있음을 생각할 때, 이러한 비유로는 일자의 유출을 완전히 설명할 수 없다는 것도 알 수 있을 것이다. 플로티노스의 유출설은 창조설과는 구별된다. 플로티노스가 유출설을 주장하고 인도의 아드바이타 베단타(Advaita Vedanta) 학파가 가현설을 주장했을 때, 양자는 더 높은 원리와의 분리가 없다는 것을 밝히고 싶어 한다. 신은 개별적 사물들 또는 자연적 사물들 속에 자신을 흩어지게 하지 않는다. 처음부터 끝까지 연속적으로 진행하지만 산출된 결과가 더 낮은 단계를 취하는 데 비해 원인은 그 자체로 남아 있다.

3) 일자로 되돌아감과 합일

앞에서 우리는 플로티노스 철학체계에서 이중의 운동, 즉 상향운동과 하강운동에 관해 논했다. 그에게서 이 이중의 운동이 명백히 드러나는 것은 인간의 영혼이다. 왜냐하면 영혼은 이중운동의 본래적인 도구이기 때문이다. 영혼은 두 세계의 요소를 가지고 있으며, 고양하여 정신을 매개로 일자로 올라가며 추락하여 자연을 매개로 물질로 내려간다.[54] "개별 영혼은 그 근원으로 돌

---

52) V, 3, 15.
53) III, 8, 10.
54) 『타잇티리아 우파니샤드』는 인간의 영혼이 세계의 모사이며 물질, 생명, 인식, 지성 그리고 영적인 축복의 서로 다른 원리들이 포함된다고 확신

아가려는 정신적 충동을 가지고 있다. 그것은 또한 낮은 세계로 나아가려는 힘을 가지고 있다."55) 인간의 영혼은 플로티노스에게 있어서 중요한 관심사이며 그의 철학의 중심에 서 있다.

그러므로 영혼이 본래적 근원으로 돌아가는 것이 플로티노스에게 있어 철학의 과제가 된다. 대부분의 사람들은 자신의 영혼이 신적이며, 불사적이라는 것을 알지 못하고 있다. 왜냐하면 영혼은 호기심과 타자성 때문에 근원으로부터 소외되어 있기 때문이다. 대부분의 영혼은 자신의 본래적 아버지를 잃어버리고 감각적인 것을 과대평가하며 살아간다. 어떻게 인간이 윤회의 사슬56)에서 벗어나 자유롭게 될 수 있으며, 일자와의 합일의 경지에 이를 수 있을까? 플로티노스에 의하면 영혼이 자신의 근원의 의식으로 되돌아가는 길은 두 가지가 있다. 그 하나의 가능성은 감각계의 가치 없음을 밝히는 길이며, 다른 하나는 그 본래의 고향에 대한 상기를 통해 그것의 가치에 도달하는 일이다. 영혼은 자신

한다. 그것은 가치와 존재의 모든 단계와 접촉한다. 물질적인 것 속에 빠져 있는 인간의 영혼은 감각적인 것의 유혹에 빠져 스스로 욕망의 지배를 받도록 허락한다. 라다크리슈난, 김형준 옮김, 『동양종교와 서양사상』, 무우수, 2004, 273쪽 참조.

55) IV, 8, 4.

56) 플로티노스는 윤회를 믿었다. 그는 모든 동물들이 영혼을 가지고 있다고 믿었다. 최상의 지혜를 얻지 못하는 한 우리는 연속적으로 꿈을 꾸거나 다른 침대에서 잠을 자는 것과 같이 연속적인 윤회에 얽매일 수밖에 없다. 그는 각각의 영혼이 죽은 이후 그가 바라는 곳으로 가는 것은 우주의 법칙이라고 말함으로써 카르마의 법칙을 인정한다. 자신들의 인간적 능력을 사랑한 사람들은 인간으로 태어난다. 오로지 감각적인 삶만을 산 사람들은 더 낮은 동물로 태어난다. 그는 또한 육신을 떠난 영혼들이 보편적 영혼에 흡수된다는 사실에 대해서도 언급한다. 라다크리슈난, 김형준 옮김, 『동양종교와 서양사상』, 274쪽 참조

의 근원을 상기할 수 있다. 왜냐하면 영혼은 그 근원과 관계를 맺고 있기 때문이다. "높은 세계에 대한 기억을 하면, 영혼은 진실로 하강하지 않는다. 만약 이러한 기억이 다만 희미하다면, 영혼은 본래 높은 곳에 머문다 하더라도 희미한 관조만 가능하다."[57] 상기는 영혼에게 다시 참된 존재의 관조로 되돌아가려고 하는 충격을 준다.

영혼의 고양은 인간의 자유의지와 밀접한 관계를 가지고 있다. 영혼이 악한 상태에서는 자유는 위축되지만 결코 자신을 잃어버리는 것은 아니다. 그러므로 자유의 정신은 현자에게만 있는 것이 아니라 모든 인간에게 가능적으로 있다. 자유는 운명, 강요, 혹은 심한 정욕에 따라 행동하는 것이 아니고, 우리의 본래적 의지에 따라 행동한다. "우리가 억압에 의해 행동하지 않고 우리가 활용하고 있는 지식을 가지고 결정하는 모든 것을 자유라고 한다."[58] 플로티노스에서 의지의 자유는 행동에서 나타나는 것이 아니라, 자유로운 이성의 모든 실천에서 나타난다. 그리고 그것들은 정신의 의미에서 완성된다. 그러므로 우리가 정신의 능력을 가지고 선을 추구할 때 우리의 영혼은 자유롭다.

영혼이 육체와 관계 맺을 때에 악이 인간의 영혼 속으로 들어와 타락하게 되었다. "물질은 영혼의 허약함의 근원이며, 그것은 또한 영혼의 악함의 근원이 된다."[59] 그러므로 영혼은 악한 상태에서 빠져나와서 본래적 존재로 고양하여 그 참다운 존재를 경험해야 한다. 이러한 일자로의 상승은 우리의 영혼이 갖는 열망

---

57) II, 9, 4.
58) VI, 8, 1.
59) I, 8, 14.

이다. 그러므로 신적인 일자와 합일하는 것은 영혼의 가장 중요한 과제이다. 영혼의 고양은 공간적인 운동이 아니며, 자신의 내면을 파고드는 일이다. 그러므로 일자를 직관하려면 자기 자신 내에서 자기의 본래적 존재의 내면에서 직관해야 한다. 이에 플로티노스는 "너 자신으로 돌아가 너 자신을 보라."[60]고 권고한다.

우리가 우리 자신으로 되돌아가면 어떻게 일자를 경험할 수 있는가? 일자는 어떤 다른 것이나 무에 있지 않고 플라톤이 '내적 인간'[61]이라고 한 의미에서, 인간 자체 속에 있기 때문이다. 정신계에는 세 가지 기본원리인 일자, 정신, 영혼이 있는데, 정신계에서의 세 가지 기본원리는 정신계뿐만 아니라 인간에게도 있다. 그리고 이 둘의 관계는 근원과 모상의 관계와 같다.

플로티노스에서 모든 철학적 노력은 절대적 초월자이며 만물의 근원인 일자로 향하고 있다. 그리고 이러한 노력을 끝까지 밀고 나가 일자와의 신비적 합일에 도달함으로써 완성된다. 일자는 이성도 정신도 자기도 없는 신비적 합일에서만 도달할 수 있으므로, 철학자는 언제나 일자와의 합일을 추구한다. 그러나 우리가 확실히 도달할 수 있는 최고의 상태는 정신이며 일자가 아니다. 우리는 결코 일자와의 합일을 보증할 수 없다. 그러나 우리는 일자에 도달하기 위해 준비하면서 기다려야 한다. 그래서 "조용히 그것이 나타나게 될 때까지, 관조를 준비하기까지, 눈이 일출을 바라듯이 기다린다."[62]

---

60) I, 6, 9.
61) 『국가』, 589 a.
62) V, 5, 8.

정신이 일자를 주시해도, 일자가 어디서 오는지는 알 수 없다. 일자는 어디서 오는 것도 아니며, 어디로 가는 것도 아니다. 그것은 언제나 거기 있으며 동시에 거기에 없다. 그것은 나타나기도 하며, 동시에 나타나지 않기도 한다. "그래서 그는 일자가 어디에서 오는 것인지, 외부에서 혹은 내부에서 오는지, 알지 못한다. 합일의 상태가 지나간 다음 '그것은 내부에 있으며 동시에 내부에 있지 않았다'라고 말할 수 있다."63) 플로티노스는『에네아데스』VI, 9, 2에서 영혼이 일자와 합일하는 오랜 여행의 길을 제시한다. 여행의 마지막에 돌연히 정신을 뛰어넘어 일자와의 합일에 이르게 된다. 일자는 돌연히 우리에게 나타난다. 그리하여 우리가 일자를 관조하려면 돌연히 일자를 보아야 한다. 그렇지 않으면 사유는 정신의 단계에 이를 뿐이다.

일자를 경험했다 해도 우리들은 그것에 대해 말하거나 알맞은 방법으로 기술할 수 없다. 그러므로 그것은 개념적으로 파악하기는 불가능하며 관조의 과제가 된다.64) 관조에 의한 일자와의 합일에서 관조하는 자는 관조되는 자를 알지 못하고 다만 나중에 그것에 대해 반추할 수 있다. "그것은 둘이 아니며 관조하는 자와 관조되는 자가 하나이기 때문이다."65) 일자와 하나되는 망아(ekstasis)적 경험은 봄이 아니고, 봄의 다른 방식이다. 망아적 경험의 순간에 관조하는 자의 눈은 빛으로 가득 차게 된다.66) 그리

---

63) V, 5, 2.
64) 브레이르(Brehier)는 플로티노스의 명상의 개념을 인도적 원천에서 추적한다. Emile Brehier, *La Philosophie de Plotin*, Paris, Boivin & Cie, 1928, p.108-109.
65) VI, 9, 11.
66) 신플라톤주의는 영적 인식 속으로 들어가는 힌두의 기술을 믿었다. 우리

고 이 빛으로 다른 것을 보는 것이 아니라, 우리가 이 빛 자체가 된다.[67] 그리고 우리 자신이 일자가 된다. 플로티노스는 이러한 순간을 다음과 같이 기술한다. "여러분, 나는 신적인 것으로 상승하여 일자와 동일성을 바라보는, 불사의 신이다."[68]

이러한 망아적 상태에서 우리는 일자를 경험한다. 일자와의 합일에서는 합리적 사유가 좌초당한다. 이러한 근거에서 플로티노스에서는 비합리적인 것이 합리적인 것에 우선한다고 말할 수 있다. 이렇게 보면 그의 이론은 신비주의[69] 같아 보인다. 신비적 합일은 영혼의 본질에서 이해될 수 있으며, 그의 철학 전체 체계의 필연적인 결과이다. 이것은 플로티노스 사유 전체에서 의미 있는 정상이며, 그의 철학함의 의미이다.

는 명상에 의해서 영혼을 신체의 속박에서 벗어나 절대자와의 합일을 얻게 할 수 있다. 플로티노스는 비전을 얻기 전까지 외적인 모든 것을 벗어버리라고 요구한다. 우리는 자아의 진정한 본질에 속하지 않는 육체를 제거하고, 육체를 만드는 영혼과 감각, 지각, 욕구, 감정과 심지어 이원성을 가진 지성조차 제거해야만 한다. 그러면 영혼은 절대자의 빛과 접촉하고 그것을 응시한다. 라다크리슈난, 김형준 옮김, 『동양종교와 서양사상』, 276쪽 참조.

67) VI, 7, 36.

68) VI, 7, 10.

69) 신플라톤주의는 우파니샤드 철학만큼 신비주의적 경험 속에서 인간이 더 높은 계시를 얻는다는 믿음을 가지고 있다. 라다크리슈난, 김형준 옮김, 『동양종교와 서양사상』, 276-277쪽 참조. 스터트필드(Stutfield)는 인도의 신비사상이 아프리카와 서유럽을 넘어 플로티노스 속에서 활짝 꽃을 피우고, 이른바 디오니시우스 아레오파기테라는 신비주의자이고 신지학적인 범신론자를 거쳐 기독교 속으로 들어갔다고 주장한다. 같은 책, 278쪽 참조.

4. 맺는 말

플로티노스의 사상에는 플라톤과 아리스토텔레스, 스토아철학 그리고 동방과 인도의 사상까지 포함되어 있다. 그는 인도철학에 정통하기를 열망했다. 그는 그러한 목적을 가지고 242년 페르시아의 왕 사포르를 정벌하기 위한 고르디아누스 황제의 원정에 참여했다. 그러나 고르디아누스 황제가 메소포타미아에서 죽어버리는 바람에 중도에서 돌아와야만 했다.[70] 플로티노스의 신플라톤사상 속에는 알렉산더 대왕의 동방원정과 로마제국의 지배에서 일어난 여러 사상이 종합되어 있다. 그리스의 여러 사상뿐만이 아니라 알렉산드리아의 유대사상 그리고 인도의 베단타 철학과의 유사성이 다시 부활한다. 리터는 신플라톤주의 철학이 그리스인 속에 동양사상이 만연된 형태라고 소개한다.[71] 우리는 플로티노스의 사상에서 야스퍼스에게서 볼 수 있는 세계철학은 아니지만, 세계철학의 고대 후기적 형태를 볼 수 있을 것이다.

야스퍼스는 세계철학을 정초하기 위해서 세계사와 세계철학사를 정립해야만 한다고 한다. "인간의 사유라는 것이 인류 전체의 역사에 근거해 있다면 그러한 사유는 광범위한 상호 소통을 할 수 있을 것이며 인간의 사유라는 것이 실재의 세계사를 확신하고 있다면 새로운 세계의식은 더욱 확장될 수 있을 것이다."[72]

---

70) Porphyrios, "Über Plotins Leben und über die Ordnung seiner Schriften", in: *Plotins Schriften*, übersetzt von Richard Harder, Band Vc, Anhang, S.7.

71) 라다크리슈난, 김형준 옮김, 『동양종교와 서양사상』, 270쪽.

72) 한스 자너, 백승균 옮김, 『야스퍼스의 생애와 철학』, 박영사, 1991, 200쪽.

야스퍼스는 인류가 상호 소통할 수 있는 역사 전체의 중심축인 차축시대를 『역사의 근원과 목표에 관하여』[73]에서 찾아내고 있다. 차축시대는 인류의 축을 이루는 시기, 즉 기원전 550년부터 500년까지의 시기이다. 이 시기는 페르시아에서는 조로아스터, 중국에서는 노자와 공자, 인도에서는 부처, 그리스에서는 피타고라스, 헤라클레이토스, 파르메니데스 등의 현자가 동시에 출현했으며, 근동에서는 엘리아, 아모스, 이사야 등의 선지자들이 활동했다. 인류역사상 놀랄 만한 도약을 가능케 한 이들 위대한 사상가들의 공통점은 때때로 상상을 초월할 정도이다. 서로 다른 문화적 환경 속에서 자생적으로 발생한 사상들이 상호 영향력을 끼치지 않으면서 유사점이 발견되는 까닭은 인간정신 자체가 이미 닮은꼴로 형성되어 있기 때문은 아닐까?

우리는 플로티노스와 야스퍼스, 이들 중 어느 한 사람을 가지고 다른 사람을 해명할 수 없다. 그들의 역사성과 거기에 따르는 독자성은 포괄적인 인류역사 속에서만 파악될 수 있으면서도 저마다 다른 표현방법을 사용했기 때문이다. 그러나 우리는 역사적으로 상이한 두 사상가 야스퍼스와 플로티노스에서 세계철학을 위한 기본구상의 단초를 찾아볼 수 있을 것이다. 여기서 우리가 주목할 점은 헬레니즘 문명이 현대문명과 여러 점에서 유사한 점을 지니고 있다는 사실이다. 20세기 문명에서와 마찬가지로 헬레니즘 문명에서도 매우 다양한 정부형태와 군국주의의 성장, 그리고 권위주의적인 지배성향 등을 찾아볼 수 있다. 헬레니즘 시대에 특징적으로 나타난 사회·경제적 발전 역시 현대사회가 밟

---

73) K. Jaspers, *Von Ursprung und Ziel der Geschichte*, München, 1949.

았던 경험— 대기업의 성장, 상업의 팽창, 탐험과 발견에 대한 열정, 기술에 대한 관심, 물질적 번영에 대한 몰두, 밀집한 빈민가를 수반한 도시의 성장, 그리고 점증하는 빈부의 격차 등 — 을 암시해 준다. 지적, 예술적 영역에서도 헬레니즘 문명은 현대적 취향을 뚜렷이 보여준다. 이것은 과학에 대한 강조, 학문의 전문화, 사실주의와 자연주의의 선호경향, 범용한 문학의 대량생산, 극단적 회의주의 및 교리에 대한 불신과 더불어 신비주의의 인기가 확산된 점 등에서 잘 볼 수 있다.

  야스퍼스에서 세계철학은 아직 현실적 실재가 아니고 다가올 미래의 철학이었다. 그는 세계철학의 이념을 이미 잘 알고 있기 때문이라기보다는 오히려 예감하면서 시도해 본다는 입장에서 언급한다. 우리는 유럽철학의 황혼기로부터 현 시대의 어둠을 거쳐 세계철학의 여명에 이르는 도상에 있다.74) 나는 한국철학계도 야스퍼스가 제시하고 실현하려고 하는 세계철학의 이념을 화두를 삼는 것은 어떨까 생각해 본다. 한국철학은 실로 풍부한 내용을 가지고 있다. 최치원이 이야기한 유불선 삼교를 포함한 한국 전통의 풍류도, 거의 2천 년에 가까운 유교와 불교 사상, 그리고 최근세에 유입되어 한국사회에 큰 영향력을 끼치고 있는 기독교와 서양 사상 등이 그것이다. 지금 한국철학계는 각자의 영역에서만 활동하고 있지 세계철학의 산출을 위해서는 노력이 부족한 것 같다. 한국철학의 풍부한 내용들이 세계철학을 산출해 낼 수 있을 때, 한국철학은 세계의 철학계에 큰 공헌을 할 수 있지 않을까 생각해 본다.

---

74) K. Jaspers, *Rechenschaft und Ausblick*, München, 1951, S.391.

온전함을 향한 사유운동 *

야스퍼스에 있어서 의학과 철학의 종합

이진오

1. 들어가는 말: 정신병리학에서 철학으로

칼 야스퍼스는 철학자로서 세상에 알려졌지만 대학에서 단 한 번도 철학을 정식으로 공부한 적이 없다. 파리한 낯빛의 말라깽이 청년 야스퍼스는 부친의 길을 따라 법학부에 입학했으나 흥미를 잃고 의대로 방향을 바꾼다. 1908년 의사자격시험에 합격한 직후 그는 인간학적 페이소스가 짙게 배어 있는 의학박사학

---

* 이 글은 필자가 이미 발표한 「야스퍼스에 있어서 실존철학과 정신병리: 설명과 이해의 교차가능성과 변환가능성 문제를 중심으로」(『철학과 현상학 연구』 제26집, 2005년 가을호)와 「야스퍼스에 있어서 정신병리학과 현상학: 실존적 현상학의 임상철학적 가능성 탐구」(『철학과 현상학 연구』 제30집, 2006년 가을호) 그리고 「삶의 사실성과 의사소통적 이성: 야스퍼스 철학의 현재성에 대한 고찰」(『철학연구』, 2007년 5월)의 내용들을 한국의철학회 월례발표용(2007년 3월 31일)으로 재구성했던 것을 이번 출판을 위해 다시 수정하고 보완한 것이다.

위논문 『향수와 범죄(*Heimweh und Verbrechen*)』를 쓴다. 1909년 2월 의사가 된 후로는 하이델베르크 대학 정신의학 진료소에서 일하게 된다. 그러나 건강문제로 더 이상 정상적인 병원근무를 할 수 없게 된 야스퍼스는 이론적인 작업에 몰두한다. 그 결과 1913년 정신의학사의 한 장을 장식하는 『정신병리학 총론(*Allgemeine Psychopathologie*)』이 발표된다. 이 책은 본래 스프링어(Springer) 출판사가 의대생들을 위한 정신병리학 교과서를 써달라고 요청해 저술된 것이다. 야스퍼스는 이 최초의 정신병리학 교과서를 철학과의 빈델반트(Windelband)에게 교수자격논문으로 제출하였다. 논문을 지도해 줄 적당한 교수가 의대에 없어 철학과를 통해 교수자격을 획득했으나 그의 이 방대한 저작은 철학이 아니라 정신병리학 전공서적이었다. 그러나 책의 내용은 의학적인 것이었지만, 그의 의식 속에서 형성되고 있던 철학적 입장이 이미 이 책 초판에서부터 간접적으로 나타나고 있다. 그러다가 1920년과 1923년, 1941년, 1946년의 수정·보완 작업을 거치면서는 철학적 내용이 이 책 후반부의 주요내용으로 자리잡는다.

야스퍼스가 의학분야인 정신병리학에 실존철학적 내용들을 첨가하게 된 구체적 계기는 『세계관들의 심리학(*Psychologie der Weltanschauugen*)』을 쓰면서부터이다. 1919년 출간되어 독일에서의 첫 번째 실존철학적 저술로 평가받는 이 책을 저술하면서 야스퍼스는 인간에 대한 철학적 통찰을 체계적으로 구체화할 수 있었으며, 이런 철학적 내용을 『정신병리학 총론』에 첨가할 확신을 얻었던 것이다. 그리하여 『정신병리학 총론』에 대한 네 번의 수정·보완 작업은 『세계관들의 심리학』 이후 야스퍼스가 의학적이고 자연과학적인 인간이해에서 철학적인 인간이해로 시야를 넓혀간 결과인 것이다. 그리고 이런 사유의 변천과정에서 자연과학과 철학의 방법론적 적합성에 대한 야스퍼스의 입장변화가 드러난다. 전쟁이 끝난 후인 1946년에야 출판할 수 있게 된 『정신병리학 총론』 제4판 끝부분에 야스퍼스는 다음과 같은 문장을 첨가한다. 여기서 우리는 정신과 의사로서 인간을 다루다가 철학자로서 인간을 이해하게 된 야스퍼스 사유의 귀결점을 보게 된다. "의사와 환자는 둘 다 인간이다. 그리고 인간으로서 이들은 운명적 동반자이다. 이때의 의사는 단지 전문기술자나 권위자가 아니라, 실존을 위한 실존이다."[1]

인간을 대하는 데 있어서 야스퍼스의 사유가 의학적이고 자연과학적인 관점에서 철학적 관점으로 확장된 이유는 『정신병리학 총론』 초판과 수정판에서 행한 프로이트에 대한 서로 다른 평가에서 단적으로 드러난다. 야스퍼스는 초판에서 프로이트를 인간에 대한 이해능력을 지닌 당대의 뛰어난 정신의학자로 평가한다.[2] 그러나 수정판을 쓰면서 야스퍼스는 프로이트가 신경증 이론(Neurosentheorie)에서 성(Sexualität)을 인간의 본질규정을 위한 핵심개념으로 삼아 저항(Widestand)과 전이(Übertragung)를 설명하고 있다고 비판한다. 야스퍼스는 이런 프로이트를 인간의 본래 모습을 열어 보여준 니체나 키에르케고르와 동렬에 놓고 볼 수는 없다고 말한다.[3] 제4판에서는 프로이트의 정신분석 자체가 한물간 과거의 현상이자 학문적 사이비종교라고 선언하기

---

1) K. Jaspers, *Allgemeine Psychopathologie*, Berlin, 1946, S.668.
2) 같은 책, S.150 참조.
3) 같은 책, 1920년 판, S.292 참조.

에 이른다.[4] 같은 정신의학의 영역에 속해 있었으면서도 정신분
석에 대한 야스퍼스의 이런 비판적 태도는 프로이트 식의 인간
관의 유물론적 환원주의와 단순화가 지닌 위험성에 대한 우려에
서 생긴 것이다. 그는 이런 우려스러운 상황을 정신병리학에 철
학적인 인간이해를 보완함으로써 막아보려 했다.

이 사실을 우리는 하이델베르크 의대 시절에 칸트 독서모임
을 같이했던 친구 바이츠제커(Viktor von Weizsäcker)와의 관계
에서도 확인할 수 있다. 『정신병리학 총론』에서 야스퍼스는 정
신분석의 영역 중 바이츠제커가 몰두하고 있던 심신상관의학
(Psychosomatik)을 대체로 긍정적으로 평가한다.[5] 바이츠제커의
심신상관의학이 정신치료에서 신중한 학문적 해석과 인간의 주
관성 측면을 고려한 해석을 의사들에게 요구한다고 보았기 때문
이다.[6] 그러나 정신분석과 심신상관의학이 학문이론의 경계를
넘어서 결국 인간 삶의 길 안내(Lebensführung) 역할을 하려 든
다고 판단한 이후로는 바이츠제커와 대립한다.[7] 인간을 그 온전
성과 가능성 그리고 개별성에서 이해하려는 철학만이 형식적 지
시(formales Anzeigen)[8]를 통해 삶의 길 안내 역할을 수행할 수

---

4) 같은 책, 1946년 판, S.464 참조.

5) 같은 책, S.191-209 참조.

6) 같은 책, S.567 참조.

7) K. Jaspers, "Zur Kritik der Psychoanalyse", in: *Der Nervenarzt* 31
(1950), S.465-468; K. Jaspers, "Arzt und Patient", in: *Studium Generale*
6(1953), S.19-38 참조.

8) '형식적 지시(formales Anzeigen)'는 하이데거가 『세계관들의 심리학
(*Psychologie der Weltanschauugen*)』에 대한 논평에서 야스퍼스 사상의
특징을 개념화한 표현이다. M. Heidegger, "Anmerkungen zu Karl
Jaspers Psychologie der Weltanschauugen"(1919/21), in: *Wegmarken*,

있다는 게 야스퍼스의 근본입장이다. 형식적 지시로서의 삶의 길 안내는 타인을 갱생시키거나 가르치려 드는 인생교육이 되어서는 안 된다. 형식적 지시로서의 삶의 길 안내는 마치 소크라테스의 산파술과 같은 방식으로 안내자가 모든 것을 주도하지 않고 개체들 스스로 자신의 문제를 풀어갈 수 있을 정도의 방향(Richtung)만을 제시해 주는 것이다.9) 학문의 특성상 철학이 담당할 수 있는 이런 삶의 길 안내를 개별학문이자 자연과학인 정신병리학이 의사의 주도적 역할을 강조하며 전담하려 드는 것은 야스퍼스가 보기에 위험천만한 일이었다.

바이츠제커도 1946년 이후 불거지기 시작한 야스퍼스와의 충돌이 결국 의미의 혼동 속에 표류하는 현대인의 삶을 길 안내하는 데 있어서 인간의 본질을 어떻게 규정할 것인가에 대한 철학과 정신분석학 사이의 입장 차이에서 발생한다는 사실을 지적한다. 그러면서도 그는 야스퍼스 및 철학 일반에 대한 정신분석학의 방법적 우위를 강조한다.10) 사실 바이츠제커는 심신상관론적 정신분석이 종교와 철학이 "애지중지하는 개인의 정신적 영역(seelischer Privatbesitz)"을 탈신화할 과제를 지닌다고 이미 1926년부터 주장하고 있었다. 그에 따르면 이제 프로이트가 헤겔의 역할을 넘겨받아야 한다. 지금껏 신비에 싸여 있던 인격성(Persönlichkeit)이라는 것도 정신분석을 통해 인식되고 조종될

GA B. 9, S.1-44 참조.

9) K. Jaspers, *Psychologie der Weltanschauugen*(1919), 6. Auflage, Berlin, 1971, S.377 참조.

10) Viktor von Weizsäcker, "Wert und Unwert der Psychoanalyse", in: *Schweizer Rundschau* 8/9(1949), S.723, 732 참조.

수 있는 것이기 때문에 자아와 세계에 대한 주관적 파악은 학문적으로 다시 체계화되어야 한다.[11] 이제 심신상관의학자로서 의사는 질병에 걸린 신체기관들이 어떤 변화를 보이느냐에 따라 그 신체기관의 언어(Organsprache)를 읽어내어 인간을 파악하는 자이며, 환자들의 삶을 길 안내하기 위해 심층심리학적으로 의미를 수립하는 자(zum tiefenpsychologischen Sinnstifter)가 된다.[12]

바이츠제커도 소위 가치독립적이고 객관적인 병리학적 방법을 통해 개인적 의미연관들을 근본적으로 왜곡한다는 이유에서 자연과학적 의학을 비판하며 심신상관적 정신분석학과 구분하기는 한다. 그럼에도 야스퍼스는 바이츠제커의 정신분석학 역시 근본적으로 자연과학의 영역에 속한 것이며, 이런 정신분석학이 철학을 대신해 인간 삶의 길 안내자가 되겠다는 것은 자연과학의 절대화와 마찬가지로 위험천만한 시도라고 본다.[13] 현상학적 실존철학이 형식적 지시를 통한 삶의 길 안내에서 학문독립적인 자기반성과 실존들 상호간의 의사소통을 강조하는 데 반해, 정신분석학은 학문적 접근방식을 통한 일부 사회지배층들의 권위적이고 주도적인 역할을 강조하고 있다고 보았기 때문이다. 이런 이유에

---

11) Viktor von Weizsäcker, "Psychotherapie und Klinik", in: *Bericht über den 1. Allgemeinen Ärztlichen Kongreß für Psychotheraphie in Baden-Baden*, 17-19 April 1926, Halle, 1927, S.170 참조.

12) Viktor von Weizsäcker, "Psychosomatische Medizin", in: *Psyche* 3 (1949), S.331-341 참조.

13) 바이츠제커에 대한 이러한 비판은 시간이 갈수록 더욱 엄격해진다. 1953년 「의사와 환자(Arzt und Patient)」가 *Studium generale*에 실려 출판되기 직전 바이츠제커의 조카 Carl Friedrich von Weizsäcker가 야스퍼스에게 삼촌에 대한 직접적 비판을 그 글에서만은 피해 줄 것을 부탁하나 거절당한다.

234

서 철학을 대신해 삶의 길 안내 역할을 하려는 정신분석학은 마르크스주의나 인종우생학처럼 엘리트들의 전체주의일 뿐이다.[14]

야스퍼스의 이러한 비판을 좀 더 상세히 살펴보기 위해서 우리는 다음과 같은 질문에 답해야 한다. 바이츠제커의 주장처럼 자연과학적 의학과는 구별된다는 정신분석학이 철학의 역할을 대신하는 것이 현실적으로 훨씬 설득력 있는 건 아닐까? 야스퍼스는 그가 정신병리학 병동을 떠난 이후 전개된 정신병리학의 변화에 무지한 나머지[15] 정신분석학자들이 보기에는 종교와 마찬가지로 신화적 태도로 삶을 해석하는 철학에 방법론적 우위를 둔 건 아닐까?

마이어(Adolf Meyer)와 프로이트에 의해 미국에서 발전된, 설명과 이해라는 이원론적 방법론을 넘어선 정신생리적인(psycho-biologisch, psychosomatisch) 접근법을 정신병리학의 새로운 동향에 둔감했던 야스퍼스가 알았더라면,[16] 정신분석학에 대해 그렇듯 비판적이지 않았을 것이라는 주장은 설명의 학으로서의 자연과학과 이해의 학으로서의 정신과학 사이의 구분을 근본틀로 한『정신병리학 총론』초판 저술 시기에는 어느 정도 타당할지 모른다. 그러나『정신병리학 총론』이후 발표된 야스퍼스의 실존철학적 저서에서는 설명과 이해의 이원론이 아니라, 하이데거

---

14) K. Jaspers, *Die geistige Situation der Zeit*, Berlin, 1931, S.145-160; Köhler Lotte u. Hans Saner(Hrsg.), *Hannah Arendt-Karl Jaspers. Briefwechsel 1926-1969*, München, 1985, 249쪽 이하 참조.

15) H. Häfner, "Einleitung in den Psychiatrischen Teil", in: *Karl Jaspers: Philosoph, Arzt, politischer Denker*, Symposium zum 100, Geburtstag in Basel und Heidelberg(1983), München, 1986, S.86 참조.

16) 같은 책, 같은 곳 참조.

에서와 같이 이런 구분을 넘어서는 근원적인 것으로서 실존이 중심개념으로 등장한다. 정신분석에 대한 야스퍼스의 비판도 이 때 등장한다. 따라서 정신분석에 대한 야스퍼스 비판의 타당성을 전면적으로 검토하기 위해서는 무엇보다도 그의 실존철학의 근본입장과의 관련성 속에서 정신분석을 평가해 보아야 한다.

정신병리학에서 철학으로의 방법론적 전환의 이정표가 된『세계관들의 심리학』(1919) 이후 한편으로 야스퍼스는 설명과 이해라는 두 가지 접근법을 각각 고립된 것으로 절대화하려는 모든 시도들을 비판하는 데 집중한다.17) 이 작업은 다양한 세계관들의 특징과 한계에 대한 분석을 통해 수행된다. 다른 한편으로 야스퍼스는 설명의 대상이 되는 현상과 이해의 대상이 되는 현상의 이분법을 넘어서(transzendieren) 존재하는, 구체적이고 현사실적(faktisch) 상황 속의 인간실존을 밝히려(Existenzerhellung) 한다.18) 이런 과정을 거쳐 마침내 그의 철학적 작업은 현상적으로 존재하는 주-객-분열(Subjekt-Objekt-Spaltung)을 넘어서 세계와 인간을 온전성(Ganzheit)과 단일성(Einheit) 속에서 이해할 수 있게 해주는 최종근거인 초월자(Transzendenz)에 대한 탐구로 귀결된다.19)

사실상 이미『정신병리학 총론』에서부터 전개된 야스퍼스 사유의 이런 여정을 고려할 때, 그가 설명과 이해의 교차 가능성을

---

17) 이 작업은『세계관들의 심리학』과『철학』(1933)의 제1권 '철학적 세계정위'에서 주로 수행된다.

18) 이것은 야스퍼스 철학 전체에서 시종일관 진행된 과제이지만, 특히『철학』제2권 '실존조명'에서 집중적으로 행해진다.

19) 야스퍼스는 이 작업을『철학』제3권 '형이상학'에서 본격적으로 수행한다.

모르고 두 영역을 이분법적으로 분리해 보았기 때문에 정신분석학에 대해 비판적이었다는 주장은 잘못된 것이다. 야스퍼스가 『정신병리학 총론』에서 이해와 설명을 방법론적으로 구분하는 일을 중요시한 것도 사실이지만, 그것은 두 영역의 교차 가능성이나 전환 가능성을 부정해서가 아니다. 두 영역의 교차 가능성이나 전환 가능성을 논하기 이전에 이해와 그 대상이 지닌 고유성을 자연과학의 유물론적 획일화로부터 지켜내야 한다는 판단에서 그런 것이었다.

그런데 야스퍼스에게 설명의 대상과 이해의 대상의 교차는 실존에서 두 영역이 새롭게 해명되었을 때에야 비로소 이해되는 그런 차원의 교차이지, 결코 정신적 현상을 자연과학적으로 환원한 데서 발견되는 교차가 아니다. 그런 식의 교차에 대한 설명은 정신과 물질이 서로 연관되어 있다는 주장을 넘어서 두 차원의 영역적 구분을 깨는 데로 나아가기 쉽다. 정신적 현상을 자연적 현상으로 환원해 설명하려는 시도의 전형을 야스퍼스는 베르니케의 뇌병리학설에서 목격하고, 이를 "뇌에 대한 신화학(Hirn-mythologie)"이라고 비판한다.[20] 야스퍼스는 정신분석학 또한 위와 같은 방향의 시도로 판단하고 그 위험을 경고했던 것이다. 심신상관론적 정신분석학은 이해의 영역에 속한 것을 설명으로 변환시키는 이론이며, 그렇기 때문에 그것은 이미 비학문적(un-wissenschaftlich)일 수밖에 없다는 것이다.[21]

---

20) W. Blankenburg, "Unausgeschöpftes in der Psychopathologie von Karl Jaspers", in: *Karl Jaspers: Philosoph, Arzt, politischer Denker*, S.135 참조.

21) K. Jaspers, "Zur Kritik der Psychoanalyse". in: *Der Nervenarzt* 21,

이상과 같은 정신분석의 방법적 특징과 한계는 정신분석학이 속한 개별학문에 대한 야스퍼스의 입장을 통해 좀 더 포괄적이고 근본적으로 드러난다.

2. 개별학문의 방법적 특징과 한계

개별학문에 대한 야스퍼스의 입장을 살펴볼 때 주의해야 할 점이 있다. 그의 학문관은 주로 근대 초기의 고전적 학문들의 특징에 관한 것이지, 20세기의 학문적 상황 전체를 반영하고 있는 것은 아니라는 점이다. 가령 그가 모든 개별학문에 있어서 근본적 특성으로 파악했던 주-객-분열은 20세기적 학문이론의 대표라 할 수 있는 상대성이론이나 양자이론에는 들어맞지 않는다.[22] 야스퍼스도 이러한 사실을 알고 있었다. 이런 이유에서 그는 현대적 학문이 절대적 지식을 단념하게 할 수 있는 것이기 때문에 지식은 항상 그것의 상대성과 함께 사유되어야 한다고 말한다.[23]

그의 학문이론이 첨단이론에 대해 지니는 이런 한계성에도 불구하고 정신분석학을 포함한 개별학문에 대한 그의 비판은 중요한 부분에 있어서 현재까지도 타당한 것이다. 즉, 대개의 학자들은 그들의 탐구대상을 여전히 주-객-분열의 관점에서 관찰하고 있으며, 자신들의 연구성과를 마치 주관성의 개입이 전혀 없는

S.465-468 참조.

22) J. Glötschl, "Einige Bemerkungen zum Wissenschaftsverständnis bei Karl Jaspers", in: *Jahrbuch der Österreichischen Karl-Jaspers-Gesellschaft*, Wien, 1992, S.77 참조.

23) K. Jaspers, *Nachlass zur philosophischer Logik*, H. Saner und M. Hänggi(Hrsg.), München, 1991, S.375 참조.

절대 객관적 사실처럼 여기고 있기 때문이다. 사람들은 학문과 거기서 발전한 기술의 작용을 절대적인 것으로 보고, 이 절대적인 것에 압도되어 있는 것이다. 그리하여 개별학문에 대한 미신 (Wissenschaftsaberglaube)이 현대인들을 지배하고 있다.24)

야스퍼스는 이러한 미신으로부터 인간을 해방시키고 인간이 스스로에게 돌아갈 수 있는 길을 마련하기 위해 우선 학문의 절대성에 대한 사람들의 맹신을 깨려 한다. 이를 위해 그는 개별학문의 특성과 한계를 명확히 한다. 야스퍼스에 따르면 개별학문은 (1) 그때그때의 방법론(die jeweilige Methode), (2) 강제력 있는 확실성(die zwingende Gewissheit), (3) 보편타당성(Allgemeingül-tigkeit), (4) 일반성(Universalität)을 본질적 요소로 지닌다.25) 바로 이 요소들에 의해 위력을 얻게 된 개별학문들은 또한 다음과 같은 전제들 위에 서 있다. (1) 천지만물(das Weltall)은 우리 눈 앞에 실재하는 것이며, 그 자체가 그때그때마다 인식을 통해 파악돼 있다. (2) 존재하는 모든 것은 대상적으로(gegenständlich) 존재하기 때문에 알 수가 있는 것이고, 존재란 곧 객관적 존재 이외 다른 어떤 것이 아니다. (3) 시간 속에서 지속되는 것이 지배적이고 본래적인 존재자이다.26)

그런데 야스퍼스가 보기에 이러한 본질을 지닌 개별학문들은 '우리는 누구인가?(wer wir sind?)'라는 질문에 대해 충분한 답을

---

24) K. Jaspers, *Die geistige Situation der Zeit*, S.128 이하 참조.

25) K. Jaspers, *Philosophie I*(1933), 3. Auflage, Berlin, 1956, S.135, 256; K. Jaspers, *Von der Wahrheit*(1948), 4. Auflage, München, 1991, S.651 참조.

26) K. Jaspers, *Philosophie I*, S.30, 31 참조.

줄 수가 없다. 인간이란 개별학문들이 제시하는 학설들의 총합이 나타내는 그런 자가 아니기 때문이다. 구체적이고 생생한 현장 속에서 실존하는 인간은 자연과학의 대상이면서도 동시에 자연 과학적으로 설명될 수 없는 국면을 지닌 가능존재(Möglichsein) 이다. 자연과학을 포함한 개별학문들은 인간을 가능존재로 파악 하지 않기 때문에 인간의 존재를 온전히 드러낼 수 없다. 이것이 개별학문들의 가장 큰 불완전성이다. 야스퍼스에 따르면 철학은 개별학문들이 지니는 것과 같은 학문적 엄밀성을 갖출 수가 없 고 또 갖출 필요도 없다. 철학은 보편타당하고 강제력 있는 연구 결과를 낼 수도 없고 내고자 하지도 않기 때문이다. 또한 일차적 으로 철학의 고유한 진리성은 객관적으로 증명 가능한 대상들에 달려 있는 것이 아니라 보편타당하지 않으면서도 인간의 실존적 현실[27] 속에서 무조건적인 것으로 확증될 수 있는 것에 달려 있 기 때문이다.[28] 또한, "개별학문들의 목적이 세계정위(Weltorien- tierung)에 있어서 대상들에 대한 인식을 얻는 것이라면, 철학의 목적은 세계현존(Weltdasein)이 현상하는 곳에서 개별자로 존재 하는 인간실존이 스스로를 이해하게 하는 것이며",[29] 개별학문 들에 의해 지식이 파편화되고 삶의 의미가 상실된 상황 속에서 도 "전체이며 하나인 것(das Ganze und Eine)"을 향한 길을 발 견해 내는 것이다.[30]

---

27) '실존적 현실'은 '삶의 사실성(Lebenswirklichkeit)' 개념을 통해 다음 절 에서 상세히 살펴볼 것이다.
28) K. Jaspers, *Philosophie I*, S.XV 이하; *Philosophie II*, S.325 이하 참조.
29) K. Jaspers, *Philosophie I*, S.321.
30) 같은 책, S.322 참조.

240

그것들의 순수한 객관성만으로는 자신들의 의미를 완성시킬 수 없다는 데서도 개별학문들의 방법론적 한계는 발견된다. 좀 더 엄격히 말하자면 개별학문들의 의미는 지식의 대상이 아니다. 그렇기 때문에 정신병리학이나 자연과학을 포함한 모든 개별학문들은 그들이 지식으로 정립한 것과는 다른 것에서 그들의 의미를 얻어야만 한다.[31] 이때 "개별학문들의 객관적 사유형성물은 그것이 비개인적인 것임에도 다시금 개인적 실존에서만 확증된다. 그들의 의미(Sinn)는 형식이나 명제, 어휘에 대한 앎을 통해서도 얻어지는 게 아니고, 감동적인 조형물들에 대한 직관을 통해서도 얻어지는 게 아니다. 그것은 객관적 사유형성물이 일으켰거나 객관적 사유형성물 안에서 스스로를 재인식할 수 있는 내적 담판(im inneren Handeln)을 통해서만 얻어지는 것이다."[32] 따라서, 개별학문들이 우리에게 "강제력 있는 통찰(zwingende Einsicht)"을 준다 하더라도, 개별학문에 의해 제시된 강제력 있는 대상(das Zwingende)은 절대적인 게 못 된다. 그리하여 개별학문들이 자신들의 보편타당하고 강제력 있는 지식을 통해 마련했다고 생각한 안정은 결국 "거짓 안정(die unwahre Ruhe)"으로 드러나고 만다.[33] 참된 안정은 개별학문들이 주장하는 객관적이고 보편타당한 세계의 절대성이 구체적이고 시간적인 삶을 살아가는 개별자들에 의해 의문시될 때에만 가능하다. 결국, 참된 안정이라는 것은 불안정 속에서만 생겨나는 것이다.

그런데 프로이트가 헤겔을 대체해야 한다고 선언한 바이츠제커

---

31) 같은 책, S.88 참조.
32) 같은 책, S.XXV.
33) 같은 책, S.87, 88 참조.

에서도 알 수 있듯이, 오늘날 개별학문은 제한된 영역에 머무르려 하지 않고 그들이 발견한 인간과 세계의 한 국면이 마치 전체를 설명하는 것인 양 주장한다. 그러나 개별학문이 가령 인간의 정신적 차원과 실존적 차원을 신화적 영역으로 배제시키거나 탈신화해 설명하는 한, 그들은 부분적 국면에만 머물러 있는 것이다. 개별학문들의 부분적 견해들은 세계를 그 전체성에서 파악할 능력이 없다. 그럼에도 부분적 견해로 세계와 삶에 대한 모든 것들을 파악하려 시도할 때, 절대화 과정(Verabsolutierungsprozess)이 시작된다. 이에 반해 철학은, 좀 더 정확히 말해 그의 실존철학은 인간과 그의 세계를 그 총체성에서 이해할 준비가 되어 있다. 그런데 철학이 세계를 그 총체성에서 이해할 준비가 되어 있다거나 그럴 준비를 해야만 한다는 말은 철학이 그 총체성을 학문적 의미에서 인식할 수 있다는 뜻은 아니다. 야스퍼스는 이러한 사실을 분명히 알고 다음과 같이 말한다. "학문적으로 엄밀한 의미에서 우리는 오직 개체적인 것(das Einzelne)만을 인식한다. … 우리가 전체적인 것을 아는 것은 결코 아니다. 우리는 그저 그것 주위를 맴돌며 그것에 대해 에둘러 말하고 있을 뿐이다 (Man weiß nie das Ganze, sondern redet nur drum herum)."[34]

인식능력의 한계 때문에 제한적이고 개별적인 것만을 인식할 수 있을 뿐인데도 철학적 인간은 어떤 근거나 계기에서 전체 혹은 온전함을 지향하는 것인가? 우리는 인간의 삶이 구체적이고 역사적인 차원에서 어떻게 전개되고 있는지를 살펴보면서 그 답을 찾고자 한다.

---

34) K. Jaspers, *Philosophische Autobiographie*, in: *Philosophische Aufsätze*, Neue Ausgabe, München, 1977, S.32.

3. 삶의 사실성과 주-객-분열 그리고 온전함을 향한 넘어섬

야스퍼스는 인간이 구체적이고 역사적인 삶 속에서 경험하는 다양한 사실성의 양상들을 다음과 같이 구분한다. 첫 번째 사실성의 양상은 경험적이고 강제력 있는(zwingende) 사실성이다. 이것은 지식의 대상이 된다. 경험적 사실성의 경계선을 이루는 개별적 인간실존의 현전하는 생생한 사실성이 두 번째 사실성 양상이다. 세 번째 양상은 절대적이고 초월적인 사실성이다.[35] 야스퍼스는 또한 인간의 존재를 크게 다음과 같은 차원들로 구분한다. 구체적 시공간을 차지한 채 생존에 힘쓰는 현존(Dasein)의 차원이 그 첫 번째 차원이다. 두 번째 차원은 칸트적 지성(Verstand) 개념에 상응하는 의식일반(Bewußtsein überhaupt)이다. 인간존재의 세 번째 차원은 역사와 문화 등 의미의 영역을 전개하는 정신(Geist)이다. 네 번째 차원은 각자 자기존재인 실존이다. 인간은 이러한 여러 존재영역으로 이루어져 있으며, 이러한 인간존재의 여러 의미영역들이 모여 인간의 온전함(das Ganze)을 구성한다.

신칸트학파가 독일학계를 장악하고 있던 시절 하이데거와 함께 야스퍼스는 철학을 마치 개별학문처럼 협소화하려는 신칸트학파에 반대하면서 진정한 칸트의 계승자임을 자임한다. 온전성 개념의 영향사를 통해 우리는 이러한 사실을 확인할 수 있다. 야스퍼스는 온전성(Ganzheit)에 대한 자연스런 갈망(der natürliche Drang nach Ganzheit)이 인간 내부에 있다는 칸트의 입장을 받

---

35) K. Jaspers, *Philosophie III*, S.7 이하 참조.

아들여 자신의 철학의 주요개념으로 발전시킨다. 인간존재의 온전성을 뜻하는 '포괄자(das Umgreifende)' 개념이 바로 그것이다. 야스퍼스에 따르면 온전성에 대한 자연스런 갈망으로서 온전하게 되고자 함(das Ganzwerdenwollen)[36]이 인간 안에 자리 잡고 있다.

인간은 자신만의 고유한 존재방식인 실존으로서 사유한다. 그런데 실존적 사유는 다름 아니라 "온전히 되려는(Ganzwerden-wollen)"[37] 사유운동이다. "온전히 되려 함(Ganzwerdenwollen)"으로서의 실존적 사유는 위에서 언급한 인간존재의 네 가지 의미를 주목하며 자신을 둘러싸고 있는 세계의 사실성의 여러 단계들 중 어느 하나도 놓치려 하지 않는다. 구체적 지금과 여기의 실존으로서 사유하며 살아가는 인간은 그의 현실적이고 역사적인 삶의 실천 속에서 자기 자신 및 세계와 관계하면서 의식적이건 무의식적이건 간에 항상 삶의 전체성에 방향을 맞추고 있기 때문이다. 사유의 이런 성격에 주목하며 야스퍼스는 『세계관의 심리학』(1919) 서두에서부터 온전함(전체)의 문제가 철학의 핵심 문제임을 강조한다.[38] 그에 따르면 철학 자체가 온전함(전체)을

---

36) 독일어 'ganz'의 원뜻은 'unverletzt(손상되지 않은)'이다. 이 원뜻에서 '전체의'나 '전부의'라는 뜻도 펴져 나왔다. 이런 어원적 근거에서도 우리는 'Ganzheit'를 '전체성'으로 뿐만이 아니라 '온전성(穩全性)'으로도 새길 수 있을 것이다.

37) K. Jaspers, *Die Idee der Universität*, Springer Verlag, Heidelberg/Berlin, 1961, S.31 참조.

38) 온전함(전체)에 대한 이해는 사실상 『정신병리학 총론』(1913)에서부터 야스퍼스의 사유를 이끄는 근본동기였다. 그러나 야스퍼스는 『세계관의 심리학』(1919)이나 『철학』(1932) 시기까지는 온전함(전체)에 대해 부정적이고 추상적으로만 규정한다. "우리는 결코 전체를 모른다. 단지 그

다루는 작업 이외에 다른 어떤 것이 아니다. 개별과학들이 의존하고 있는 부분적 관점들은 인간의 세계를 그 온전함에 있어서 파악할 능력이 없다. 그럼에도 불구하고 개별과학이 그들의 부분적 관점들을 통해 세계와 삶에 대한 모든 것을 파악하려 들면, 특정한 부분적 국면들만이 절대화되어 삶의 온전성이 은폐될 위험성이 생긴다. 야스퍼스는 개별과학들의 그런 위험성에 대한 철저한 비판작업과 함께 철학의 역할을 강조하면서 온전함을 향한 인간의 자연적 경향을 특정한 사실성의 단계들을 넘나드는 계기로 확정한다.

온전하게 되고자 하는 실존적 사유가 지향하는 사실성을 즉, 사실성의 모든 단계들을 포괄하는 사실성을 우리는 "삶의 사실성(Lebenswirklichkeit)"이라고 표현해 볼 수 있을 것이다.[39] "삶

___

것의 주변을 맴돌며 그것에 대해 말할 뿐이다. 그럼에도 불구하고 형이상학적으로 전체를 직접적으로 인식하려 들지 않으면서도 전체를 향한 방향 속에 머물러 있는 것이 가능해 보인다."(*Psychologie der Weltan-schauugen*, S.32)라는 문장과 "전체란 우리가 그 속에 있으면서 그것에 대해서 그 어떤 방식으로도 밖에서부터 조망하면서 벗어나올 수가 없는 그런 것에 대한 상징이다."(*Philosophie I*, S.XLVI)라는 문장은 전체(온전함)에 대한 야스퍼스의 그 당시 접근방식을 잘 보여준다. 미완의 대작인 『진리에 대하여』(1947)에 이르러서야 야스퍼스는 포괄자의 다양한 양상들에 대한 해명을 통해 온전함(전체)에 대한 적극적 규정을 전개한다.

39) 필자의 이러한 명칭부여는 라이벤슈와 캄바르텔의 다음과 같은 저술들에 의거한다. G. Reibenschuh, "Jaspers, Kant und der leere Raum", in: *Jahrbuch der österreichischen Karl-Jaspers-Gesellschaft*, 1990/1991, S.165-176; F. Kambartel, *Philosophie der humanen Welt*, Frankfurt a. M., 1989; F. Kambartel, *Theorie und Begründung: Studien zum Philosophie-und Wissenschaftsverständnis*, Frankfurt a. M., 1976. 삶의 사실성에 대한 캄바르텔의 평가와 후설의 생활세계 개념에 영향을 받은 빔머는 '이성의 초월적 현사실성(die transzendentalen Faktizität der

의 사실성"이라는 이 표현을 우리는 현사실적이고 실천적인 인간이 그의 전체성에 있어서 만나게 되는 사실성의 모든 양상들을 포괄하는 사실성 개념으로 사용해 볼 수 있는 것이다.[40] 삶의 사실성은 지식의 대상인 경험적이고 강제력 있는(zwingende) 사실성만을 유일한 사실성으로 절대화하지 않는 사유방식에서만 이해될 수 있다. 이런 까닭에 삶의 사실성을 파악하기 위해서는 우선 영역적 한계를 넘어서려는 사유태도가 요구된다. 『철학』(1932) 서론에서 야스퍼스는 올바른 넘어섬(Transzendieren)을 수행한 대표적 철학자로 칸트의 예를 들면서 넘어섬을 철학함의 가장 기본적인 기능이라고 선언한다.[41] 더 나아가 그는 "철학적 근본지식(das philosophische Grundwissen)"이라는 개념으로 넘어섬으로서의 철학을 구체화한다. "지식에 관한 지식(Wissen des Wissens)"[42]을 목표로 하는 철학적 근본지식은 대상적으로 규정되고 고착된 지식을 반성을 통해 넘어섬으로써 우리들의 존재의식과 사물에 대한 내적 태도를 변형하고 확장한다. 이런 확장

Vernunft)'이라는 표현을 통해 삶의 사실성이라는 개념을 칸트에 있어서 자연과 현상론에까지 연관시켜 파악한다. R. Wimmer, "Anthropplogie und Ethik", in: *Vernunft und Lebenspraxis-Philosophische Studien zu den Bedingungen einer rationalen Kultur für Friedlich Kambartel*, C. Demmerling, G. Gabriel und T. Rentsch 편찬, Suhrkamp, Frankfurt a. M., 1995 참조.

40) 주-객-분열에 근거한 단순 경험론적 절대화와 독단적 관념론의 절대화를 상대화시킨 후에 성립하는 삶의 사실성 개념 안에 야스퍼스가 확정한 사실성의 세 가지 단계들뿐만 아니라 발생론적으로 이들 단계의 기초를 형성한다고 여겨지는 생활세계적 사실성도 포함시킬 수 있을 것이다.

41) K. Jaspers, *Philosophie I*, S.45 이하 참조.

42) K. Jaspers, *Von der Wahrheit. Philosophische Logik*, München, 1947, S.1049.

을 통해 우리는 감성적 대상세계에 대한 강제력 있는 명증성 (zwingende Evidenz)의 차원을 지나서(über, 거쳐서) 실존적이고 초월적인 사실성도 하나의 진리로서 믿게(Glauben) 된다. 이런 의미에서 근본지식은 지평을 새로 열어주는 "방향정립적 지식 (Orientierungswissen)"이라 부를 수 있다.[43]

이러한 넘어섬의 관점에 서게 될 때 부분적 국면들을 절대화하려는 시도의 위험성이 뚜렷해진다. 온전함을 향한 실존적 사유가 전개하는 넘어섬의 사유는 주객-분열(Subjekt-Objekt-Spaltung)을 관통해 나아가며 총체성을 향해 움직인다. 이러한 사유운동은 "주체 없는 객체 없고, 의식이 지향하고 있는 어떤 것 없이는 의식도 없다."[44]는 통찰 속에서 전개되기에 존재와 사실성의 여러 영역 중 어떤 하나의 국면만을 절대화하려는 시도의 위험성을 감지하고 중지시킬 수 있는 것이다. 그런데 야스퍼스는 주객-분열을 일단은 인간의식의 근원적 현상(Urphänomen)으로 인정한다. 행위하고 사유하고 감각하는 모든 일들에 있어서 우리는 주관으로서 객체에 조준되어 있다는 것이다. 의식의 이러한 근원적 현상으로 인해 흔히 우리는 주관적인 것이나 객관적인 것 중 어느 한쪽에 치우치게 된다. 개별과학들의 부분적 관점들은 주객-분열이라는 인간의식의 근원적 현상의 결과들이다. 그리하여 인식의 주관적 성격을 강조하며 경험의 근거 없이 세계를 사변적으로만 파악하려는 독단에 빠지거나 인식의 주관적 성격을 배제한 채 단순경험론을 절대화시키려고도 한다. 그런데 주객-분열

---

43) K. Jaspers, *Vernunft und Existenz. Fünf Vorlesungen*, Gronningen, 1935, S.68 참조.
44) K. Jaspers, *Philosophie I*, S.43.

이 인간의식의 근원적 현상이라고 해서 거기에 사로잡힌 채 세계를 그 자체 객관적인 것으로만 보거나 혹은 주관의 산물로만 보려는 태도만이[45] 가능한 게 아니다. 인간의식의 이 근원적 현상을 반성적으로 주목하면서 이 세계를 주객 양자의 상호 작용에 의해 나타나는 현상으로 보려는 태도 또한 온전함을 지향하는 실존적 사유에게는 가능하다. 이런 태도에서는 주관과 객관 사이에 존재하는 경계선은 물론이고 양자 사이의 '공속관계' 또한 통찰될 수도 있다. 더 나아가 그러한 경계선을 '경계선에 의거하면서', 즉 경계선의 존재와 그 의미에 대한 이해에 의해 넘어설 수도 있다.[46]

지금까지 우리는 개별학문의 절대화로 인한 위험성과 그것을 넘어서 온전함으로 나아가려는 인간사유의 성격에 대해 살펴보았다. 이제 우리는 인간의 사유가 구체적으로 어떻게 다양한 사실성과 전체성을 드러내는 방향으로 나아갈 수 있는지 의학과 현상학적 실존철학을 결합하려 한 야스퍼스의 시도를 통해 살펴보도록 하자.

4. 온전성을 향한 한 사유운동으로서 의학과 현상학적 실존철학의 결합

최근 행해지는 주요한 심리치료법에는 정신분석, 아들러 심리치료, 분석적 심리치료, 인간중심 심리치료, 합리적·정서적 심리치료, 행동치료, 인지치료, 실존 심리치료, 게슈탈트 치료, 다중

45) 야스퍼스는 유물론과 관념론을 이런 두 입장의 대표적인 경우로 본다.
46) K. Jaspers, *Philosophie I*, S.8 및 S.41 참조.

양식 치료, 가족치료, 동양의 심리치료 등이 있다. 이들 중 게슈탈트 치료는 철학에서 영감을 얻어 형성된 것이고, 실존 심리치료는 철학적 내용 자체가 그 핵심을 이루고 있다.[47) 빈스방거(L. Binswanger)에 따르면 1940년대와 1950년대부터 유럽을 중심으로 일어난 정신의학의 실존적 방향설정은 정신의학을 자연과학적 관점에서만 이해하려는 시도에 만족하지 못한 심리학자들과 정신의학자들에 의해 자발적으로 이루어진 것이다.[48) 경험 있는 심리치료자들의 상당수가 이념적으로 어떤 특정한 학파를 옹호하느냐와 무관하게 실존적 통찰과 접근법을 채택하고 있다.[49) 그런데 실존 심리치료는 크게 현상학적 부분과 실존철학적 부분으로 구성되어 있다. 야스퍼스는 니체, 키에르케고르, 하이데거, 후설과 함께 실존적 심리치료의 중요한 발단을 제공한다. "어떻든 우리가 '임상현상학자'란 이름으로 거명하는 사람들 중, 스피겔버그의 말대로 야스퍼스가 주요한 창시자라고 말할 수 있을 것

---

47) R. J. Corsini and D. Wedding 편저, 김정희 옮김, 『현대 심리치료 (*Current Psychotherapies*)』, 학지사, 2004, 449쪽 이하 참조.

48) L. Binswanger, "Existential analysis and psychotherapy", in: E. Fromm-Reichmann and J. L. Moreno(eds.), *Progress in Psychotherapy*, New York, 1956, p.144 참조.

49) R. J. Corsini and D. Wedding 편저, 김정희 옮김, 『현대 심리치료』, 426-427쪽 참조. 실존 심리치료는 독립적이고 포괄적인 심리치료의 체계라기보다는 환자의 고통을 한계상황, 불안, 세계와 자아의 관계, 자기존재의식 등 특정한 관점에서 이해하는 하나의 사유방식으로 받아들여지고 있다. 이러한 사유방식이 포괄적 심리치료 체계를 가지고 전개된 것은 게슈탈트 치료에서이다. 심리학, 장(場) 이론, 실존주의 및 현상학을 결합하여 수행되는 게슈탈트 치료는 오늘날 인본주의적이고 실존적 치료들 중에서 정신분석과 행동주의를 대체할 수 있는 가장 주목받는 치료가 되었다.

이다."50) "현상학적 연구방향에 관한 나의 논문이 발표된 몇 년 후 어느 날 니슬은 외래진료소로 나를 찾아와 내가 현상학적으로 실험을 하는(phänomenologisch exploriere) 동안 그것을 참관해도 괜찮겠느냐고 물었다. 다행히 나는 초기 정신분열증에 관해 뭔가를 분명히 보여줄 수 있었다. 현상학으로 무엇인가를 이룰 수 있다고 말하며 그는 큰 만족감을 나타냈다."51) 야스퍼스가 전하는 이 일화는 그가 정신분열증 관찰에 현상학적 방법을 직접 적용한 것에 대해 당시 하이델베르크 대학 정신병원 원장인 니슬(F. Nissl)의 평가를 전해 준다. 이 일화를 통화 우리는 현상학적 방법이 정신의학에서도 유용하게 쓰일 수 있다는 점을 이미 20세기 초에 정신의학자로부터 인정받고 있었다는 사실을 알 수 있다.

야스퍼스는 이미『정신병리학 총론』초판이나 그 밖의 의학적 논문들에서52) 현상학이라는 철학적 방법을 인간의 병리적 정신현상을 분석하는 도구로 의학에 적용하였다. 이런 도구적 이용을 넘어서 야스퍼스는 1932년 그가 최초로 철학적 의도를 가지고 저술한『철학』의53) 주요내용 자체를 1946년『정신병리학 총론』

---

50) 김영필·박정희, 「임상철학에 대한 인문학적 접근: 임상현상학」, 『철학논총』제43집, 2006, 121-122쪽; D. Fewtrell and K. O. Conner, *Clinical Phenomenology*, London and New York, 1995, p.13 참조.

51) K. Jaspers, *Philosophische Autobiographie*, S.28.

52) K. Jaspers, *Gesammelte Schriften zur Psychopathologie*, Springer Verlag, Berlin, 1963.

53) 출판사의 정신병리학서 저술제안에 의해 1913년 출간된『정신병리학 총론』은 물론이고 1919년 발간되어 하이데거 등에 의해 철학적으로 중요한 저술로 인정받은『세계관들의 심리학』역시 철학적 의도를 가지고 저술된 책이 아니다.『세계관들의 심리학』은 하이델베르크 대학에서 행한

4판에 반영한다. 이것은 정신의학에 철학을 접목시킨 본격적인 시도로 볼 수 있다. 이 시도를 통해 '이해'는 '정적 이해'와 '발생적 이해'를 넘어서 "실존적 이해(existentielles Verstehen)"와 "형이상학적 이해(metaphysiches Verstehn)"로까지 확대된다.[54]

그런데 야스퍼스가 철학적 사유의 성격을 지닌 실존적 이해와 형이상학적 이해를 『정신병리학 총론』에 보충해 넣었다는 것이 마치 『정신병리학 총론』 초판에서 정적 이해와 발생적 이해를 자연과학에 있어서의 설명의 방법과 나란히 설 수 있는 정신의학의 고유한 방법으로 전개할 때처럼 실존적 이해와 형이상학적 이해 또한 과학(Wissenschaft)의 한 방법으로서 도입했다는 뜻은 아니다. 칸트의 현대적 계승자인 야스퍼스는 학문들 사이의 영역설정과 한계설정을 모든 탐구를 위한 근본적 예비작업으로 수행한다. 『정신병리학 총론』 초판에서부터 현상학적으로 파악된 '이해'라는 방법을 끌어들였음에도 불구하고, 야스퍼스에게 정신병리학은 그 주요 관찰방식과 연구대상에 있어서 경험적 개별과학인 의학의 영역에 속한 것이다. 병리적 정신현상에 대한 현상학적 탐구방법은 이런 경험적 개별과학의 틀 안에서 하나의 방법으로 기능한다.[55] 정상인에 있어서 정신의 발전단계나 정상을 벗

심리학 강의들을 정리한 책이기 때문이다.

54) K. Jaspers, *Allgemeine Psychopathologie*, S.255 이하 참조. 이 밖에도 인간존재의 온전함(das Ganze des Menschseins)이나 철학과 정신의학의 관계에 대한 논의 및 의학에 대한 학문이론적 비판 등이 이때 첨가되는데, 이 내용들은 임상철학적 연구에 중요한 의미를 지닌다.
55) 발생적 이해와 정적 이해를 중심으로 한 현상학적 탐구방식이 정신병리학이라는 과학적 탐구에 수단으로 적용됐다고 해서 그것이 인간에 대한 철학적 이해를 포함하고 않았다는 뜻은 아니다.

어난 이들에 있어서 정신적 삶의 단계와 주기들은 현상학적 방법을 통해 인간의식의 내면으로부터 완벽하게 발생적으로 이해되지 않는다. 정신적 삶의 시간적 종단면이란 항상 '안에서부터' 이해되는 게 아니라, 마치 자연과학적 대상들처럼 '밖에서부터' 보고 인과적으로 설명해야 할 경우가 많은 것이다.[56] 따라서 정신병리학의 주요방법은 자연과학적 실험과 관찰이 되어야 한다.

그런데 이상과 같이 엄격한 영역구분을 고수한 야스퍼스가 왜 실존적 이해와 형이상학적 이해와 같은 철학적 내용 자체를 과학의 영역에서 활동하는 정신의학자들을 위한 교재인 『정신병리학 총론』을 개정하면서 덧붙인 것인가? 그것은 과학과 철학의 영역적 구분을 허물고 뒤섞으려는 것이 아니라, 종합하려는 의도에서이다. 개별과학적 관점에서 관찰될 수 있는 차원 이외에도 실존적이고 형이상학적인 이해를 통해서만 밝혀질 수 있는 차원을 지닌 인간을 치료하는 의사는 이 두 차원 모두에 익숙해야 한다고 보았기 때문이다. 이런 입장에서 야스퍼스는 비른바움(K. Birnbaum)에게 보내는 편지에서 다음과 같이 말한다. "각 단계마다 방법에 대한 뚜렷한 의식을 가지고 가능한 모든 길들을 ― 뒤섞는 게 아니라 ― 종합하는 것, 내가 볼 때 이것이 이상적인 것이다. 과제의 성격상 그 어느 학문들보다 보편적인 학문을 하는 정신의학자에게는 특히나 그렇다."[57]

---

56) K. Jaspers, *Allgemeine Psychopathologie*, S.24 참조.

57) K. Jaspers, "Antwort auf vorstehenden offenen Brief"(1922), *Gesamte Neurol Psychiatr* 77, S.515-518. 인용은 W. Blankenburg, "Unausgeschöpftes in der Psychopathologie von Karl Jaspers", in: *Karl Jaspers: Philosoph, Arzt, politischer Denker*, S.152에 따름.

야스퍼스는 정신병리학 자체의 목적을 성취하는 데 필요한 '이해'로는 현상학적 탐구방법인 정적 이해와 발생적 이해면 충분하다고 본다. 그럼에도 불구하고 우리는 이해가 수행되는 현장에서 모든 이해가 그 속에 근거하고 있는 더 포괄적인 어떤 것과 끊임없이 접촉한다. 그렇기 때문에 정신병리학자는 정적 이해와 발생적 이해가 그 속에서 움직이고 있는 더 포괄적인 중심공간들에 대해서도 알고 있어야 한다.58) 야스퍼스는 '실존적 이해'와 '형이상학적 이해'를 더 포괄적인 이해의 중심공간으로서 제시한다.

이해되지 않는 것에 부딪쳤을 경우, 한편으로 그것은 이해의 대상이 아니라 육체가 지니는 인과관계에 대한 객관적 탐구를 통해 설명되어야 하는 것일 수 있다. 다른 한편, 이해되지 않는 그것은 이해 가능성을 넘어선 '이해 가능한 것의 근원'일 수도 있다. 그것은 이미 특정한 무엇으로 고정되어 있는 것이 아니라 "스스로를 밝히며 이해 가능하게 되어 가고 있는 것(das sich erhellende, verstehbar Werdende)"59)이기에 심리학적 이해로는 파악되지 않는다. 그것은 실존이라는 무조건적인 것을 고려할 때라야 서서히 이해되기 시작한다. 그런데 심리학적 내지 정신병리학적 이해가 인과적 탐구의 근저에 놓여 있는 이해 불가능한 것에 맞설 경우, 그것은 경험심리학이 된다. 이에 반해 실존현상에 주목하게 되면, 이제 심리학적 이해는 실존을 철학적으로 밝히는 작업(die philosophische Existenzerhellung)으로 나아가게 된다. "경험심리학은 어떤 것이 어떻게 존재하며 어떻게 일어났는지를

58) K. Jaspers, *Allgemeine Psychopathologie*, S.255 참조.
59) 같은 책, S.256.

확정한다. 이에 반해 실존조명은 가능성들을 통해 인간 자체에게 호소한다. 이 양자는 비록 극단적으로 다른 의의를 지니지만, 심리학적 이해에 있어서는 시종일관 서로 엮여 있다."[60] 그리고 바로 여기에 심리학 혹은 정신병리학에 있어서 실존적 이해의 필요성이 있는 것이다.

야스퍼스 철학의 학문적 엄밀성에 대한 논란을 불러일으키면서도 야스퍼스 철학의 고유성을 확보해 주는 것이 '형이상학적 이해'에 대한 그의 성격규정이다. 야스퍼스에 따르면 형이상학적 이해는 심리학적 이해의 대상인 "체험된 모든 것"과 실존적 이해의 대상인 "자유에 의거해 행해진 모든 것"[61]에 뻗쳐 있는 의미를 밝히려 한다. 또한 형이상학적 이해는 보통은 은닉된 채 사유되는 의미들의 포괄적 연관관계에 주목한다. 그리하여 마침내 형이상학적 이해는 심리학적 실재상태들과 실존의 자유를 "어떤 절대적 존재의 언어"로 읽어내는 데까지 나간다. 이런 형이상학적 이해로 말미암아 우리는 가령 조화로운 세계나 풍광 등 생명이 없는 것에 주목하면서도 "우리가 영혼이라고 부르는 어떤 것"[62]을 체험할 수 있게 된다. 정신질환자들이 우리에게 의미 있는 존재인 것은 그들이 단지 경험적으로 관찰 가능한 정신의 국면들을 지니고 있기 때문만은 아니다. 경험적으로 관찰 가능한 사실들은 나무나 동물들도 지니고 있다. 정신질환자들이 우리에게 의미 있는 것은 그들이 영혼을 지닌 한 인간으로 존재하기 때문이다. 우리는 그들의 행동에서 경험적 관찰대상인 질병에 해당

---

60) 같은 책, 같은 곳.
61) 같은 책, S.257.
62) 같은 책, 같은 곳.

하는 것만 파악할 수 있는 것이 아니다. 그들의 이상적 행동에서 우리는 초월적 영역에까지 뻗어 있는 영혼을 지닌 인간존재의 심연이 극단적으로 뒤틀리고 전도된 경우를 유비적으로 읽어낼 수도 있다. 물론 이것은 인간에 대한 정신병리학적 이해를 통해서가 아니라, 형이상학적 이해를 통해서 가능한 것이다. 정신병리학자는 감각을 통해 관찰 가능한 대상을 넘어서 철학적 사유가 열어 보이는 이러한 이해까지 나아가야 한다.

그러나 "대개의 정신의학자들은 자신들의 학문이 철학과는 무관하다고 말하고, 철학 때문에 골치 썩기는 싫다고 말한다." 야스퍼스가 보기에 정신의학자들의 이런 입장은 정신의학이 철학에 의해 근거지어진 것도 아니고, 철학에 의해 논박될 것도 아니기에 정당하다. 하지만 그렇더라도 철학이 정신병리학의 영역에서 완전히 배제되는 것은 정신병리학자들에게도 '재앙적인(ver-hängnisvoll)' 일이 될 것이다. 왜냐하면 철학은 정신병리학이라는 학문이 지닌 다양한 지식들을 논리적으로 정리정돈하고 거기서 쓰이는 표현들을 평가하는 데도 도움이 되지만, 무엇보다도 인간에 대해 경험과학이 밝힐 수 없는 차원인 실존이나 형이상학적 체험에 대해 조명해 주기 때문이다. "인간존재는 숙명적으로 형이상학적 매개자이다."[63] 그러므로 의사는 환자의 실존을 추적해 갈 수 있어야 하고, 환자의 내밀한 체험 속에 나타난 초월자에 대한 암호에 대해 주목할 수 있어야 한다. 이를 위해서 정신병리학자는 철학자의 말에 귀를 기울여야 한다.

그런데 철학과 정신의학의 이런 종합(Synthese)에 있어서 정신

---

63) 같은 책, S.643.

의학자는 "과학과 철학, 의사와 구세구"[64]가 서로 뒤섞이지 (Vermischung) 않도록 주의해야 한다. 이때 실존철학적 노력들에 동참하는 것과 "실존철학적 사유들을 정신병리학적 지식이라는 수단으로 이용하며 정신병리학 자체의 구성요소로"[65] 만드는 것은 다르다는 점 또한 명심해야 한다. 지식의 대상이 될 수 없는 실존적 사태들을 지식처럼 규정하고 이것을 경험과학인 정신병리학 자체의 한 요소로 편입시키려는 것은 "하나의 학문적 착각(ein wissenschaftliche Irrtum)"[66]일 뿐이다. 쿤츠(H. Kunz)가 실존적 심리학 또한 이론화 과정과 현전화 작업이 가능한 것이라고 주장할 때, 야스퍼스가 그를 비판한 것도 "실존적인 것은 대상적인 것이 되지 않거나 대상적으로 되어 있지 않은 것"[67]인데도 이런 사실을 철학적으로 기만했다고 보았기 때문이다.

5. 맺는 말

프로이트는 자신의 정신분석이론을 수많은 구체적 임상사례에 적용시켰다. 그는 꼬마 한스의 말 공포증을 분석했으며, 그 분석기록으로 괴테상까지 받는다. 그러나 오늘날 대다수 정신의학자나 임상심리학자들은 프로이트의 사례분석이 과연 과학적으로

---

64) 같은 책, 같은 곳.
65) 같은 책, S.649.
66) 같은 책, 같은 곳. 여기서 야스퍼스는 경험적 대상의 근본틀인 '범주들(Kategorien)'에 대비되는 인간존재의 근본틀로서 '세계-내-존재', '분위기', '불안', '걱정' 등 '실존범주들(Existentialien)'을 하이데거가 규정한 것 역시 '철학적 착각'이라고 비판한다.
67) 같은 책, 같은 곳.

타당한 것인지 의심하고 있다.68) 야스퍼스가 기술현상학적 방법을 동원해 전개한 스트린드베르크, 반 고흐, 니체, 횔덜린 등에 대한 사례분석 또한 현대 정신병리학의 관점에서 볼 때는 문제점이 있는 것으로 드러나고 있다.69) 정신의학의 개척기에 활동한 이들의 사례분석을 오늘날 임상에 무비판적으로 적용할 수는 없다. 하지만 인간의 정신적 삶을 그 고유한 존재방식에 걸맞는 독립적 방법을 통해 이해하려 한 야스퍼스의 철학적 정신병리학이 지닌 근본적 이상과 의미마저 부정할 수는 없을 것이다.

야스퍼스는 학자나 방법론자로서 뿐만 아니라 영혼의 치료사로서 정신의학에 있어서 그 의미가 있다. 물론 정신의학은 그 무엇보다도 학교교육을 통한 자연과학적 지식을 중심으로 성립된다. 그럼에도 정신의학에 종사하는 의사는 기술자나 관료가 아니다. 정신과 의사는 그 누구보다도 힘든 한계상황에 처한 아픈 인간들의 실존과 교류해야 하는 한 사람의 실존이자 운명적 동반자이다. 야스퍼스는 의사와 환자 간의 실존적 의사소통이 모든 방법론과 기술보다 중요하다는 것을 우리에게 가르쳐준다. "의사들은 질병을 단지 제한된 장해(고장)로만 취급한다. 그래서 야스퍼스에 의하면 의학의 근본오류는 인격에 대한 부정확한 이해에 놓여 있다."70) 사람들은 인간을 속속들이 다 밝혀낼 수 있는 방법을 자신들이 획득했다고 믿는 경우가 있다. 그러나 그런 방법

---

68) 이현수, 『정신신경증』, 민음사, 1991, 193쪽 이하 참조.

69) J. Glatzel, "Die Psychopathologie Karl Jaspers in der Kritik", in *Karl Jaspers Philosoph, Arzt, politischer Denker*, R. Piper Verlag, München, 1986, S.173 이하 참조.

70) 진교훈, 『의학적 인간학: 의학철학의 기초』, 서울대학교 출판부, 2004, 39쪽.

들은 전체 인간존재 안에 들어 있는 어느 한 국면만을 보여줄 수 있을 뿐이다. 인간은 연구자의 인식대상으로서 하나의 완결된 존재로 고정되어 있는 게 아니기 때문이다. "말하자면 인간이란 열린 채로 있다. 언제나 인간은 스스로에 대해 알거나 알 수 있는 것 이상이다."71) 이런 이유에서 인간은 세계 내에 있는 다른 사물들과 구별된다. 의사와 환자라는 실존과 실존 사이의 의사소통은 인간에 대한 이런 이해에서만 비로소 가능하다. "의사들은 마땅히 개개의 인간들이 다 무한하다는 의식을 잃지 않음으로써 휴머니티를 수호해야 한다."72) "철학에 대해 알고 치우침 없이 능통한 자만이 학문을 순수하게 유지할 수 있고, 철학적 작업을 통해 표현된 인간의 삶을 지켜낼 수 있다."73) 베이어(W. v. Baeyer)는 정신요법적 기술이 선호되는 곳에서 야스퍼스의 이와 같은 접근법의 가치가 더욱 빛을 발한다고 말한다.74)

정신병리학과 현상학의 관계에 대한 지금까지의 논의를 통해 우리는 야스퍼스에 있어서 실존적 현상학의 임상철학적 가능성에 대해서 간접적으로 살펴보았다. 그런데 후설이 실존적 사유에 대해 오해했듯 당시 야스퍼스의 현상학에 대한 이해 또한 한계점이 있었다. 우리는 현상학에 대한 야스퍼스 이해의 한계점을 살펴보면서 실존적 현상학의 다음과 같은 또 다른 가능성을 발견할 수 있을 것이다.

---

71) K. Jaspers, *Philosophische Autobiographie*, S.24.

72) 같은 책, S.26.

73) K. Jaspers, *Allgemeine Psychopathologie*, S.644.

74) G. Huber, "Die Bedeutung von Karl Jaspers für die Psychiatrie der Gegenwart", *Karl Jaspers Philosoph, Arzt, politischer Denker*, R. Piper Verlag, München, 1986, S.195 참조.

첫째, 정신병리학에 응용된 현상학은 정신질환의 증상들을 진단해 내는 데 쓰인 하나의 이론적 방법일 뿐이라고 야스퍼스는 강조하였다. 그러나 의식적 경험의 생생함을 덮고 있는 모든 개념적 원리나 장치들을 일단 괄호쳐 두고 환자의 문제를 그 원본성 속에서 드러내기 위한 방법적 절차로서의 현상학적 환원은 단지 인식론적 기점을 연역적으로 도출하는 이론적 절차가 아니라, 문제 자체를 해명하고 치료하기 위한 실천이다. 이런 점에서 정신의학에 적용된 현상학적 환원에는 이미 임상적 실천성이 담보되어 있다고 볼 수 있다.[75] 결론적으로 말해, 정신병리학에서 현상학은 단지 방법이 아니라 임상적 실천일 수 있다.

둘째, 야스퍼스는 정신병리학의 이해에 철학적 이해가 보충되어야 온전한 인간이해가 가능하다고 보고, 그의 『정신병리학 총론』에 실존적 이해와 형이상학적 이해를 덧붙였다. 그렇다면 현상학은 정신의학에 단지 증상진단을 위한 방법이나 혹은 임상적 치료로서 뿐만 아니라, 실존적 이해와 형이상학적 이해처럼 온전한 인간이해를 보완하는 데 도움을 줄 수는 없는 것인가? 후설도 야스퍼스가 실존철학적 사유에 전념하자 그와 거리를 두었고, 야스퍼스도 후설의 '엄밀한 학으로서의 현상학'이 인간존재를 탐구하는 데는 부적합하다고 보았다. 그러나 정신과 의사였던 메다르 보스(Medard Boss)는 가능한 한 많은 측면에서 인간존재를 파악할 수 있는 길을 실존철학과 현상학에서 찾는다.[76] 물론 그가 인

---

75) 김영필·박정희, 「임상철학에 대한 인문학적 접근: 임상현상학」, 『철학논총』 제43집, 2006, 119쪽 참조.
76) 진교훈, 『의학적 인간학: 의학철학의 기초』, 227쪽 이하, 제3장 '메다르 보스에 의한 의학적 인간학', 참조.

간이해를 위해 수용한 현상학의 내용들은 후설보다는 하이데거의 현상학에서 온 것이 많다. 그럼에도 메다르 보스는 『존재와 시간』에서 하이데거가 제시한 현존재 분석이 후설적 현상학의 시선에 의해 가능했다는 점을 간과하지 않는다. 현존재에 대한 하이데거의 현상학적 분석은 현상학이 단지 이론적이고 방법론적인 의미만을 지니는 것이 아니라 인간존재를 파악하는 데까지 도달할 수 있음을 보여준다. 실존치료의 초기단계는 스트라우스(E. Straus)나 게브스탈(V. E. von Gebstall)에 의해 전개된 현상학적 단계이고, 두 번째 단계는 빈스방거나 메다르 보스 등에 의해 전개된 실존적 단계였다[77]는 사실도 인간에 대한 현상학적 접근법이 실존적 접근법을 이끌 수 있다는 것을 암시해 준다. 결론적으로 말해, 현상학은 정신의학에 단지 증상진단을 위한 방법이나 혹은 임상적 치료로서 기능할 뿐만 아니라, 실존적 이해와 형이상학적 이해처럼 온전한 인간이해를 이끌 수 있을 것으로 보인다.

[보론]

한국의철학회 월례발표 뒤 한 시간 가량 이어진 질문과 답변들을 다음과 같이 간략히 정리했다.

[질문] 이 논문은 사실상 야스퍼스에 있어서 정신의학과 철학의 관계를 다루고 있으므로 제목을 '의학과 철학의 종합'이 아니

---

77) R. J. Corsini and D. Wedding 편저, 김정희 옮김, 『현대 심리치료』, 416-417쪽 참조.

라 '정신의학과 철학의 종합'이라고 해야 하지 않나?

[답변] 전혀 이질적인 영역들은 함께 나열될 수는 있으나 종합될 수는 없다. 의학의 여러 분야 중 정신의학이 인문학적 성격을 가장 두드러지게 지녀 철학과의 본질적 연결고리를 찾을 수 있다. 야스퍼스가 시도한 종합도 이런 차원에서 이루어진 것이다. 이때 정신의학이 의학의 학문적 성격을 대표할 수 있느냐는 문제가 생기지만, 야스퍼스가 다룬 정신의학은 자연과학적 성격이 두드러져 의학 일반의 접근방식의 근본성격을 드러내 준다고 할 수 있다.

[질문] 정신병리학자였던 야스퍼스가 철학으로 방향을 바꾼 것은 정신병리학이라는 자연과학적 접근방법을 포기한 것 아닌가?

[답변] 야스퍼스 자신도 정신의학에서 철학으로 진로를 바꿀 당시에는 의학적 접근방식이 인간을 온전히 이해하는 데 적합하지 않다고 여러 차례 말하였다. 방법론상의 문제점 때문에 의학을 떠나 철학으로 옮겨갔다는 점에서 의학과의 단절을 말했던 것이다. 그러나 얼마 후 그는 자신의 길이 의학적 접근방법들을 완전히 포기한 것이 아니라 의학적 접근방식의 결함을 철학으로 보완한 것임을 알게 된다. 그리고 이런 깨달음에서 『정신병리학 총론』의 개정 증보판이 이루어진 것이다. 결국 의학에서 철학으로의 이행은 단절이 아니라 확장이었던 셈이다.

[질문] 야스퍼스는 정신병의 원인을 무엇으로 보았나?
[답변] 야스퍼스는 근본적으로 정신병을 몸의 이상, 즉 생리

적 작용의 결과로 보았다. 이런 입장에서 야스퍼스는 프로이트가 신경증 개념을 통해 정신병의 범위를 지나치게 확대한다고 비판하였던 것이다.

[질문] 정신병의 원인이 자연과학의 대상인 몸의 이상이라면, 과연 의학에 철학을 종합함으로 해서 철학이 의학에 기여할 수 있는 여지가 있겠는가?

[답변] 정신병리학자로서의 야스퍼스는 정신병의 원인을 몸의 이상에서 찾았다. 따라서 몸에 이상이 없으면서도 정신병으로 분류하려는 시도에 대해 매우 비판적이었다. 당시 프로이트가 신경증 이론을 발표하자 종례의 긍정적 태도를 버리고 공개적으로 프로이트를 비판하기 시작한 이유도 여기에 있다. 그런데 야스퍼스는 정신병이 몸의 이상 때문에 생기는 것으로 보았으나 정신 현상 전체를 몸의 결과로 본 것은 아니다. 즉 그는 몸의 작용만으로는 설명될 수 없는 정신 고유의 운동, 즉 심리적 움직임이 정신병자의 의식에 작용한다고 보았던 것이다. 그는 철학 특히 실존적 현상학이 환자의 고유한 정신적 현상들을 정신의 본질과 인간실존의 본질에 의거해 드러내 줌으로써 환자의 상태를 총체적으로 진단하는 데 도움을 줄 뿐만 아니라 자연과학적으로 설명할 수 없는 환자의 다양한 정신적 국면들을 이해할 수 있게 하여 회복을 도울 수 있다고 생각했다. 야스퍼스는 환자의 의식에 미치는 몸의 작용과 심리의 작용을 구분하여, 전자를 의식의 과정(Prozess) — 이때는 환자의 의지와 상관없이 물질이 지닌 성격에 따라 환자의 의식상태가 형성된다 — 과 후자를 의식의 전개(Entwicklung) — 이때는 환자가 자신과 주변에 대해 어떤 태도

를 지니느냐에 따라 환자의 의식상태가 달라질 수 있다 ― 로 구분한다. 현상학적 고찰은 몸의 생리적 변화가 원인이 되어 드러나는 반응이나 결과로서의 환자의 정신적 현상을 의식의 과정과 전개 양 차원에서 고찰할 수 있게 해준다는 점에서 방법론적으로 기여도가 높다고 할 수 있다.

  [청취자 추가 의견] 야스퍼스는 의학사에 있어서 최초로 환자의 병력뿐만 아니라 개인사를 기록하여 환자의 회복에 참조하는 방식을 시도하였다. 여기서 우리는 의학에 인문학적 방법이 결합되었을 때 의학적 접근방법을 그대로 인정하면서도 인문학적 방법이 의학에 기여할 수 있는 예를 찾을 수 있을 것이다.

야스퍼스와 가다머의 의철학

기술학이 아닌 해석학으로서의 의학

박남희

1. 들어가는 말

건강에 대한 바람은 비단 현대인에 국한된 이야기만은 아니다. 그럼에도 불구하고, '웰빙'이라는 신조어를 만들어낼 만큼 유독 현대인들이 건강에 지대한 관심을 갖는 이유는 무엇일까? 이는 과학기술의 발달로 인하여 시간과 경제적인 면에서 더 여유로워진 현대인들이 삶의 질을 추구하면서 나타난 현상이기도 하고, 또 한편으로는 과학기술이 파생시킨 미처 예기치 못한 질병에 대한 염려 때문이기도 할 것이다.

과학기술은 이처럼 현대인들의 삶에 깊숙이 관여하면서 건강에 대한 관심을 불러일으킬 뿐만 아니라 의학의 발전에 지대한 공을 세우기도 한다. 실례로 현대의학은 과학의 발달에 힘입어 최첨단 의료기기를 개발해 내며 진단의학에 혁신적 발전을 이루어 왔다. 그래서 신체의 이상을 비교적 정확히 진단해 냄으로써 효율적인 치료의 길을 열어간다. 때문에 이에 매료된 사람들은 의학을 의료기술과 일치시키기도 한다.

그러나 의료기술은 어디까지나 치료를 위한 수단 내지는 한 방법일 뿐, 치료 그 자체는 아니다. 왜냐하면 사람이란 단순히 신체만으로 살아가는 존재가 아니라 마주하는 현실의 모든 것들을 그 나름으로 이해하며 자신을 늘 새롭게 생성해 가는 존재이기 때문이다. 그러므로 건강을 단순히 신체의 상태만으로 말할 수 없듯이, 치료 또한 단순히 기계를 다루듯 신체의 메커니즘을 파악하고 신체의 이상 유무를 밝히며 신체를 재생시키는 일로만 말해질 수 없다.

사람을 건강하게 하는 치료란 보편자가 아닌 개별자가 구체적인 현실 속에서 살아가는 모든 일들과의 관련 속에서만 가능하다. 따라서 치료란 이제 더 이상 보편적 신체의 이상을 진단하거나 이를 재생시키는 의사에 의해서 일방적으로 행해지는 단순한 의료기술이기보다, 개별자인 환자와 의사 사이에 실존적 이해를 통한 참다운 대화에서 가장 적합함을 찾는 일이 되어야 한다. 이때 환자는 의사에 의해 일방적으로 치료를 받는 치료의 대상이 아니라, 자신의 병을 나름으로 이해하는 가운데 의사와 더불어 치료에 참여하는 치료의 주체가 되며, 의사는 단순히 의료기술을 행하는 기술자가 아니라 환자가 처한 실존적 상황을 이해하며 이를 해석하는 해석학자가 되고, 의학은 기술로서의 과학이 아닌 예술과 같은 종합 경험과학으로서의 해석학이 된다.

치료에 이러한 문제의식을 가지고 접근해 간 사람으로 칼 야스퍼스와 한스-게오르크 가다머(Hans-Georg Gadamer)가 있다.[1] 물론 이들에 앞서 의학과 철학의 만남을 시도한 사람이 전혀 없었던 것은 아니다. 그러나 그들은 철학이라는 이름의 옷은 입었지만 여전히 자연과학의 방법론에 입각하여 관찰하고, 분석하며, 통계에 의존한 실재론적, 실증적 태도를 벗어나지 못한 반면, 야스퍼스와 가다머는 현상학적이고 실존적이며 해석적 입장에서 철학과 의학의 관계를 새롭게 시도해 나가는 면이 그들과 다르다.

그러나 야스퍼스가 의사로서 정신병리학을 위해 심리학에서부터 출발하며 '이해'를 치료의 중심에 놓는 데 비하여, 가다머는 철학자로서 '이해'를 존재철학적 입장에서 치료의 문제를 접근해가듯이 두 사람은 치료에서 많은 부분 같은 주장을 하면서도 그 입장만큼이나 미묘한 차이를 갖는다.

이 글은 이러한 두 사람의 치료에 있어 '이해'의 '같음'과 '다름'을 살피면서 첫째, 치료란 단순한 신체의 이상에서가 아니라 전인적인 인간에 대한 이해에서 출발하여야 하며, 둘째, 이는 단순한 신체의 회복만이 아니라 평상시와 같은 일상적인 삶으로 되돌아가는 것을 의미해야 한다는 것과, 셋째, 이는 치료의 중심에 의사가 아닌 환자를 놓아야 하며, 넷째, 환자는 '치료의 대상'이 아닌 '치료의 주체'가 되어야 함을 논구하도록 한다.

2. 인간이해에 따라 의미를 달리하는 치료

치료가 사람을 건강하게 하는 것이라면, 건강하다는 것은 구체적으로 어떠한 상태를 말하는가? 이 문제는 사람을 어떻게 이해

---

1) 가다머(Hans-Georg Gadamer, 1900-2002)는 해석학을 철학적 해석학으로 끌어올린 사람으로서 현대철학에 다방면으로 지대한 영향을 끼치는 철학자 중 한 사람이다. 대표저서로는 『진리와 방법』이 있다.

하느냐 하는 문제로 연결된다. 다시 말해 사람을 어떻게 이해하느냐에 따라 건강에 대한 개념도 그리고 이에 따른 치료도 달라질 수밖에 없기 때문이다. 즉 사람을 보편적 인간으로 보는지 개별적 인간으로 보는지, 아니면 물적 존재로 보는지 심적 내지는 영적 존재로 보는지, 아니면 이것들이 함께하는 존재인지에 따라, 그리고 인간이 독립적 존재인지 아니면 사회문화 속에 내재하며 상호 영향을 주고받는 존재인지에 따라 건강에 대한 정의가 달라지게 되며, 이에 따른 치료의 내용도 달리하게 된다. 따라서 의학은 이러한 문제들을 논구하는 철학과 무관할 수 없다.

실제로 고대에서는 철학과 의학은 구별되지 않았다.[2] 철학과 의학을 구별하기 시작한 것은 철학의 관심이 자연에서 인간으로 넘어가면서 인간을 영혼과 육체를 가진 존재로 보기 시작하면서부터이다.[3] 그래서 철학은 영혼과 그리고 의학은 육체와 관계하는 것으로 분리되기 시작한다. 이후로 서양의학은 육체라는 생물학적이고 보편적인 실체라는 개념 위에서 전개된다. 그래서 동양이 인간을 우주적 질서가 구현되고 있는 소우주로 여기며 의학

---

2) 내과 의사를 가리키는 'physician'란 단어가 자연을 의미하는 고대 그리스어에서 유래한 것이듯이 고대에서는 의학과 자연철학은 분리되지 않았다. 실제로 고대 서양의학을 집대성한 갈레노스는 최고의 의사는 철학자라고 하였으며, 아리스토텔레스는 철학은 의학에서 끝이 난다라고 말한 사실에서도 알 수 있다.

3) 『파에도(Phaedo)』에서 소크라테스는 육체는 언제나 우리를 방해하는 것, 그래서 우리의 철학적 탐구에 온갖 소동과 혼란을 불러일으킨다고 하면서 영혼과 육체를 구별하여 말하고 있다. 그리고 플라톤의 『향연』에서 의사 에릭시마추스(Eryximachus)는 의학을 육체의 사랑과 욕망에 대한 지식, 그리고 그것을 충족시켜 줄 수 있는 방법에 대한 지식으로 간주한다. 이처럼 인간에 대한 이해가 영혼과 육체로 구별하기 시작하면서 철학과 의학의 구별이 이루어지고 있음을 알 수 있다.

을 경락과 오장육부를 중심으로 한 치료체계를 구축해 온 것과는 달리, 서양의학은 신체의 구조와 형태를 재현하는 해부학과 생리학을 중심으로 한 의학체계를 발전시켜 온다.[4]

이러한 태도는 비교적 생생한 상황 속에 신체를 정향시킨 중세[5]를 지나 근대로 오면서 더욱 강화된다. 다시 말해 16세기 르네상스에 의해 출현된 인간이성은 계몽이라는 미명하에 모든 것을 대상화시켜 나가면서 이를 주체와 객체의 분리하에, 주체에 의해 행해지는 일방성을 방법적 이상으로 취한다. 이러한 방법적 이상은 모든 대상을 사물화시켜 나가며, 사물화는 다시 계량화, 수치화를 가능하게 하면서 평균화, 일반화를 가져온다. 그래서 이를 객관성과 보편성이라는 이름하에 시간과 공간을 넘어선 진리로 삼는다. 이때 진리는 실험, 관찰에 의해 검증 가능한 것과 인간이성이 합리적으로 논증 가능한 것으로 제한된다. 이러한 진리관은 엄밀성과 확실성을 대변하면서 지식(이론)으로 체계화되고 축적되면서 자연과학의 발전적 토대가 된다.[6]

---

4) 해부학의 경우에도 시대에 따라 달리 그려지고 있는 것을 보면 의학이 그 시대의 철학과 얼마나 밀접하게 연결되어 있는지를 잘 알 수 있다. 16세기 초기의 해부도는 풍경화처럼 비교적 살아 움직이는 삶의 모습을 띠고 있는 반면, 후기의 해부도는 시간이 지날수록 정물화처럼 신체의 기하학적 비례와 각 부위의 생김새가 정확히 묘사되고 있다. 이는 근대의 합리적이고 경험철학적인 사유와 무관하지 않다.

5) 중세까지만 해도 비교적 자연 전체와의 유비적 관계 속에서 신체를 이해하며, 생동적인 신비적인 몸으로 다루었다.

6) 베이컨의 귀납적 방법을 통한 경험론과 데카르트의 연역적 합리론, 그리고 이를 종합하려 한 칸트의 주관적 인식론에 근거한 기계론적인 철학과의 교감은 인간의 몸을 신체와 마음으로 완연히 구분하면서 몸을 대상으로 한 다양한 연구를 진행해 간다.

이러한 자연과학의 방법적 토대 위에 발전을 거듭해 온 의학은 인간에 대한 이해도, 이에 따른 치료도, 그리고 구체적인 치료방법도 모두 자연과학적 방법과 기술에 의거한다. 다시 말해 인간을 물질적 실체로 파악한 의학은 발달된 의료기기를 통해 몸의 이상을 발견하고 이를 회복시키는 일에 매진한다. 이때 치료란 잘못된 몸의 메커니즘을 찾아내는 진단과 그것을 바로잡으려는 행위를 일컫게 된다.[7] 즉, 치료는 몸의 메커니즘을 발견하고 이를 임상실험을 통해 실제치료에 적용하는, 원인과 결과라는 인과관계에 따른 치료행위를 의미하게 된다. 달리 말하면 의학적 (이론적) 지식을 환자에게 적용하는 과학이 되는 것이다. 이때 환자는 개별자가 아닌 보편자이며, 육체를 가진 생물학적 존재이며, 의사의 치료의 대상이 된다. 최첨단 기기와 방법을 사용하는 의사에 의한, 의사의 일방적인 치료의 대상이 되는 것이다.

그러나 사람은 단순히 신체를 가진 물체가 아니며 또한 정신과 육체가 분리되어 있는 존재도 아니다. 사람이란 정신과 육체뿐 아니라 그 사회의 가치와 문화까지도 하나로 하며 자기를 실현해 가는 존재이기 때문에 사람을 치료하는 일은 단순히 신체를 다루는 것으로 제한될 수 없다. 그럼에도 불구하고 대부분의 사람들은 의학을 기술과 일치시키며 단순한 방법적 문제로 환원시켜 버린다. 그래서 의학이 인간을 다룬다는 사실만을 제외하면 다른 여타의 과학과 다를 바가 없게 된다. 마치 과학이 자연을 다루듯이 의학도 사람을 다루기 때문이다. 비록 정신치료에서 정신분석이라는 심리연구가 진행되고, 실존주의 철학이 정신과 영

---

7) 이러한 입장은 1910년 미국의 플렉스너 보고서에 기초한 것으로 이후 현대의학의 기본구도가 되었다.

역에 도입되었다고는 하지만 여전히 기계적 환원주의의 강력한 영향 속에서 의학은 철저히 분석과학이고자 한다.

이처럼 분석적이고 인과론적인 자연과학적 방법론에 매료된 의학의 일관된 태도에 대해 비판이 일기 시작한 것은 19세기 초 독일을 중심으로 일어난 낭만적 의학(철학적 의학)에 의해서이다. 셸버(Friedrich J. Shelver)에 의해서 대표되는 이들은 기존의 의학이 인간의 생명현상에만 치중함으로써 인간의 본질은 놓치고 있다고 비판하면서 인간의 내면적 성찰을 통한 치료를 의학에 도입할 것을 주장한다.[8] 이들은 치료에 자연과학적 방법론에 의해 구축된 의학지식의 체계보다는, 경험에 의한 직관을 중시한다. 이는 히포크라테스 이후 의학이 질병에 대해 초자연적 이해를 저버리고 질병을 자연철학의 한 부분으로 설명하려는 시도 이래로 의학에서 자연적이며 실천적인 철학적 치유의 필요성을 다시 역설한 최초의 시도라 하겠다.

그러나 자연과학적 치료방법을 본격적으로 비판하기 시작하는 것은 20세기 초에 이르러서, 즉 베덴디에크(F. J. J. Buytendijk)와 바이츠제커(V. von Weizsäcker) 같은 이들이 딜타이, 베르그송, 그리고 메를로-퐁티 등과 같은 현대철학자들의 몸에 대한 새로운 이해에 고무되어 몸과 마음의 상관관계를 살피면서부터이다. 다시 말해 이들은 몸과 마음의 상관관계를 문제 삼으면서 의학에서도 몸에 대한 이성적 분석과 설명 외에 인간에 대한 종합

---

8) G. B. Risse, "Philosophical Medicine in Nineteenth-Century Germany: An Episode in the Relations between Philosophy and Medicine", *The Journal of Medicine and Philosophy*, 1976, 1(1). 여기에서 그는 인간의 본질을 미결정성과 불완전성으로 보며 이는 자연과의 전일성을 통해 치유해 가야 한다고 주장한다.

적 이해가 필요함을 역설한다. 그래서 현대철학자들이 데카르트 이래로 형성된 심신이원론을 극복하기 위해 정신과 신체라는 분리된 두 실체로서가 아니라 하나의 통합된 주체로서 몸을 주시하듯이, 그리고 나아가 몸을 단순한 정신과 신체의 통합으로서만이 아니라 자신이 마주하는 현실의 모든 것들까지도 하나로 존재하며 있는 주체로 파악하듯이, 그래서 몸을 단순한 물질적 존재도 아니요 정신을 담는 그릇도 아니요 모든 것을 체현하며 있는 주체로서의 몸으로 여기듯이, 그들은 인간의 신체를 단순한 기계적 차원에서가 아니라 신체와 마음을 연결하여 인간학적 생리학으로서 의학을 주창한다. 그리고 나아가 의사는 환자의 삶과 병에 대해서 실존적 참여를 할 것을 강조한다.

이러한 이들의 의학적 태도는 단순한 객관적 사실에 대한 탐구에 머물던 의학을 실존이라는 주체에 대한 탐구의 영역으로 열어가는 계기가 된다. 그리고 이러한 시도는 나아가 몸에 대해서 그동안 의학이 경주하던 생물학에 근거한 현대의학의 보편성에 대한 반성으로 이어진다.[9] 이제 몸은 생리학자가 관찰하는 객관적 유기체도, 기하학적 범주에 속하는 연장성을 지닌 물리적 실체도 아닌, 정신이 육화된 의식으로서 살아가는 존재가 된다.[10] 각 개인은 각자 자신이 처한 상황과 시간 안에서 세계와 교통하며 자기를 실현해 가는 개별적 존재가 되는 것이다. 그러므로 치료에 있어서도 보편적 인간이 아닌 개별적 인간에 따른 치료가 주창된다. 이때 개별적 인간은 그 사람만이 처한 삶의 현실로 인

---

9) L. Fleck, *Genesis and Development of a Scientific Fact*, The University of Chicago Press, 1979 참조.
10) 메를로-퐁티의 『지각의 현상학』을 참조할 것.

하여 다른 사람과 차이를 가지는 실존으로서의 몸적 인간이 된다. 그러므로 일반적 인간이 아닌 한 사람으로서 그를 위한 치료는 그를 형성하는 모든 것들을 종합적으로 이해하는 일에서부터 출발하게 된다. 이러한 태도는 의학에 현상학과 실존철학을 접목하면서 본격적으로 논의되기 시작한다.

3. 야스퍼스의 정신치료에서의 '이해'

바이츠제커와 같은 이들의 심신상관의학을 넘어 현상학과 실존철학을 의학에 접목하면서 치료에 전인적인 이해를 주창한 사람이 바로 칼 야스퍼스이다. 야스퍼스는 1919년에 발표한 『세계관들의 심리학』에서 구체적인 현실의 상황에서 인간실존에 대한 전인적인 이해를 치료에서 중요한 문제로 제기한다.

인간의 실존에 대한 전인적인 이해란, 구체적 현실에서 시간과 공간을 점유하고 있는 현실적 존재(Dasein)와 지성을 작동시키는 의식일반(BewuBtsein überhaupt)과 의미의 물음을 묻는 정신(Geist), 그리고 개별적 존재인 실존이라는 존재방식 중 어느 것 하나 소홀히 하지 않으며, 자기가 처한 현실의 구체적 실존으로서 사유하는 일을 말한다. 이는 인간을 파편적으로가 아닌 삶의 전체성에서 이해하려는 태도를 갖는다.

이러한 이해는 대상에 대한 관찰에 의해 밖으로부터의 이해가 주어지는 정적 이해(statisches Verstehen)와, 대상과의 인과관계를 심리적으로 파악하려는 발생적 이해(genetisches Verstehen)를 넘어, 개별적 인간이 처한 실존현상을 철학적으로 해명하는 실존적 이해(existentielles Verstehen)에 이르는 것을 뜻한다.

이 실존적 이해에서 사람들은 '온전해지고자 하는 바람(Ganz-werdenwollen)'[11])에 의해 자신이 처한 실존을 넘어 타인을 향해 나아가게 되는데, 이를 가리켜 형이상학적 이해(metaphysiches Verstehn)[12])라고 한다. 치료는 실존적 이해에서 인간 누구에게나 본래적으로 있는 형이상학적 이해가 동반되면서 이루어진다. 다시 말해 형이상학적 이해에서 인간은 자기가 처한 현실 안에서 사유함과 동시에 이 현실을 넘어서 사유하게 되어 개별적 인간들 상호간에 이해가 가능해짐으로써 의사는 환자를 치료해 갈 수 있게 된다는 것이다. 비록 의사와 환자가 각기 다른 상황에 처해 있다 할지라도, 그래서 그들이 다른 상징이나 암호와 같은 형태를 가지고 있다 하더라도 의사와 환자 사이에 이질적인 차이를 넘어서 이해가 가능할 수 있는 것은 다름 아닌 더 온전해지고자 하는 이 형이상학적 이해 때문이다.

이러한 야스퍼스의 이해는 인간이성의 보편성이라 할 수 있는 '논리적 공동성(logische Gemeinsamkeit)'에 의해서 이루어진다. 다시 말해 인간이성이 지닌 보편성이 환자와 의사 사이에 전체성의 차원인 공통된 지반을 마련해 상호간에 이해가 가능하도록 한다는 것이다. 그래서 다름을 극복하고 공통된 이해에서 치료가 이루어지게 되는 것이다. 이때의 이해는 완결된 무엇을 지향하는 것이 아니라 새로운 것에 늘 개방되어 있으면서 또 한편으로는 인간이성의 보편성을 담지한다.

물론 이때 야스퍼스가 말하는 이성은 근대의 이성과는 다르다.

---

11) K. Jaspers, *Die Idee der Universität*, Springer Verlag, Heidelberg/Berlin, 1961 참조.

12) K. Jaspers, *Allgemeine Psychopathologie*, Berlin, 1946 참조.

근대 계몽주의의 이성은 자연과학이 떠받들고 있는 실험과 관찰에 의해 검증 가능하며, 합리적으로 논증 가능하도록 하는 도구적 이성인 반면, 야스퍼스의 이성은 기존의 학문적 이성으로 담아낼 수 없는 삶의 사실적 차원까지도 포괄하는 넓은 의미에서의 이성이라고 하겠다.

야스퍼스는 기존의 학문과 과학기술이 이성을 아주 협소하게 사용해 왔다고 비판하면서, 학문이란 구체적이고 역사적인 삶의 실천 속에서 전개되는 인간의 활동이므로, 이는 모두 이성의 활동이라고 할 수 있다고 한다. 사실 과학기술의 이성에 의한 진리도 초시간적이고 초공간적인 것은 아니다. 오히려 거기에는 비이성적인 강제성이 개입해 있는 것일 수 있다. 그러기에 이성적인 것이 비이성적인 것일 수도 있으며, 비이성적인 것이 이성적인 것일 수도 있다.

야스퍼스는 바로 이런 의미에서 비이성적인 것에 이성적일 수 있는 길을 열어놓으며 이성을 매우 광범위한 개념으로 확장해 나간다. 그에게서 세상의 모든 것은 이성으로 자신의 존재를 드러낼 수 있다. 그래서 야스퍼스는 "우리는 비이성적인 것의 존재와 의미를 오로지 이성과의 관련성 속에서만 얻는다. … 이성은 필수불가결한 것이다."[13]라고 말할 뿐만 아니라 "비-이성적인 것(das Nicht Vernünftige)에 대한 진리도 그 자신의 한계까지도 구체화하는 이성 없이는 불가능하다."[14]고 고백한다. 이는 모든 존재자들이 각기 다르지만, 그래서 서로 상이할 수밖에 없지만, 그

---

13) K. Jaspers, *Vernunft und Existenz*, Fünf Vorlesungen, Gronningen, 1935, S.107.

14) 같은 책, S.117-118.

래서 암호 같고 기호 같아 보이지만, 나름의 이성작용임에는 틀림없다는 것이다. 다시 말해 자기의 실존에 따라 타자를 만나며 세계를 만나고 있기 때문에 서로 달리 보이지만 사실은 모두 이성적인 것이라고 야스퍼스는 보는 것이다. 그래서 야스퍼스는 각기 나름의 이성적인 것이 다르다 할지라도 둘 사이에 새로운 이해지평, 즉 온전함을 향해 개별성을 넘어서 가는 이해에 의해 상호 이해가 가능해지게 된다고 보는 것이다. 따라서 모든 것들은 이러한 인간활동의 작용이라 할 이성적인 것에 의해서 이해가 가능하다. 또한 비록 비이성적인 것들이라 하더라도 이성적인 것으로 치환하여 이해를 시도할 수 있게 된다.15)

이런 면에서 야스퍼스는 세상의 모든 것들을 이성의 이름으로 담아갈 수 있는 길을 모색하면서 그 위에서 드러나는 차이존재, 즉 계층이나 인종, 문화, 성을 포함한 모든 존재자들, 심지어 정신병 환자까지도 이해라는 이성의 영역에서 대화가 가능하다고 보는 것이다. 즉, 의사와 환자 사이에 다른 체계의 이성이 작동하고 있기는 하지만 이성의 보편성에 의존하여 환자의 정신적 삶이 형성하고 있는 내면으로 들어가 어떠한 체계하에 사유가 작동되는지를 알아낸 다음 이를 이해하며 치료해 갈 수 있다는 것이다. 물론 이때 의사의 주관이 온전히 배제될 수는 없지만 의사는 환자를 '이해'할 수 있기에 치료가 가능하다는 것이다. 기존의 의미에서 보자면 비이성적인 환자를 이성의 장으로 이끌어

---

15) 우리는 여기에서 헤겔과 칸트의 그림자를 보게 된다. 다시 말해 헤겔의 절대적 이성론에 목적론을 배제하고 대신 칸트의 알 수 없는 물 자체로 끊임없이 나아가는 이성의 운동이 야스퍼스의 이해에 자리하고 있음을 볼 수 있다.

내는 것이다.

야스퍼스의 주장에 따르면 이성은 특정한 것을 절대화시키지 않는 의식 속에서도 보편적인 것을 찾아가는 사유의 운동이라고 할 수 있다. 그러므로 환자를 치료하는 일은 단순히 자연과학적 방법에 의해서이기보다 환자의 전인적 삶의 총체성을 이해하고 해석할 수 있는 철학의 도움이 절대적으로 필요하다는 것을 말해 준다. 철학은 때로는 개별적인 것을 인정하면서도 그 개별적인 것에 갇히지 않고 넘어서서 사유의 개방성으로 나아가기 때문이다.

4. 치료의 주체인 가다머의 '이해'

야스퍼스와 같이, 그러나 야스퍼스와 달리, 이해를 치료의 한 방법으로 전개시켜 나가는 사람이 가다머이다. 가다머는 야스퍼스처럼 직접 치료에 관한 저서를 쓰지는 않았지만, 여러 논문과 강의를 통해 현대의학의 문제점을 비판하면서 야스퍼스와 같은 입장을 취한다.16)

가다머가 볼 때 현대의학은 자연과학의 기술에 지나치게 의존

---

16) 가다머는 그의 철학이 치료에 있어서 어떻게 적용되고 이해될 수 있는가 하는 데 관심을 가지고 현대의학에 대한 비판과 치료에서 고통의 문제를 제기하고 있다. Hans-Georg Gadamer, *Über die Verborgenheit der Gesundheit: Aufsätze und Vorträge*, Suhrkamp Verlag, Frankfurt am Main, 1993(이유선 옮김, 『철학자 가다머 현대의학을 말하다』, 몸과 마음); Hans-Georg Gadamer, *Schmerz: Einschätzungen aus medizinischer, philosophischer und therapeutischer Sicht*, 2003(공병혜 옮김, 『고통』, 철학과현실사, 2005) 참조.

해 있다는 것이다. 자연과학기술에 의거한 의학은 살아 있는 사람의 건강을 다루는 데는 한계가 있다. 살아 있는 사람의 건강이란 자연과학의 산물들처럼 단순하게 만들어지거나 생산될 수 있는 것이 아니라 인문학적인 모든 것들과 함께해야 한다. 왜냐하면 사람은 단순한 신체를 가진 자연물이 아니라 모든 것들을 이해하면서 늘 달리 자신을 생성해 가는 존재이기 때문이다. 그러므로 사람의 건강은 자연과학기술에 의해서가 아니라 해석학적 관점에서 이해되고 치료되어야 할 필요가 있다고 한다.

가다머의 이러한 주장은 그의 인간이해와 관련이 깊다. 가다머는 그의 주저『진리와 방법』17)에서뿐만 아니라 다른 여러 곳에서도 수없이 밝히고 있듯이, 인간이란 자신에게 처한 상황을 나름으로 이해하고, 해석하고, 적용하며 자기로 실현(Vollzug)해 나오는 존재라고 한다.18) 이때의 이해(Verstehen)는 우리가 무엇을 알고 모르고 하는 대상에 대한 앎의 차원이 아니라 이해함이 곧 나로 있는 존재차원을 말한다. 마치 동전의 앞면과 뒷면처럼 이해가 곧 존재가 되는 것이다. 다시 말해 가다머는 이해를 인간의 존재구조로 보는 것이다.

그러므로 사람은 외부에 의해서 주어지는 것에서 살아지는 존재가 아니라 각자 자신이 처한 자리에서 마주하는 모든 것들을 나름으로 이해하며 살아가는 존재이다.19) 이때 이해하는 일이 하

---

17) Hans-Georg Gadamer, *Herneneutik I, II, Wahrheit und Methode*(GW I, II), Tübingen, 1986.

18) Hans-Georg Gadamer, *Herneneutik I, Wahrheit und Methode*(GW I), S.285, 288, 323, XVI 등 참조.

19) 이는 칸트의 주관주의와 다른 주체이해이다. 즉, 주체에 의해 일방적으로 주어지는 대상인식이 아니라 주객의 분리를 넘어 내 안에서 주객이 하

나로 융합하는 일로, 적용으로 있는 것이다. 이때의 적용(Anwen-dung)이란 우리가 알고 있는 지식을 실제상황에 응용하는 그런 의미의 적용(Applikation)이 아니라, 그래서 시간의 차이를 두고 일어나는 사건이 아니라, 이해함이 곧 적용인, 동시적 의미에서의 적용이다. 전해져 오는 나의 전 역사(Überlieferung)와 더불어 지금 마주하고 있는 모든 현실을 하나로 융합하고 이해하고 해석하는 가운데 적용하며 나로 실현해 가고 있는 이해는 그럼으로써 야스퍼스의 이해와는 매우 같으면서도 다른 측면을 갖는다.

가다머의 이해는 주관과 객관으로 분리되어 있는 것을 종합하려는 이해가 아니다. 그래서 내가 무엇을 이해하고 하지 않고 하는 차원이 아니라 우리가 그 안에 들어가고(hineinwandern), 우리가 함께 가는(mit uns mitwandern) 그 어떤 것,20) 그리고 우리가 원하는 것, 행동하는 것을 넘어서 우리와 함께 일어나는(mit uns geschieht)21) 운동을 말한다. 그러므로 가다머의 이해는 더 잘 이해하고 이해하지 못하고의 차원이 아니라 이해함이 곧 나인 생성의 운동을 가리킨다. 내게 전해져 오는 모든 것들, 가다머의 언어로 말하면 영향작용사(Wirkungsgeschichte)22)가 지금의 나의 처함과 모든 것들을 하나로 이해하며 적용하는 가운데 나를 만들어가는 생성의 이해인 것이다.

그러므로 나는 내 밖의 객관적 사실에 일방적으로 끌려가는

나로 융합하는 가운데 새롭게 나아오는 생성의 주체를 말한다.
20) Hans-Georg Gadamer, *Herneneutik I, Wahrheit und Methode*(GW I), S.288.
21) 같은 책, S.XVI.
22) 같은 책, S.276.

존재도 아니고 나 안에 갇히는 존재도 아니다. 나에게 전해져 오는 모든 전승과 더불어, 사회문화와 더불어, 나의 처한 상황과 더불어, 마주하는 모든 것들과 더불어, 이해하고 해석하는 가운데 하나로 지평융합(Horizontverschmelzung)[23]하면서 적용하며 지금 나로 존재하는 것이다. 그래서 늘 달리 새로운 이해를 통해 늘 달리 자기를 실현해 가는 것이다. 객관적 사실에 일방적으로 맞추어져야 할 이유도 없고, 나의 주관만을 내세울 일도 없다. 나는 이성만이 아니라 감성만이 아니라 그래서 정신만이 아니라 육체만이 아니라, 이 시대의 가치와 문화까지도 하나로 하면서 늘 새롭게 나로 실현해 나오는 것이다. 건강한 사람이든, 그렇지 않은 사람이든 누구나 자기에서 주어진 상황을 나름으로 이해하고 해석하며 자기로 실현하며 있는 것이다.

이처럼 사람은 자기실현의 동인을 자신 밖이 아니라 자기 안에 가지듯이 환자 역시도 환자 자신이 자신의 몸의 상태와 의사의 진단과 처방, 그리고 병원의 환경적 요인까지도 모든 것을 하나로 이해하고 적용하고 해석하면서 있는 것이다. 그런 의미에서 환자는 치료의 대상이 아닌 치료의 주체라 할 수 있다. 실제로 아픈 이도 환자요, 치료가 행해져야 하는 이도 환자이다. 환자는 의사의 도움 아래 자신의 몸이 보내오는 말을 이해하고 적용하면서 해석하며 치유해 가는 것이다. 의사가 의학적 지식에 근거하여 일방적으로 환자를 처방하는 것이 환자를 낮게 하는 것이 아니다. 환자가 자신의 몸을 어떻게 이해하고 해석하며 적용하느냐에 따라 치유가 되기도 하고 그렇지 않기도 하다.[24] 의사는 다

---

23) 같은 책, S.289, 356, 375 등.
24) 우리는 같은 병을 앓는 환자가 같은 치료를 받았음에도 불구하고 어떤

만 환자의 위가 아닌 옆에서 환자가 스스로 병을 치유해 나갈 수 있도록 돕는 조력자일 뿐이다. 발전된 진단기구도, 의사의 의학지식도 치료의 수단일 뿐, 그것이 치료가 될 수는 없다. 그럼에도 불구하고 우리는 여전히 의사의 의학지식이 환자를 치료하는 것처럼 여긴다. 그래서 환자는 첨단기기를, 의학지식을, 의사를 절대시하며 치료에서 수동적 자세를 취하게 된다. 치료의 주체가 되어야 할 환자가 의사에 의한, 의사의 지식에 따른 일방적 치료 대상으로 내맡긴 채 스스로 치료에서 자신을 소외시켜 나간다.

치료는 의사와 환자 사이의 참된 대화, 다시 말해 환자도 의사도 모두 늘 달리 자신을 실현해 가는 실현의 주체라는, 주체와 주체의 만남에서 시작되어야 한다. 의사는 환자가 단순히 물적 존재가 아닌 인격을 가진 전인적 존재라는 사실에서, 그리고 환자는 의사가 모든 것을 다 알고 행하는 전지전능한 자가 아님을 아는 데에서 출발해야 한다. 이때 의사와 환자 간에 참된 대화가 가능하다. 의사와 환자 간의 참다운 대화는 의사를 단순히 이론을 적용하는 기술자가 아니라, 발달된 의료장비를 다룰 수 있는 기능인이 아니라, 전인적인 인격까지 세심히 배려하는 전인적인 상담자가 되게 하며, 환자는 치료에서 대상이 아닌 주체가 되게 한다.

상담자로서의 의사란 환자의 위가 아닌 옆에 서는 일이며, 환

이는 낫기도 하고 또 어떤 이는 그렇지 않은 경우를 많이 보게 되는데, 이는 단순히 사람의 생물학적 특질에 따른 결과만이라고 보기에는 어려운 측면이 있다. 같은 특질을 가진 사람에게도 차이가 나타나기 때문이다. 그보다는 위약효과나 여성들의 출산의 고통 등에서도 쉽게 볼 수 있는 것처럼 환자가 자신의 상태를 어떻게 이해하느냐 하는 문제와 더 관련이 있다는 사실을 주목하자.

자가 치료의 대상이 아닌 주체가 되는 일은 의사도 자신과 같은 그러나 다른 사람임을 받아들이는 일이다. 그래서 의사는 환자의 삶 전체에서 일어나는 모든 일들에 관심을 기울이며 환자 스스로 병을 치유해 가도록 대화의 파트너가 되어 주며, 환자는 의사와의 대화를 통해서 의사의 일방적 처치에 의존해서가 아니라 스스로 병을 낫고자 하는 의지를 갖는 치료의 주체가 되는 일이다. 대화란 대화에 참여하는 사람들 모두가 대등한 입장이어야 가능하다. 그래서 어느 누구도 소외됨 없이 서로를 존중하며 배려하는 관계 속에서 이전과는 다른 새로움을 낳아가는 일이다. 어느 한쪽에 의해서 일방적으로 말해지는 연설이나 고백을 대화라고 하지 않듯이, 의사에 의해서 일방적으로 물어지는 문진도, 치료도 우리는 참된 치료라 하기 어렵다.

참된 치료는 의사와 환자 사이에 참된 대화가 있을 때에야 가능하다. 인간은 단순한 사물이 아니라 내가 마주하는 모든 것들을 나름으로 이해하고 해석하며 실현해 가는 존재이기 때문이다. 따라서 치료는 의사와 환자 사이의 참된 만남, 대화를 통해 그의 삶의 전 영역에서 이루어져야 한다. 그러므로 치료는 단순한 육체의 회복이 아닌 이전과 다름없는 일상인이 되는 전인적 차원이 되어야 한다. 이때 의사는 처치자이기 전에 환자의 전인적 삶에 대화자, 상담자가 되며, 치료의학은 단순한 과학이 아닌 종합예술과 같은 경험과학이 되는 것이다.

그럼에도 불구하고 현실에서 환자는 의사에게 단지 의학적 지식이 부족하다는 이유만으로 치료의 당사자임에도 불구하고 치료의 행위에서 소외되고 있는 것이 현실이다. 이런 의미에서 의사는 환자에게 절대 권력자이다. 그러나 의사 역시 환자와 마찬가지로 주어진 상황을 다른 처지에서 나름으로 이해하고 해석하며 적용하고 있는 또 다른 사람일 뿐이다. 의사와 환자는 치료의 파트너로서 대화하며 치료에 임해야 한다. 대화란 말만을 주고받는 것이 아니라, 정보만을 주고받는 것이 아니라, 말과 정보에 인격이 함께하는 것이다. 대화 속에서 상대에 대한 신뢰를 쌓아가며 환자는 의사의 권위를 인정하게 되고, 의사는 환자의 고통을 함께 이해하며 치료에 임해야 하는 것이다.

권위란 인정의 다른 말이다. 그것은 단순히 앎의 차원이 아니라 전인격적으로 상대를 인정하는 것이다. 많이 알고 모르고, 경력이 있고 없고도 중요하지만, 그 의사의 성실함과 진솔함이 함께할 때만이 주어지는 신뢰의 감정이다. 권위는 내가 갖고자 한다고 가져지는 것이 아니라 타인에 의해서 주어지는 것이다. 또 내가 타인에게 갖는 감정이다. 우리가 의사의 권위를 인정한다는 말은 의사를 환자의 위에 놓고 의사에게 치료의 주권을 내맡긴다는 이야기가 아니라 의사의 인격을 포함한 모든 것을 신뢰한다는 말로, 나와 다른 의사의 모든 것을 내 안에 받아들여 치료의 풍요를 이룬다는 말이다.

5. 맺는 말

야스퍼스와 가다머 두 사람 모두 '이해'를 통해 치료의 문제에 접근해 가며, 치료란 전인적 이해에서 이루어져야 하며 이 전인적 이해는 환자와 의사 사이에 참된 대화를 통해서만이 가능하다는 주장을 하는 면에서는 크게 다를 것이 없다. 그리고 이러한 두 사람의 공통된 주장은 치료가 의사에 의해서 일방적으로 행해지는 것이라는 종래의 치료의 개념을 새롭게 정립해 간다.

그럼에도 불구하고 두 사람 사이의 차이는 그들이 서 있는 자리만큼 다른 것이 사실이다. 다시 말해 정신과 의사였던 야스퍼스는 철학자인 가다머가 이해를 존재론적인 차원으로 이끌어 간 것과는 달리, 이해를 개별적 인간들의 의사소통을 위한 공통된 지반을 위해 보편적 이성으로 파악한다. 물론 야스퍼스는 전기와 달리 후기에 정적 이해와 발생적 이해를 넘어 실존적 이해와 형이상학적 이해를 이야기하면서 이를 모든 이해의 포괄적인 이해로 중심에 놓기는 하지만, 가다머처럼 하나로 지평융합하며 자기로 실현해 나오는 이해의 운동으로 삼는 것은 아니다.

야스퍼스의 이러한 태도는 그가 정신과 의사로서 환자를 더 잘 치료하기 위한 것과 관련된다. 그래서 야스퍼스는 가다머와 달리 이해를 각 단계마다 각기 방법을 달리하는 것으로 설명한다.25) 즉, 환자가 체험한 사실만을 가능한 한 정확히 기술하는 정적 이해와 환자가 지금 여기에서 무엇을 어떻게 체험하였는가 하는 발생적 이해를 구분하고, 나아가 정신의학에 철학을 접목시키기 위해 실존적 이해와 형이상학적 이해를 구별하며 점진적으로 확장해 가는 것이다. 이는 환자를 더 잘 이해하기 위해 점진적으로 이해의 지평을 넓혀 나가기 위해 종합하는 것이지 가다머와 같이 이해가 곧 존재가 되는 차원은 아니다.

이러한 사실은 야스퍼스가 의사와 환자 모두를 대등한 인간인 동반자로 보며, 의사를 전문기술자가 아닌 실존을 위한 실존이라고 말하여도,26) 그에게서 치료의 주체는 엄밀히 말해서 여전히

---

25) K. Jaspers, "Antwort auf vorstehenden offenen Brief"(1922), *Gesamte Neurol Psychiatr* 77 참조.

의사라는 사실을 말해 준다. 따라서 야스퍼스가 아무리 보편이성을 이야기하고 이해를 말해도, 가다머처럼 환자가 스스로 자신을 치유해 가는 치료의 주체라 하기는 어렵다. 물론 야스퍼스도 환자의 정신을 이해하고 해석하는 일에서 이전의 의사들과는 달리 정형화되지 않고 해석의 개방성을 갖기는 하지만, 치료의 중심에는 여전히 환자가 아닌 의사가 있게 된다.

이는 야스퍼스의 이해가 실천을 이야기하고는 있지만 여전히 앎이라는 차원에서 실천을 보고 있다는 비판이 가능해진다. 다시 말해 점점 알아가는 내연의 확대를 통해 외연을 확장해 가는 이해인 것이다. 여기에 야스퍼스의 한계가 있다. 야스퍼스가 이성의 확대를 이야기하는 것도 이와 무관하지 않다고 본다. 야스퍼스는 학문과 과학기술의 근본적 특징과 그 한계를 밝히며 이들이 이성을 아주 협소하게 사용해 왔다고 비판하면서 이성을 더 폭넓게 이해할 것을 주장한다. 그리고 계몽주의적 이성에 반대하며 삶의 전체 지평에서 포괄적으로 사용할 수 있는 이성을 제창한다. 이것이 보편적 정신능력이라고 하는 의식일반이다. 이 의식일반은 객관적으로 입증할 수 없다 하더라도 서로 다른 것들 속에서 있는 포괄적 이성으로, 야스퍼스는 이 포괄적 이성에 의해 다른 이성들과 공통된 지평을 이루어 나가며 이해를 확장해 나갈 수 있다는 것이다.

반면에 가다머는 야스퍼스처럼 학문과 과학기술의 근본적 특징과 그 한계를 밝히면서 이성의 협소함을 비판하지만, 야스퍼스처럼 이성을 폭넓게 이해하기보다 우리의 정신작용은 이성만이

---

26) K. Jaspers, *Allgemeine Psychopathologie*, Springer Verlag, Berlin, 1. Auflage, 1913, 4. Auflage, 1946 참조.

아닌 오성과 감성까지도 하나로 하며 있는 것이라고 주장한다. 그러므로 가다머는 이성의 확대에 의한 이해보다는 예술과 대화와 놀이를 통해서 주관이나 객관에 치우치지 않고 모든 것이 함께 어우러지면서 새롭게 생성해 가는 일에 더 관심을 갖는다.

이러한 두 사람의 이해의 차이는 야스퍼스가 이성의 보편성에 의해 이해의 공통된 지반을 마련하고자 하는 것과, 가다머가 이해의 공통된 지반이 아니라 오히려 다름을 강조하는 해석학적 보편성을 끌고 나오는 것뿐만 아리라, 야스퍼스가 치료의 문제를 환자와 의사 사이의 이해 가능성에서 다루는 것과 가다머가 치료에 의사가 아닌 환자 자신을 놓으려는 입장의 차이로 이어진다.

물론 여기에서 가다머가 이성을 계몽주의의 도구화된 이성으로 여기며 오성과 감성까지 하나로 하는 정신의 작용과, 야스퍼스가 주장하는 확대된 이성의 개념이 실제적으로 어떻게 다른가 하는 문제는 더 면밀하게 논의되어야 하겠지만, 야스퍼스의 인간 이성의 보편성이라 할 수 있는 '논리적 공동성(logische Gemeinsamkeit)'과 가다머의 해석학적 보편성(Universalität)[27]은 분명 이런 면에서 차이가 있는 것은 사실이다.

가다머가 말하는 해석학적 보편성이란 모든 것을 평준화시키는 자연과학의 일반성에서 주어지는 보편성이 아니라, 영향작용사적 반성을 의식적으로 수행하는 것 안에서 "그때그때 사적 문제의 바닥에 있는 것과 관계를 가짐으로써 역사와 관계하는 모든 이해의 배후까지도 문제 삼는"[28] 그런 보편성으로, 인간은 각

---

27) Hans-Georg Gadamer, *Herneneutik I, Wahrheit und Methode*(GW I,), S.XVIII 등 참조.

기 다른 역사와 전통과 상황 속에서 달리 존재하며 있다는 것이다. 바로 그 달리 있다는 그 다름 자체가 인간 누구에게나 보편성으로 있는 것이다.

이러한 가다머의 보편성은 야스퍼스가 실존적 이해에서 형이상학적 이해를 끌어들이며 이성의 보편성을 이야기하는 것과는 다른 방향을 취하는 것이다. 즉 야스퍼스가 각기 다른 인간의 실존에서도 공통된 지평을 확보하고자 했다면, 가다머는 그보다는 다름에 더 주목하려 하는 것이다. 가다머에게서 야스퍼스와 같은 공통성은 공동체 안에서 자연스레 만들어지는 공통감각(sensus communis)29)에서 찾아볼 수 있기는 하지만, 이 역시도 이해에 따라 달리하는 것이라는 점에서 크게 다를 바가 없다. 그러므로 야스퍼스는 이성의 보편성으로 각기 다른 실존들 사이에 이해 가능성을 열며 환자와 의사 사이에 전인적 이해를 통한 치료의 길을 열어가는 반면, 가다머는 자기실현의 입장에서 환자를 치료의 주체로 놓고자 하는 것이다.

가다머에게 있어서 사람은 누구나 자신의 삶의 모든 것들을 스스로 이해하며 있는 자로 환자의 경우도 마찬가지이다. 환자도 사람인 이상 자신의 삶의 주체가 되어 자신의 병을 이해하며 나름으로 적용하며, 의사의 도움하에 스스로 치유해 가야 하는 존재이다. 따라서 환자는 더 이상 생물학적 존재도, 그래서 의사에 의해 일방적으로 치료를 받는 치료의 대상도 아니다. 환자는 자신에게 들리는 몸의 소리에 귀를 기울이며 자신이 처한 삶의 모든 자리와 더불어 이를 이해하고 해석하고 적용하며 늘 달리 자

---

28) 같은 책, 같은 곳.
29) 같은 책, S.16 이하 참조.

신의 삶을 이어가는 치료의 주체인 해석자이다. 그래서 아픔을 극복하고 다시 일상의 삶 속에 복귀할 수 있도록 자신을 온전하게 회복해 가야 하는 실현의 주체인 것이다. 최첨단 기기도 경험이 많은 의사도 병원의 구조도 인테리어도, 그리고 병원 종사자도, 그리고 병실에 같이 누워 있는 동료 환자들까지도 하나로 하면서 나는 나를 치료해 가는 것이다. 이 모든 것들은 치료의 수단으로, 부분으로, 방법으로 있는 것일 뿐이다. 나를 낫게 하는 것은 나 자신이다. 나는 신체의 고통도 시대의 가치와 문화까지도 하나로 하면서 스스로 온전함에 이르러야 하는 치료의 주체인 것이다.

치료의 주체는 의사에 의해서 일방적으로 치료를 받는 자가 아니다. 의사에 의해 일방적으로 치료를 받는 치료의 대상자는 온전히 치료되기 힘들다.[30] 온전한 치료란 단순히 신체의 회복이 아닌 일상의 삶으로의 복귀를 의미하는 것으로서, 대상적 존재는 자신의 삶을 주체적으로 꾸려가기 어렵기 때문이다. 그러므로 치료의 주체가 되는 일은 환자 자신이 병의 상태를 스스로 이해하고 해석하면서 삶의 온전성을 회복하는 일이다. 그래서 병에 수반되는 통증이나 고통에 대해 자신의 "인격의 파괴나 해체(Destruktion)를 초래하기보다 오히려 자아인식의 기회를 갖는 일이다."[31] 그래서 위협받고 손상된 환자 자신의 인격의 온전함

---

30) 많은 사람들이 병원에 있을 때와 달리 퇴원을 하면 병이 재발되어 병원을 다시 찾게 되는 일은 온전한 회복이 되지 못했기 때문이다. 특히 중독과 같은 병에서 약물치료나 제한치료 등은 일시적 효과는 거둘 수 있지만 근본적 치료가 되지 않는 이유도 그렇다.
31) 한스 게오르크 가다머, 공병혜 옮김, 『고통』, 철학과현실사, 2005, 104쪽 참조.

을 회복하는 일이다. 다시 말해 환자 스스로 고통을 다스릴 수 있는 삶으로 이끄는 능력을 갖추는 것이다. 즉, 자신의 병을 이해하며 해석할 수 있는 능력을 갖는 것이다.

어떤 의미에서는 고통이나 통증은 언어라고 말할 수 있다. 삶의 체험의 세계에 뿌리내린 일정의 인격적 자아의 기초로서의 신체적 자아인 몸이 가장 원초적 표현으로 하는 언어일 수 있다. 따라서 환자는 자신의 신체가 전하는 말을 이해하며 해석할 수 있는 능력이 있어야 한다. 하지만 오늘날 대다수의 사람들과 의학은 고통을 배제하는 방향으로 나아간다. 그래서 생리학적으로 고통을 제거하는 데 치료의 목적을 둔다. 그러나 진정한 치료는 고통의 제거보다는 인격의 온전성을 회복시키는 데 두어야 한다. 사람은 개인의 온전한 인격체가 신체를 통해 현실화되어 존재하기 때문이다.

이상에서처럼 치료란 단순한 신체의 이상에서가 아니라 전인적인 인간에 대한 이해에서 출발하여야 하며, 이는 단순한 신체의 회복만이 아니라 평상시와 같은 일상적인 삶으로 되돌아가는 것을 의미한다. 치료의 중심에 의사가 아닌 환자가 있어야 하며 환자는 치료의 대상이 아닌 치료의 주체가 되어야 하는 것은, 환자가 자신의 병을 이해하며 치료방법을 적용하며 스스로 치유해가는 해석자가 되는 일이다. 의사 역시도 단순히 의료기술을 행하는 기술자가 아닌 환자의 파트너로서의 해석자이며, 의학은 치료의 기술로서의 과학이 아닌 사람을 건강하고 아름답게 살게 하는 예술과 같은 종합-경험과학으로서의 철학, 해석학이 되어야 한다.

비록 야스퍼스의 경우 모든 실존의 이성활동이 비록 다른 이성체계 속에 있기는 하지만 결국은 이해되어야 하는 것인 반면, 가다머의 경우는 온전히 이해될 수 없는 채로 달리 해석될 수 없는 것이라는 차이가 있기는 하지만, 야스퍼스의 형이상학적 이해가 종결될 수 없는 것이라면 그 역시도 다른 체계에 대한 이성의 이해는 해석일 수밖에 없다.

의학이 이해의 해석학이 될 수 있을 때 현대의학이 지향하고자 하는 치료의 차별화도 맞춤치료도 진정한 의미에서 가능해진다. 그리고 오늘날 의학에서 많은 문제를 불러일으키는 환자의 인격과 관련된 치료권과 치료를 받지 않을 권리 등에 대해서도 다양한 관점을 제시할 수 있게 된다. 그뿐만 아니라, 오늘날 건강에 대한 관심이 불러일으킨 수없이 쏟아져 나오는 건강지식과 건강식품에 둘러싸여 사는 현대인들에게, 그리고 종교 대신 생명공학을 통해 영원을 기원하고, 외과적 수술을 통해서 신체의 연장을 꿈꾸는 이 땅의 문명인이라 자처하는 많은 현대인들에게, 야스퍼스와 가다머의 이야기가 건강에 있어서 왜곡되고 뒤틀리고 전도된 문제들에 대해 되돌아볼 수 있는 구원의 소식이 될 수 있을 것이다. 그리하여 건강이란 자신이 자신의 삶을 이끌어 감에 있어서 다양한 요구 앞에서 올바른 균형을 이루는 일 이상이 아니라는 사실을 깨닫게 될 것이다.

야스퍼스와 종교 간 대화의 문제 *

이원재

1. 들어가는 말

만일 우리가 오늘날 칼 야스퍼스의 철학을 스스로에게 동화(同化)시키고자 힘쓰며 또한 그것이 우리 시대에 대해 갖는 의미에 대해서 진지하게 묻고자 한다면, 무엇보다 야스퍼스 철학이 오늘의 종교 간 대화의 문제에 대해 갖는 의미와 중요성에 대해 고찰해 보지 않을 수 없다. 오늘의 시대는 두말할 나위 없이 만남과 대화의 시대이다. 한편으로는 종교적-문화적으로 다원성의 특징을 지니고 있으며, 다른 한편으로는 세계평화와 인류생존의 문제가 그 어느 때보다도 더욱 긴급해지고 있는 오늘의 세계적 상황 속에서, 다양한 신앙인과 종교들 간의 대화와 협력의 문제

---

  * 이 글은 1993년 8월 22일부터 25일까지 모스크바에서 열렸던 제3차 국제 야스퍼스 학술대회(The Third international Jaspers Conference)에서 발표한 글을 토대로 이를 보완한 것이다.

는 하나의 피할 수 없고도 중대한 문제가 되었다. 왜냐하면 종교 간 대화의 문제는 오늘날 하나의 세계정치적인(weltpolitische) 의미를 지니게 되었기 때문이다. 가톨릭 신학자 한스 큉(Hans Küng)이 세계종교 전문가들과 함께 쓴『기독교와 세계종교들』 이란 책에서 역설한 것처럼, 오늘날에는 "종교들 간의 평화 없는 세계평화는 있을 수 없다. 종교들 간의 대화 없는 종교평화는 있을 수 없다."[1]고 주저 없이 말할 수 있게 된 것이다. 하지만 비단 지구촌의 평화와 갈등상황의 극복이라는 문제뿐만 아니라, 더나아가 오늘날 세계종교들은 서로 간에 만남과 대화를 통해 상호 보완과 변혁을 실현하여야 한다는 요청 앞에 직면해 있다. 여기에 종교 간 대화가 중요하고 요청되는 또 하나의 이유가 있다고 말할 수 있다.

스위스의 종교사상가 발타자(H. U. von Baltasar)가 한때 "우리 시대의 위대한 대화 주창자의 한 사람"[2]이라고 지칭했던 것처럼, 칼 야스퍼스에게 있어서 다양한 신앙의 전통들로부터 유래하는 인간들 사이의 만남과 교제(Kommunikation)[3]의 문제는 그의 철학함의 중심적 관심사 가운데 하나였다. 그는 자신의 철학함의 근본의도와 관련하여, 자신의 사고는 처음부터 끝까지 '무한한 교제에의 의지(der Wille zur grenzenlosen Kommunikation)'에 의해 이끌려가고 있다고 거듭 역설하고 있으며, 이에 따라 자

1) H. Küng mit J. van Ess, H. von Stietencron und H. Bechert, *Christentum und Weltreligionen*, 1984, S.617 이하 참조.
2) H. U. von Balthasar, *Einsame Zwiesprache*, 1958, S.15.
3) 'Kommunikation'이란 개념은 야스퍼스 철학의 핵심적 개념 가운데 하나로서 (상호) 소통의 의미로도 번역될 수 있지만, 이 글에서는 교제라고 번역한다.

신의 철학을 '무한한 교제의 의지의 철학' 또는 '교제를 추구하는 철학'으로 명명하였다.[4] 야스퍼스에게 있어서 철학하는 자는 끊임없이 타자와의 교제를 지향하게 된다. 왜냐하면 철학이 다루고 추구하는 근본문제들, 곧 존재와 진리 문제들은 어느 누구에 의해서도 객관적이고 최종적인 방식으로 소유될 수 없는 것들이며, 오히려 상호 교제 속에서 공동으로 추구되고 해명되어야 할 것들이기 때문이다. 그런 의미에서 철학한다는 것은 진리의 소유가 아니라 함께 진리를 추구하면서 '도상에 있는 것(auf dem Wege sein)'이며, 철학함의 바른 형태는 바로 '함께 철학한다는 것(Symphilosophieren)'[5]이다.

이렇게 타자와의 만남과 교제를 추구하는 자신의 관심으로부터 야스퍼스는 한편으로 모든 종류의 배타적인 사고의 형태들을 거부하면서 인간들을 열린 교제에로 호소하였을 뿐만 아니라, 동시에 가능한 한 보편적이고 범세계적인 대화와 교제를 가능하게 하는 사상적 근거와 도구들을 추구하는 것을 철학의 중심과제로 삼았다. 야스퍼스는 이러한 교제를 가능하게 하고 그 실현을 위해 노력하는 것이야말로 '시대적 과제'라고 당대에 통찰했던 사람이었다. 그리고 스스로 이러한 시대적 과제에 동참하기 위해서, 제2차 세계대전 이후로 이른바 '세계철학(Weltphilosophie)'이라는 이념하에 자신의 철학적 연구를 몰두해 나갔다.[6] 그는

---

4) K. Jaspers, *Philosophie*, Bd. I, S.XXXII; K. Jaspers, *Philosophische Autobiographie*, S.106.

5) K. Jaspers, *Philosophie*, Bd. II, S.113.

6) 야스퍼스는 그 자신이 직접 쓴 추모사(Nekrolog)에서 자신의 바젤에서의 마지막 20년(1948-1969) 기간에 대해 다음과 같이 쓰고 있다. "그는 이 시간 동안 모든 정력을 자체적으로 종결될 수 없는 철학적 작업을 계속

'유럽철학의 황혼'을 의식하면서 아시아의 철학이나 종교, 사상들과 만나고자 시도하였고, 또 자신어 주창했던 '철학적 신앙'의 입장에서부터 '다른 신앙', 곧 기독교 계시신앙을 지닌 자들과의 비판적인 대화를 지속적으로 시도하기도 하였다. 야스퍼스에게 있어서, '지금 펼쳐지고 있는 지구시대'에 있어서 철학한다는 것은 바로 이것을 의미해야만 했다. "철학한다는 것은 보편적인 대화와 교제를 가능하게 하는 전제들을 탐구하는 것이다."[7]

비록 칼 야스퍼스가 직접적으로 종교 간 대화의 문제에 대해 언급하거나 글을 쓰지는 않았지만, 그의 저작들 가운데는 오늘의 종교 간 대화의 문제에 중요한 암시와 통찰을 제공해 줄 수 있는 여러 개념과 사상들이 발견된다. 다음에서 나는 특별히 이러한 맥락에서 중요하다고 여겨지는 두 가지 측면에 초점을 맞추어 논의해 보고자 한다. 즉, 그것은 종교의 절대성 주장의 문제와 다양한 종교들 사이의 상호 이해와 일치 가능성 문제이다.

2. 절대성 주장의 문제

종교적 신앙에 의한 절대성 주장의 문제(Das Problem des Absolutheitsanspruches)는 종교 간 대화의 문제에 관심을 두고 숙고하는 사람이면 누구나 불가피하게 다루고 넘어가야 할 근본

해 나가는 데 쏟아 부었는데, 이러한 작업을 통해 그는 이미 알고 있다기보다는 오히려 예감하면서, 시도하면서, 소유하지는 않으면서 하나의 도래하는 세계철학(eine kommende Weltphilosophie)으로의 길을 찾는 시대적 과제에 참여하고자 했다." K. Jaspers, "Nekrolog", in: *Gedenkfeier für Karl Jaspers*, Basler Universitätsreden, 60. Heft, 1969, S.4.

7) K. Jaspers, *Philosophische Autobiographie*, 1977, S.121.

적인 문제이다. 왜냐하면 이 문제는 종교들 간의 평화와 대화를 가로막는 가장 큰 장애요인으로 나타나고 있으며 또 실제로 그래 온 것도 사실이기 때문이다. 물론 절대성의 주장은 각 종교에게 있어서 자명한 것으로 내포되어 있고 어떤 의미에서는 종교의 본질적 성격을 구성하는 요소라고 할 수 있다. 종교란 근원적으로 절대적인 실재에 의해서 인간의 전 존재가 사로잡히는 궁극적인 경험과 관계되어 있고, 여기에서부터 모든 종교들은, 비록 정도의 차이는 있을지라도, 자신들의 구원과 진리가 보편적이고 절대적인 타당성을 지닌다고 확신하고 주장한다. 그리고 이런 점에서 종교적 다원성의 상황이란 곧 진리와 절대성의 주장들의 다원성의 상황이요, 종교들 간의 만남이란 바로 다양한 절대성의 주장들 간의 만남이라 해도 과언이 아닌 것이다. 그렇지만 종교의 절대성의 주장은 종종 상호간의 진정한 대화와 교제를 불가능하게 만드는 배타적인 독선으로 흐를 위험을 안고 있다. 이런 점에서 절대성의 주장 문제는 종교 간 대화를 문제 삼는 많은 철학자와 신학자들에게 있어 주요 관심사의 하나였다.

야스퍼스도 비슷한 맥락에서 기독교 계시신앙의 절대성 주장의 문제를 비판적으로 다루었다. 야스퍼스의 저술 속에서 언제나 다시금 발견하게 되는 사실이 있는데, 즉 그는 거듭해서 모든 독단적(dogmatische)이고 배타적인 사고, 특히 그러한 사고의 구체적인 형태들로서의 계시신앙의 절대성의 주장들이나 사상적-정치적인 전체주의(Totalitarismus)에 대항하여 단호한 비판과 거부의 입장을 보여주고 있다는 것이다. 그런데, 이는 바로 사람들 사이의 열린 대화와 교제를 가능케 하며 촉진시키고자 하는 자신의 철학적 근본의도에 기인하고 있는 것이다.

기독교의 절대적 주장은 엄밀하게 말하면 진리문제와 구원문제라는 두 측면에서 제기된다고 할 수 있다. 야스퍼스는 진리문제를 묻는 철학자로서, 자신의 종교적 진리들을 보편적이며 유일회적-절대적인 것으로 주장하는 이들과 대결하고 있다. 이러한 야스퍼스의 비판적 대결은 기본적으로 다음과 같은 그의 근본확신, 곧 시간 속에서 진리는 미완성으로 남으며 어떤 인간도 전체로서의 진리에 도달할 수 없다는 근본확신에서부터 출발하고 있다. 따라서 진리는 끊임없이 함께 추구되어야 하며, 타자와의 교제 속에서 비로소 '드러나게(offenbar)' 된다. 그뿐만 아니라 그의 비판적 대결은 '신앙의 진리'가 지니는 본질적 성격과 그 타당성의 범위에 대한 철학적 반성에 의해 더욱 강력하게 밑받침되고 있다. 이에 따르면 모든 신앙의 진리는 '실존적-역사적인(existentiell-geschichtlichen) 근본성격'을 지니고 있다는 것이다. 그러한 것으로서 신앙의 진리는 실존적 결단과 삶의 실천에 대해서는 무제약적인 의미와 타당성을 갖는다. 다시 말한다면, 신앙의 진리는 그때그때 그것과 실존적, 무제약적으로 관계되어 있는 것으로 자신을 이해하는 인간들에 대해서는 절대적인 타당성과 의미를 지닌다. 그렇지만 그것이 진술되고 표현될 때, 신앙의 진리는 역사적으로 제약성을 지니게 되며 더 이상 객관적으로 보편타당한 것이 될 수 없다는 것이다. 이러한 점에서 야스퍼스는 신앙의 진리를 '과학적인 진리', 곧 모든 이에게 시대와 역사를 초월해서 객관적으로, 이론의 여지없이 타당하지만, 삶의 실천에 대해 무제약적이지는 않은 그러한 진리와 혼동해서는 안 될 것을 역설하였다. 왜냐하면 만약 그럴 경우 거기에서부터, 신앙인들 상호간의 교제를 가로막고 단절시키는 배타적 태도와 타

신앙인을 자신의 신앙의 진리에 복종하도록 강요하는 불행스런 왜곡의 사태가 생겨나게 된다고 보았기 때문이다.

　종교적 신앙에 의한 절대성 주장과의 비판적 대결이라는 맥락에서 또한 중요한 것으로서, 야스퍼스의 초월자(Transzendenz) 이해, 곧 전적으로 비대상적이며 은폐되어 있는 초월자와 그러한 초월자의 언어로서의 암호(Chiffre)에 관한 이해를 들 수 있다. 야스퍼스에 의하면, 초월자는 결코 자신을 직접적으로 드러내지 않으며 단지 암호의 언어들을 통해서만 간접적으로 경험될 뿐이다. 이 암호언어는 원칙적으로 모든 것에서 그리고 모든 장소에서 다양하게 들릴 수 있으며, 결코 초월자에 관한 객관적으로 타당하고 명백한 정보를 매개하는 것이 아니다. 그것은 오히려 "하나의 길 안내자 내지는 빛(ein Wegweiser oder ein Licht)"[8])으로서 기능하게 된다. 다시 말하면, 본래적인 초월자는 역사적으로 다양한 암호의 언어들 속에서 현존하지만, 그 어디에서도 초월자의 신비가 완전히 드러나지는 않는다는 것이다. 따라서 모든 초월자에 대한 논의나 초월자를 향한 말들은 본질적으로 '암호'의 지위를 얻게 되며, 그것들을 초월자 자체도 아니고 그렇다고 초월자의 객관적 실재를 표현하는 것도 아니게 된다. "어떤 암호도 최종적이고 유일한 것은 아니다."[9]) 이러한 입장으로부터 야스퍼스는 모든 종교적인 암호들이 초월자 자체에 대해서 뿐만 아니라 또한 다른 역사적인 초월자의 암호들에 대해서도 개방적으로 남아야 할 것을 역설하였다. 다시 말하면, 그는 자신의 초월자와

---

8) K. Jaspers, *Der philosophische Glaube angesichts der Offenbarung*, 1962, S.210. 이하 PGO로 약칭하여 표기함.
9) PGO, S.210.

암호이해를 통해서 각각의 신앙인들이 자신의 길을 절대적인 것으로 만들고 다른 길들을 자신이 믿는 신의 이름으로 배타하는 그런 태도의 위험성을 막으려고 한 것이다. 이러한 그의 근본의도는 다음과 같은 말에서도 분명히 드러나고 있다. "배타성의 주장은 … 신이 역사적으로 다양한 방식으로 자신을 나타내었고 자신에 이르는 여러 길들을 열어놓았다고 하는 통찰을 통해 극복될 수 있을 것이다."[10]

야스퍼스에게 있어서 특정한 신앙전통이 자신의 보편적인 절대성 주장을 단념한다고 하는 것은 종교들 간의 열린 대화, 즉 상호 인정과 관용 속에서 서로 만나고 교제하는 것을 가능하게 하는 기본전제와도 같은 것이었다. 그러나 여기에서 한 가지 분명히 지적해야 할 점이 있다. 즉, 야스퍼스가 종교들의 절대성의 주장을 비판하고 이를 단념하도록 요구할 때, 그것은 무엇보다도 저 '왜곡된 유일무이성과 배타성의 주장들(Einzigartigkeits- und Ausschliesslichkeitsansssprüche)'에 대한 것이며, 각각의 신앙 속에서 표현되는 실존적 무제약성(Unbedingtheit)으로서의 절대성에 대한 것은 아니라는 점이다. 오늘날의 종교 간 대화에 관한 연구들이 언제나 다시금 주의를 환기시키고 있는 것처럼, 종교의 절대성 주장이라는 것은 본질적으로 신앙하는 인간이나 종교적 집단이 그들의 종교적 진리와 전통에 무제약적으로 결부되어 있음을 표현하는 것으로 볼 수 있다.[11] 앞에서도 언급했듯이 모든

---

10) K. Jaspers, *Vom Ursprung und Ziel der Geschichte*, 1949, S.41. 이하 UZG로 약칭하여 표기함.

11) R. Bernhardt, *Der Absolutheitsanspruch des Christentums, Von der Aufklärung bis zur Pluralistischen Religionstheologie*, 1990, S.258 참조.

종교는 절대적 실재에 의해 전적으로 사로잡히는 경험(Totaler-
fahrung)과 결부되어 있다는 점에서 본질적으로 절대종교로서의
성격을 지니고 있다. 그렇지만 이러한 절대성 내지 무제약성이
항상 배타적인 주장과 함께 나타나서는 안 되고 또 그럴 필요도
없다. 신앙인들 간의 만남이 그때그때 실존적인 무제약성, 절대
성으로부터 살아가는 사람들 사이에서 일어나는 것이라면, 여기
에서 '싸움'은 불가피한 것처럼 보일 수도 있다. 문제는 이러한
싸움을 어떻게, 야스퍼스 자신의 표현처럼, '하나의 열린, 사랑하
면서의 싸움(ein offener, liebender Kampf)'으로 전개시키느냐
하는 것이다. 모든 신앙의 절대성은 다양한 전통의 흐름들에 직
면하면서 그리고 자신의 진리의 의미와 초월경험의 성격에 대한
비판적 통찰을 통해서 자신의 타당성의 영역을 의식할 수 있어
야 한다. 한마디로, 그것은 '배타성이 없는 절대성(Absolutheit
ohne Exklusivität)'이어야 한다. 그리고 이제 우리가 야스퍼스의
근본의도를 이해하는 한, 그가 종교의 절대성 주장의 문제와 비
판적으로 대결하면서 의도하였던 점도 바로 이것이었다고 볼 수
있다. 이러한 야스퍼스의 입장은 다음과 같은 그의 요구에서 함
축적으로 드러나고 있다. "자신의 근거의 무제약성을 잃지 않으
면서 신앙의 배타성의 주장을, 이 주장 속에 들어 있는 교제의
단절이라는 것 때문에, 포기하는 것이다."12)

---

12) K. Jaspers, *Der philosophische Glaube*, Neuausgabe, 1974, S.134. 이하
   PG로 약칭하여 표기함.

3. 종교들 간의 상호 이해와 일치 가능성의 문제

종교 간 대화는, 야스퍼스가 보는 견지에 따르면, 그 필요한 전제로서 우선 하나의 '교제적인 태도(eine kommunikative Haltung)' 또는 '교제에로의 의지'를 요구한다. 앞에서 우리는 바로 이러한 교제의 태도를 촉진한다는 철학적 과제에 따라서 어떻게 야스퍼스가 종교의 배타적 절대성 주장에 대항하고 있는 지를 살펴보았다. 그렇지만 단지 이러한 전제들만으로는 대화가 성공적으로 이루어지기에 아직 불충분하므로, 더 나아가서 종교들 상호간의 이해와 일치를 가능케 하는 '공동의 틀(einen gemeinsamen Rahmen)' 내지는 '공동의 지반(einen gemeinsamen Boden)'을 필요로 하게 된다. 이런 점에서 야스퍼스는 그의 최후의 주저인 『계시에 직면한 철학적 신앙』의 서두에서 다음과 같이 말하고 있다. "오늘날 우리는 여러 가지 상이한 신앙의 근원들을 가지고 있는 모든 신앙인들이 그들의 고유한 역사적 전통을 포기하지 않으면서도 그것을 새롭게 동화하고 순화시키고 변혁시키면서 자신들의 세계를 뛰어넘어 서로 의미 있게 만날 수 있는 공동의 지반을 추구하고 있다."13) 그렇다면 어디에서 그러한 '공동의 지반'을 찾을 수 있겠는가? 바로 이러한 물음에 대한 대답과 관련하여, 야스퍼스에게서 결정적인 것으로 '철학적 근본지(das philosophische Grundwissen)'와 '세계사의 차축(die Achse der Weltgeschichte)'의 이념을 들 수 있다.

먼저 철학적 근본지(또는 일명 '포괄자의 양태들의 철학')는

---

13) PGO, S.7.

존재에 대한 객관적인 규정의 시도를 단념한 채, 포괄자로서 존재의 다양한 양태들을, 그리고 그것들과 결부된 다양한 진리의 양태들을 구조적으로 해명하는 사고의 운동을 말한다. 여기에서 철학적 근본지의 내용을 다 상술할 수는 없다. 우리의 맥락에서 중요한 것은 철학적 근본지의 근본이념이 바로 오늘의 시대적 상황 속에서 가능한 '교제의 수단(ein Mittel der Kommunikation)'을 마련하기 위한 것이었다는 점이다. 야스퍼스에 의하면, 오늘 우리가 사는 시대는 지금까지 자명한 것으로 여겨졌던 전통적 신앙내용들이 붕괴되고 또 점증하는 입장과 견해들의 다원성 때문에 더 이상 어떤 특정한 세계관이나 사상적-정치적 체계를 통해 모든 인간들을 하나로 통일시킬 수 없게 된 세계이다. 다시 말하면, 오늘 우리는 내용적으로 모든 인간들을 보편적으로 결합시킬 수 있는 그런 근본지가 — 어떤 세계상이나 세계관, 또는 전체지(Totalwissen)와 같은 형태에 있어서 — 존재할 수도 존재하지도 않는 그런 세계에서 살고 있다는 것이다. 그러므로 야스퍼스는 다음과 같이 말할 수 있었다. "더 이상 공동의 서구의 세계, 공동으로 신앙되는 신은 존재하지 않는다."14) 그렇다면 이러한 상황에서 사람들을 결합시키고 대화와 교제를 가능하게 하는 수단을 어떻게 발견할 수 있겠는가? 이 문제에 대답하기 위해 야스퍼스는 이제 하나의 새로운 형태의 근본지, 즉, "전달 속에서 모두를 공통적으로 결합시키는 형식적 근본지"15)를 구상하기에 이르렀다. 이 철학적 근본지는 그 안에서 인간들이, 그들의

---

14) K. Jaspers, *Rechenschaft und Ausblick, Reden und Aufsätze*, 1951, S.277. 이하 RA로 약칭하여 표기함.
15) PGO, S.147.

구체적 신앙내용과 삶의 체험, 존재체험의 다양성과 차이에도 불구하고, 상호 전달 속에서 서로 만날 수 있기 위한 '공동의 틀'을 제공하기 위한 의도에서 전개된 것이다. 이러한 근본지 내에서의 만남은 물론 일차적으로 일종의 '사고하는 교제(denkende Kommunikation)'의 형태를 띠는 것이지만, 거기에서 동시에 인간들은 서로 포괄자로서의 존재의 근원적 체험의 깊이에서 결합되어 있음을 알게 된다고 보는 것이다. 야스퍼스는 이런 자신의 이념을 다음과 같이 표현하고 있다. "만일 우리가 그 안에서 서로 만나게 되는 공동의 장으로서의 포괄자를 확인하게 된다면, 우리는 우리들이 거기에 근거해서 살아가는 여러 근원, 곧 다양하게 갈라진 여러 근원 속에 있으면서 서로를 자유롭게 할 수 있다."16)

이러한 근본지의 구상 외에 또한 야스퍼스는 종교들 간의 상호 이해와 보편적 교제를 가능하게 하기 위한 가능근거를 인류의 역사 자체 내에서도 찾고 있다. 그가 이른바 '차축시대(die Achsenzeit)'라고 명명하고 있는 인류의 정신적 사건이 그것이다. 이 '세계사의 차축'이라는 역사철학적 주요개념은 어떤 한 민족이나 문화에 대해서가 아니라 인류 전체에 대해 의미와 연관성을 지니는 공동의 역사적 근원을 얻으려는 의도에서 구상된 것이다. 다시 말해서 차축시대의 이념은 지금까지의 기독교 서구 중심적인 역사관을 극복하고 인류가 그들의 정신적인 근원으로부터 서로 이해하고 교제할 수 있는 공동의 근거를 마련하기 위한 것이었다. 야스퍼스에 의하면, '차축시대'(대략 기원전 800-200년)의 기간 동안에 인류의 세 다양한 세계 — 곧 중국과 인도

---

16) PGO, S.147.

그리고 서구로 대변될 수 있는 세계 — 에서 놀랄 만한 정도로 서로 평행하는 정신적인 창조과정들이 일어났으며, 이러한 정신적 유산들로부터 오늘날까지도 인류가 사고하며 살아가고 있다고 본다. 이 시기에 중국에서는 공자와 노자, 인도에서는 석가모니, 중동에서는 예언자들 그리고 그리스에서는 소크라테스가 나타나 활동하였다. 이 시대를 통해 인류는 '존재 전체와 자기 자신, 그리고 자신의 한계'를 의식하게 되었다. 이 시기에 철학적 사고의 근본범주들이 대부분 마련되었고 거의 모든 세계종교들의 기초가 성립되었다. 이러한 사건들을 보면서 야스퍼스는 마치 초월자가 보편사의 언어를 통해서 말한 것과도 같다고 하였다. 그러므로 인류는 바로 이 차축시대의 근원으로 돌아갈 때 서로 만나고 상호 이해에 도달할 수 있다고 확신하였다. 왜냐하면 거기에서는 "모든 상이성 속에서도 동일한 것, 곧 인간존재의 근본 물음들이 문제가 되고 있기 때문이다."17) 야스퍼스의 저술을 살펴보면, 거듭해서 근원적이고 본질적인 것에 있어서의 인류의 통일성과 상호 이해 가능성에 관한 이념이 등장하는 것을 알 수 있는데, 이것은 다음과 같은 그의 확신 때문이었다. "만일 이러한 통일성이 없다면 상호 이해가 불가능하게 될 것이고, 본질에 있어서 서로 다른 것들 간의 심연만이 있을 것이다."18)

물론 이러한 인류의 통일성의 이념은 하나의 '요청'으로서, 어떤 객관적으로 인식할 수 있는 사실 위에 근거되어 있는 것은 아니다. 또한 그러한 일치는 어떤 생물학적인 차원이나 과학의 발전에 의해 이루어질 수 있는 것도 아니다. 오히려 그것은 신앙

17) RA, S.236.
18) UZG, S.309.

위에, 신앙하는 인간의 결단 위에 기초되어 있는 것이다. 야스퍼스는 "단지 신앙하는 자들만이 교제를 실현시킬 수 있다."[19]고 하였다. 여기에서 말하는 신앙이란 이른바 '철학적 신앙'을 의미하는 것인데, 이러한 신앙은 초월자에 대한 자유로운 신앙으로, 초월자에 대한 공동의 추구를 위해서 더 이상 다른 신앙의 내용들을 배척하는 특정한 신앙의 내용을 주장하지 않는 그러한 신앙이다. 또한 그것은 "진실로 함께 살아가며, 함께 이야기하며, 이러한 상호 교제를 통하여 진리를 추구하고 비로소 이러한 진리추구의 도상에서 본래적으로 자기를 실현시켜 나가는"[20] 그러한 인간의 가능성을 신뢰하는 신앙을 말한다.

야스퍼스는 다양한 신앙인들 사이에서 일어나는 만남과 교제는 각자로 하여금 자신의 고유한 근원을 더 바르게 이해하고 자신에 대한 명백성에 이르게 하는 데 도움을 준다고 보았다. 어느 한 신앙의 정체성은 타자로부터 자신을 구별하거나 자신의 진리 내용만을 절대화하면서 자신 속에 갇혀 있는 데서 얻어지는 것이 아니라, 오히려 나와는 다른 신앙전통과의 열린 대화와 교제를 통하여 새롭게 획득될 수 있다는 것이다. 모든 인간, 모든 신앙의 양태들은 자기 자신에 도달하는 과정에서 불가결하게 타자와의 교제를 지향해야 한다는 것이 야스퍼스의 근본확신이었다. "다른 사람들을 보고 이해하는 것은 자기 자신에 대한 명백성에 도달하는 데 도움을 주며, 모든 자기폐쇄적인 역사성에 있을 수 있는 편협성을 극복하고 정신적인 넓이로 도약하는 데 도움을 준다. 이러한 무제한한 교제의 모험은 인간되어 감(Menschwer-

---

19) PG, S.134.
20) PG, S.135 이하.

dung)의 신비이다."[21] 물론 다른 신앙전통과의 열린 교제는 자신의 고유한 전통에 대한 무제약적-실존적인 '성실성과 충성(Wahrhaftigkeit und Treue)'을 전제하는 것이며, 오직 그러한 가운데서만 진정한 대화와 교제가 가능하다고 야스퍼스는 거듭 강조한다. 또한 다양한 신앙형태들 간의 만남은 여러 신앙내용들의 혼합이나 자신의 고유한 전통을 포기하는 가운데 하나의 이상적인 보편종교를 추구하는 것이 결코 아니라고 한다. 오히려, 진정한 만남과 대화는 교제를 통해 상호 보완과 변혁을 추구하고 자신을 새롭게 이해하며 자신의 고유한 근원을 새롭게 경험하는 데 있다. 그리고 한 걸음 더 나아가 "이 세계 내에서의 모든 공동의 과제들을 위하여 연합"[22]하는 데 있다. 바로 여기에 야스퍼스가 보는 대화의 의미와 목적이 있다고 할 수 있는 것이다.

4. 맺는 말

지금까지 나는 어떻게 야스퍼스 철학이 그 중심적인 사상과 개념들을 통해서 오늘의 종교들 간의 대화와 교제를 가능하게 하고 촉진시키는 데 기여할 수 있을지 밝히려고 시도했다. 요컨대 이러한 교제의 가능성은, 한편으로 신앙하는 인간들의 교제적인 근본태도 내지는 '무제한한 교제의 의지'에 근거되는 것이요, 다른 한편으로는 보편적인 이해와 연합을 위한 공동의 지반과

---

21) UZG, S.41.
22) 이러한 맥락에서 야스퍼스는 특별히 '허무주의와 전체주의를 통한 인간성 상실의 위협'에 직면하여 모든 신앙인들, 특히 철학적 신앙과 기독교 계시신앙이 함께 연대할 것을 강조하기도 하였다.

목적에 대한 숙고에서 발견될 수 있었다. 이로써 야스퍼스 철학은 종교적으로 다원화된 오늘의 시대에 특별한 의미와 연관성을 얻게 되는 것이며, 특별히 여러 다양한 세계종교들이 함께 살아가며 또 살아가야만 하는 한국의 다원적 종교상황에 큰 의미를 지니게 된다고 하겠다.

한국에 있어서 종교 간 대화의 가능성에 관한 물음은 두말할 나위 없이 중요하며 또 오랫동안 신학적, 종교철학적인 논의의 초점이 되어 왔다. 그리고 여기에서도 대개 다음과 같은 원칙적이고 실천적인 대화의 문제들이 해결의 과제로 다루어져 왔다. 즉, 종교들의 배타적인 절대주의의 극복과 상호 관용의 태도, 상호 공통적인 것의 발견, 대화의 과정 속에서 자신을 더 잘 이해하고 참된 정체성에 도달할 수 있는 가능성의 문제, 그리고 휴머니티의 실현이라는 공동의 과제를 위해 함께 일하고 연대하는 것 등이다. 바로 이러한 여러 문제들을 이해하고 해결함에 있어서 칼 야스퍼스의 철학은 큰 빛을 던져줄 수 있으리라 믿는다. 끝으로 야스퍼스의 글을 인용하고 맺고자 한다. "모든 역사성은 다른 역사성을 그 실존적인 엄숙성 속에서 사랑할 수 있고 어떤 포괄적인 것 속에서 서로 결합되어 있음을 알 수 있다."[23]

---

23) PGO, S.534.

칼 야스퍼스의 저서

-- *Allgemeine Spychopathologie*(정신병리학 총론). 1913년 초판. 1959년
7판. 748쪽. Springer Verlag, Heidelberg와 Berlin.

-- *Wesen und Kritik der Psychotherapie*(정신요법의 본질과 정신요법에
대한 비판). 1952년. *Allgemeine Spychopathologie*(정신병리학 총론)에
서 두 단원을 떼어 출판. 1958년 2판. 64쪽. R. Piper & Co. Verlag,
München(Piper-Bücherei).

-- *Allgemeine Spychopathologie*(정신병리학 총론)의 2단원에서 발췌함.
1955년 초판. 1958년 2판. 64쪽. R. Piper & Co. Verlag, München
(Piper-Bücherei).

-- *Psychologie der Weltanschauugen*(세계관들의 심리학). 1919년 초판.
1960년 5판. 486쪽. Springer Verlag, Heidelberg와 Berlin.

-- *Strindberg und van Gogh*(스트린드베르크와 반 고흐). 1922년 초판.
1951년 3판. 183쪽. R. Piper & Co. Verlag, München.

-- *Die geistige Situation der Zeit*(이 시대의 정신적 상황). 1931년 초판.
1955년 5판. 211쪽. Verlag W. de Gruyter & Co., Berlin.

-- *Philosophie*(철학). 3권. 1932년 초판. 1956년 3판. 1056쪽. Springer

Verlag, Heidelberg와 Berlin.

-- *Max Weber. Politiker, Forscher, Philosoph*(막스 베버. 정치가, 연구가, 철학자). 1932년 초판. 1958년 3판. 58쪽. R. Piper & Co. Verlag, München(Piper-Bücherei).

-- *Vernunft und Existenz*(이성과 실존). 1935년 초판. 다섯 번의 강연 모음집. 1960년 4판. 156쪽. R. Piper & Co. Verlag, München(Piper-Bücherei).

-- *Nietzsche, Einführung in das Verständnis seines Philosophierens*(니체, 그의 철학작업을 이해하기 위한 입문). 1936년 초판. 1950년 3판. 487쪽. Verlag W.de Gruyter & Co., Berlin.

-- *Existenzphilosophie*(실존철학). 1937년 초판. 세 번의 강연 모음집. 1956년 2판. 90쪽. Verlag W.de Gruyter & Co., Berlin.

-- *Descartes und die Philosophie*(데카르트와 철학). 1937년 초판. 1956년 3판. 104쪽. Verlag W. de Gruyter & Co., Berlin.

-- *Die Schuldfrage*(죄책문제). 1946년 초판. 100쪽. Heidelberg.

-- *Nietzsche und das Christentum*(니체와 기독교). 1946년 초판. 1952년 2판. 71쪽. R. Piper & Co. Verlag München. 1963년 88쪽으로 증판. R. Piper & Co. Verlag, München(Piper-Bücherei).

-- *Die Idee der Universität*(대학의 이념). 1946년 초판. 250쪽. Berlin.

-- *Von der Wahrheit*(진리에 관하여). 1948년 초판. *Philosophische Logik*(철학적 논리학)의 제1권. 1103쪽. R. Piper & Co. Verlag, München.

-- *Der philosophische Glaube*(철학적 믿음). 1948년 초판. 1955년 4판. 131쪽. R. Piper & Co. Verlag, München. 1958년 151쪽으로 증판. S. Fischer Verlag, Frankfurt(Fischer-Bücherei).

-- *Vom Ursprung und Ziel der Geschichte*(역사의 근원과 목표에 관하여). 1949년 초판. 1952년 3판. 1963년 Paperback판. 349쪽. R. Piper & Co. Verlag, München, 그리고 Artemis-Verlag, Zürisch. 1955년 269쪽으로 축소판. S. Fischer Verlag, Frankfurt(Fischer-Bücherei).

-- *Einführung in die Philosophie*(철학입문). 1950년 초판. 12차례의 라

디오 강연 모음집. 1961년 7판. 164쪽. R. Piper & Co. Verlag, München(Sammlung Piper) 그리고 Artemis-Verlag, Zürisch.

-- *Vernunft und Widervernunft in unserer Zeit*(우리 시대의 이성과 반이성). 1950 초판. 하이델베르크 대학에서 행한 세 번의 강연 모음집. 1952년 2판. 71쪽. R. Piper & Co. Verlag, München.

-- *Rechenschaft und Ausblick*(변명과 전망). 1951년 초판. 연설과 소논문 모음집. 1958년 368쪽. R. Piper & Co. Verlag, München(Sammlung Piper).

-- *Über das Tragische*(비극적인 것에 관하여). 1952년. *Von der Wahrheit*(진리에 관하여)의 한 장을 떼어 출판. 1961년 4판. 64쪽. R. Piper & Co. Verlag, München(Piper-Bücherei).

-- *Offener Horizont*(트인 지평). 1953년 야스퍼스 탄생 70주년 기념 논문집. Klaus Piper. Hannah Arendt, Albert Camus, Fumio Hashimoto, Aldous Huxley, Ludwig Curtius, Golo Mann, José Ortega y Gasset, Adolf Portmann, Paul Ricoeur, Edgar Salin, Alfred Weber 등 기고. 463쪽. R. Piper & Co. Verlag, München.

-- *Lionardo als Philosoph*(철학자로서의 레오나르도). 1953년 초판. 77쪽. Verlag A. Francke AG., Bern.

-- *Die Frage der Entmythologisierung*(탈신화화에 대한 물음). 1954년 신학자 Rudolf Bultmann과의 토론을 정리한 글. 1954년 2판. 120쪽. R. Piper & Co. Verlag, München.

-- *Schelling*(셸링). 1955년 초판. 346쪽. R. Piper & Co. Verlag, München.

-- *Die großen Philosophen*(위대한 철학자들). 전 3권 중 첫 권. 1957년 초판. 1960년 2판. 968쪽. R. Piper & Co. Verlag, München.

-- *Karl Jaspers*(칼 야스퍼스). 1957년 20세기의 철학자들 시리즈로 출간. Paul Arthur Schilpp. 칼 야스퍼스의 철학적 자서전, 야스퍼스의 철학에 대한 24개의 설명적이고 비판적인 소논문과 칼 야스퍼스의 저서 해제. 871쪽. Kohlhammer Verlag, Stuttgart.

-- *Die Atombombe und die Zukunft des Menschen*(원자탄과 인간의 미래). 1957년 초판. 라디오 강연 모음집. 27쪽. R. Piper & Co. Verlag, München.

-- *Die Atombombe und die Zukunft des Menschen. Politisches Bewußtsein in unserer Zeit*(원자탄과 인간의 미래. 우리 시대의 정치의식). 1958년 초판. 1962년 Paperback판. 506쪽. R. Piper & Co. Verlag, München. 1961년 376쪽 축소판. Deutscher Taschenbuch Verlag, München.

-- *Philosophie und Welt*(철학과 세계). 1958년 초판. 연설과 소논문 모음집. 1963년 2판. 404쪽. R. Piper & Co. Verlag, München(Sammlung Piper).

-- *Wahrheit, Freiheit und Friede/ Hannah Arendt, Karl Jaspers*(진리, 자유 그리고 평화/ 한나 아렌트, 칼 야스퍼스). 1958년 초판. 독일출판인 평화상 수상 기념 야스퍼스와 한나 아렌트의 연설 모음집. 1958년 3판. 40쪽. R. Piper & Co. Verlag, München.

-- *Freiheit und Wiedervereinigung. Über Aufgabe deutscher Politik*(자유와 재통일: 독일 청치의 과제에 관하여). 1960년 초판. 123쪽. R. Piper & Co. Verlag, München.

-- *Freiheit und Wissenschaft*(자유와 학문) / Adolf Portmann, *Naturwissenschaft und Humanismus*(자연과학과 인본주의). 1960년 칼 야스퍼스와 아돌프 포르트만의 두 연설 모음집. 45쪽. R. Piper & Co. Verlag, München.

-- *Plato, Augustin, Kant*(플라톤, 아우구스티누스, 칸트). 1961년. *Die großen Philosophen*(위대한 철학자들) 첫 권에서 Die fortzeugende Gründer des Philosophierens: Plato, Augustin, Kant(후대를 키우며 철학 작업에 토대를 세우는 자들: 플라톤, 아우구스티누스, 칸트) 단원을 떼어 특별히 Paperback판으로 출간. 1962년 3판. 398쪽. R. Piper & Co. Verlag, München.

-- *Der philosophische Glaube angesichts der Offenbarung*(계시에 직면한

철학적 믿음). 1962년 초판. 536쪽. R. Piper & Co. Verlag, München.

-- *Über Bedingungen und Möglichkeiten eines neuen Humanismus*(새로 운 인본주의의 조건과 가능성). 1962년 세 번의 강연 모음집. 93쪽. Reclam-Verlag, Stuttgart.

-- *Lebensfragen deutscher Politik*(독일 정치에 관한 사활을 건 물음). 1963년 초판. 1945-1947년 그리고 1956-1962년 사이의 소논문 모음 집. Deutscher Taschenbuch Verlag, München.

-- *Gesammelte Schriften zur Psychopathologie*(정신병리학 저서 모음). 1963년 초판. 421쪽. Springer Verlag, Heidelberg und Berlin.

-- *Karl Jaspers: Werk und Wirkung*(칼 야스퍼스: 저서와 영향). 1963년 칼 야스퍼스의 탄생 80주년 기념. Klaus Piper. 217쪽. R. Piper & Co. Verlag, München.

-- *Kleine Schule des philosophischen Denkens*(철학적 사유의 작은 학 교). 1965년. München.

-- *Wohin treibt die Bundesrepublik?*(독일연방공화국은 어디로 가는가), 1966년. München.

-- *Shicksal und Wille*(운명과 의지). 1967년. 전기적 글. Hans Saner 편 집. München.

-- *Notizen zu Heidegger*(하이데거와의 비망록). 1978년. Hans Saner 편 집. München.

-- *Martin Heidegger-Karl Jaspers. Briefwechsel 1920-1963*(야스퍼스-하 이데거 서간집). 1990년. Walter Biemel과 Hans Saner 편집. München.

-- *Das Wagnis der Freiheit*(자유에의 길). 1996년. Hans Saner 편집. München.

필자 약력

(게재 순)

정영도 영남대학교 철학박사. 현재 동아대학교 철학과 명예교수. 주요
저서로『사상과 문화에의 산고』(세종출판사),『니체와 사랑의 철
학』(서문출판사),『젊은 날의 철학수업』(세종출판사) 등이 있고,
역서로『칼 야스퍼스』(문예출판사),『칼 야스퍼스: 그의 철학함
을 이해하기 위한 입문』(이문출판사) 등이 있다.

신옥희 스위스 바젤 대학교 신학부 박사. 현재 이화여자대학교 철학과
명예교수. 주요 논문으로「원효와 야스퍼스의 윤리관: 비교철학
적 고찰」,「종교철학이란 무엇인가?: 칼 야스퍼스에 있어서 철학
과 종교」,「칸트에 있어서 근본악과 신:『종교론』에 나타난 도덕
적 신존재 증명」 등이 있고, 저서로는『실존·윤리·신앙』(도서
출판 한울),『일심과 실존』(이화여대 출판부), 역서로는『이성의
한계 안에서의 종교』(이화여대 출판부),『철학적 신앙』(이화여대
출판부),『계시에 직면한 철학적 신앙』(공역, 분도출판사) 등이
있다.

백승균 독일 튀빙겐 대학교 철학박사. 현재 계명대학교 철학과 명예교수. 주요 저서로 『변증법적 비판이론』(경문사), 『세계사적 역사 인식과 칸트의 영구평화론』(계명대 출판부), 『플레스너의 철학적 인간학』(계명대 출판부) 등이 있고, 역서로는 『인식의 해석학』(서광사), 『하이데거의 철학이론』(박영사), 『철학수업 어떻게 할 것인가』(계명대 출판부), 『역사의 기원과 목표』(이화여대 출판부), 『야스퍼스의 생애와 철학』(박영사) 등이 있다.

박은미 이화여자대학교 철학박사. 현재 건국대학교 교양학부 강의교수. 주요 저서로 『쇼펜하우어의 의지와 표상으로서의 세계』(삼성출판사), 『철학의 눈으로 읽는 여성』(공저, 철학과현실사), 『철학을 만나면 즐겁다』(공저, 북섬출판사) 등이 있고, 역서로는 『사진과 그림으로 보는 철학의 역사』(시공사) 등이 있다.

홍경자 독일 뮌스터 대학교 철학박사. 현재 세명대학교 인문사회과학연구소 전문연구교수. 주요 논문으로 「짐멜과 야스퍼스에서의 삶과 정신의 문제」, 「칼 야스퍼스의 암호이해」, 「메시지, 정보, 그리고 해석: 정보해석학의 문제들」, 「정보개념과 정보해석학의 근대적 기원」, 「세계화시대의 문화정체성 문제」, 「세계화시대에 정치문화의 전망과 쟁점들」 등이 있다.

최양석 독일 뷔르츠부르크 대학교 철학박사. 현재 강릉대학교 객원교수. 주요 논문으로 *Philosophieren als Gewissheit des Glaubens bei Plotinus und Jaspers*(박사학위논문), 「현상, 존재의 역사적 흐름: 플로티누스의 『파르메니데스』 해석」, 「형이상학 2: 그리스 철학에서 일자의 전일성」, 「플로티누스에서 플라톤 철학 수용의 문제: 영혼의 개념을 중심으로」 등이 있다.

이진오 독일 튀빙겐 대학교 철학박사. 현재 명지대학교 산학협력단 선임
연구원. 역서로는 『니체와 기독교』(철학과현실사) 등이 있고, 주
요 논문으로는 *Wissen und Glauben bei Kant und Jaspers*(박사
학위논문, 튀빙겐 대학 전자출판부), 「야스퍼스에 있어서 정신병
리학과 현상학: 실존적 현상학의 임상철학적 가능성 탐구」, 「삶
의 사실성과 의사소통적 이성: 야스퍼스 철학의 현재성에 대한
고찰」, 「칸트에 있어서 앎과 믿음의 갈등」 등이 있다.

박남희 연세대학교 철학박사. 현재 연세철학연구소 전임연구원, 철학아
카데미 공동 상임위원, 성프란시스 대학 철학 담당 및 세종대,
경원대, 감신대 등에서 강의. 주요 논문으로는 「가다머의 지평융
합 비판」, 「실현의 진리에서 존재윤리에로」, 「플로티누스의 산
출과 가다머의 실현」, 「헤겔의 변증법에서 가다머 해석학에로」,
「가다머의 진리와 방법 2판 서문의 해석학적 논의와 비판」, 「정
신과학의 사실성과 예술경험의 사실성」 등이 있다.

이원재 스위스 바젤 대학교 신학박사. 현 감리교 본부 선교국 총무, 감
신대 겸임교수. 주요 논문으로 *Transzendenzerfahrung bei Karl
Jaspers und Gotteserfahrung bei Choe Su Un im Hinblick auf
die Religionstheologie in Korea*(박사학위논문, Ohsung Verlag),
「동학과 그리스도」, 「세계선교동향과 새로운 패러다임의 선교」
등이 있으며, 역서로는 『공동의 이해를 향해 가는 교회』(기독교
대한감리회 홍보출판국) 등이 있다.

칼 야스퍼스, 비극적 실존의 치유자

·

2008년 5월 10일 1판 1쇄 인쇄
2008년 5월 15일 1판 1쇄 발행

엮은이 / 한국야스퍼스학회
발행인 / 전 춘 호
발행처 / 철학과현실사
서울시 서초구 양재동 338-10
전화 579-5908·5909
등록 / 1987.12.15.제1-583호

ISBN 978-89-7775-666-3   03130
값 15,000원